EL PRINCIPIO POSITIVO

NORMAN VINCENT PEALE

EL PRINCIPIO POSITIVO

EDICIONES OBELISCO

Si este libro le ha interesado y desea que le mantengamos informado
de nuestras publicaciones, escríbanos indicándonos qué temas son
de su interés (Astrología, Autoayuda, Ciencias Ocultas, Artes Marciales,
Naturismo, Espiritualidad, Tradición) y gustosamente le complaceremos.

Puede consultar nuestro catálogo en: www.edicionesobelisco.com

Colección Psicología
EL PRINCIPIO POSITIVO
Norman Vincent Peale

1.ª edición: septiembre de 2006
2.ª edición: diciembre de 2006

Título original: *The Positive Principle Today*

Traducción: *José M. Pomares*
Corrección: *Elisenda Terré*
Maquetación: *Olga Llop*
Diseño de la cubierta: *Mònica Gil Rosón*

Edita: Ediciones Obelisco, S.L.
Pere IV, 78 (Edif. Pedro IV) 3.ª planta 5.ª puerta
08005 Barcelona - España
Tel. 93 309 85 25 – Fax 93 309 85 23
E-mail: obelisco@edicionesobelisco.com

ISBN: 978-84-9777-309-8
Depósito Legal: B-50.354-2006

Printed in Spain

Impreso en España en los talleres gráficos de Romanyà/Valls, S.A.
Verdaguer, 1 – 08076 Capellades (Barcelona)

Para cinco amigos y asociados
con gratitud
por su especial utilidad
a lo largo de los años.

Myron L. Boardman
Arthur Caliandro
Gerald Dickler
Arthur Gordon
Milton D. Ketchum

PRÓLOGO

Este libro tiene, naturalmente, un propósito, un objetivo bien definido. Permítame explicarlo, con la esperanza de que el texto que sigue sea significativo y útil para usted.

Durante largo tiempo le he dicho a la gente que lo está haciendo bien, que alcanza sus objetivos y que consigue objetivos deseables: «Sigue adelante». Es muy probable que les diga amablemente esa misma frase a todos aquellos que, evidentemente, siguen el camino correcto. En cuanto a la gente que parece tener dificultades para continuar, y que sólo cuenta con una parte del entusiasmo que tuvo en otro tiempo, les animo a recordar el principio positivo y también les digo: «Sigue adelante».

Luego, entre los cientos de cartas recibidas, leí una que resultó ser especial pues la pregunta que me planteó me condujo a un estudio e investigación en profundidad acerca del principio positivo y cómo seguir adelante.

La carta dice lo siguiente:

Querido doctor Peale:
Leo todos los libros de inspiración y motivación que encuentro, los suyos entre ellos. Me elevan a un nivel mental superior y me siento lleno de celo y entusiasmo por todo.

El resultado es que rindo mucho mejor en mi trabajo y, desde luego, soy bastante más feliz. Pero, de algún modo, no logro mantener la inspiración durante todo el tiempo, especialmente cuando me encuentro con problemas y reveses, que actúan sobre mi estado de ánimo como un elemento de agotamiento hasta que finalmente me siento como un globo deshinchado y realmente bajo de moral.

Sé que le parecerá frívolo y superficial por mi parte y quizá sea así. Al mismo tiempo, sin embargo, soy genuinamente sensible a las sugerencias y enseñanzas motivacionales e inspiradoras. Lo que quisiera saber es cómo mantener en funcionamiento el principio positivo ante las duras experiencias a las que todos tenemos que enfrentarnos.

Usted y otros autores tienen el poder de activar mi mente. Le agradecería que me dijera cómo estar constantemente reactivado, cómo experimentar una renovación constante de la inspiración, lo suficientemente intensa como para resistir aquellas situaciones que sean frustrantes y los momentos deprimentes. Lo que quiero saber es cómo mantener la motivación, cómo conseguir que siga siempre adelante. Y le agradecería mucho si me lo dijera.

La carta anterior expresa de forma bastante clara un problema humano perentorio: el de mantener las actitudes inspiradoras a largo plazo, en los días oscuros, tanto como en los tiempos soleados y afortunados. La tendencia que tiene el nivel mental a descender o caer es un problema bastante habitual. Mantener el principio positivo y conservar una actitud mental animada es una preocupación que, en mi opinión, debería abordar todo autor de obras inspiradoras.

Eso es lo que nos proponemos hacer. El autor abriga la esperanza de que este libro no sólo le inspire y le motive a pensar, actuar y vivir vigorosamente, sino que también le ayude siempre y bajo cualquier circunstancia, a seguir adelante, cada vez más fuerte y con una mayor vitalidad.

NORMAN VINCENT PEALE

Introducción

¿QUÉ ES EL PRINCIPIO POSITIVO?

En la naturaleza humana hay una tendencia profundamente asentada a convertirnos precisamente en aquello que imaginamos ser. Solemos equipararnos con nuestra propia autovaloración o apreciación o depreciación. Somos nosotros mismos los que determinamos la autolimitación o el potencial de crecimiento ilimitado.

El pensador negativo se enzarza, en último término, en un proceso autodestructor. Al enviar constantemente pensamientos negativos, activa negativamente el mundo que le rodea. Hay una ley de la atracción según la cual lo similar atrae lo similar. Las aves vuelan en bandadas. Los pensamientos de un determinado tipo tienen una afinidad natural. El pensador negativo, al proyectar pensamientos negativos, tiende con ello a atraer hacia él resultados negativos. Ésta es una ley definitiva e inmutable de la mente.

El pensador positivo, por el contrario, emite constantemente pensamientos positivos, junto con imágenes mentales y vitales llenas de esperanza, optimismo y creatividad. En consecuencia, activa el mundo que le rodea de una forma positiva y tiene una fuerte tendencia a atraer hacia él resultados positivos. Ésta también es una ley básica de la acción mental.

Pero el pensador negativo puede mejorar espectacularmente sus resultados mediante una meticulosa recomposición del tipo de pensamiento negativo que ha empleado hasta ahora. Según sugirió William James, el notable filósofo y psicólogo: «El mayor descubrimiento de mi generación es que los seres humanos son capaces de alterar sus vidas mediante la alteración de sus actitudes mentales».

El principio positivo es el proceso vital de la alteración mental y espiritual por el que el individuo cambia desde un concepto de autolimitación a otro de automejora, desde el deterioro al crecimiento, desde el fracaso al logro.

El principio positivo es un conjunto de pensamientos sanos, que afrontan directa y creativamente los hechos realistas de la existencia humana. El pensador positivo ve todas las dificultades que se le presentan y las ve directamente, de frente. No se deja amilanar por ellas, y tampoco busca una ruta de escape. Sabe que todo problema contiene las semillas de su propia solución, tal como indica la conocida idea del experto Stanley Arnold. También sabe que con la ayuda de Dios y la liberación de sus propios poderes inherentes, posee todo lo que se necesita para afrontar, manejar y solucionar cualquier problema. En consecuencia, como individuo mentalmente sano, se yergue sin temor alguno ante la dificultad, seguro de sí mismo. El pensador positivo no reacciona emocionalmente cuando se encuentra con las dificultades, al reconocer el hecho de que la mente humana no puede funcionar de la mejor forma posible cuando está condicionada emocionalmente o por el ardor del momento. Es consciente de que únicamente cuando la mente está fría y bajo un fuerte control mental, producirá esos conceptos desapasionados, racionales e intelectuales que conducen a soluciones sanas y viables.

El principio positivo se basa en el hecho de que siempre hay una respuesta, una respuesta correcta y de que el pensamiento positivo, a través de un sano proceso intelectual, siempre puede producir esa respuesta.

Naturalmente, también es cierto que lo negativo tiene su importancia para mantener el equilibrio. En la estructura de la naturaleza participan los opuestos. Y, en el ámbito del pensamiento, lo negativo tiene una función importante en la consideración de las alternativas. Pero cuando lo negativo se hace cargo de una situación como elemento controlador del proceso de pensamiento, el equilibrio se aleja de lo positivo, de modo que entonces dominan los aspectos negativos.

El principio negativo no hace sino negar. El principio positivo, en cambio, crea. El principio negativo duda. El principio positivo cree. El principio negativo acepta la derrota, mientras que el principio positivo lucha por la victoria.

El principio positivo está sólidamente basado en la verdad espiritual y descansa firmemente sobre las dinámicas palabras de Juan: «Porque todo lo que es nacido de Dios vence al mundo; y ésta es la victoria que ha vencido al mundo, nuestra fe» (1 Juan, 5, 4).

Primera forma
de mantener en funcionamiento
el principio positivo

ORGANICE Y HAGA ENTRAR EN ACCIÓN LAS FUERZAS DE SU PERSONALIDAD

Dominar el principio positivo y desarrollar la habilidad para mantenerlo en funcionamiento son aspectos fundamentales para alcanzar un fructífero rendimiento en la vida. Gracias a ello, podrá mantener su motivación, entusiasmo e inspiración de una forma sostenida y siempre renovada, día tras día. Ése es el mensaje fundamental de este libro. En apoyo de ese mensaje, se presentan técnicas específicas que a muchas personas les han parecido altamente efectivas. Este libro presenta una metodología para mantener a un alto nivel la dinámica de seguir adelante.

Para mantener en funcionamiento el principio positivo es de vital importancia conservar un espíritu entusiasta en todo momento y bajo cualquier circunstancia. Los golpes y las vicisitudes de la vida personal, laboral y empresarial pueden disminuir el entusiasmo y debilitar las actitudes positivas si lo permitimos. Y puesto que tal erosión del espíritu supone un proceso de deterioro que toda persona creativa desearía evitar, es esencial contar con un programa de reinspiración que funcione constantemente. La reposición sistemática y consistente del espíritu vital es lo que se necesita para mantener el entusiasmo y la motivación en su nivel más alto.

La gente puede aprender a convertirse en pensadores positivos y, como resultado de ello, sus vidas adoptarán un nuevo significado. Alcanzan mayor éxito en sus trabajos. El entusiasmo los eleva a niveles superiores. Las cosas fluyen hacia ellos, en lugar de alejarse de ellos. Aun así, pueden surgir dificultades imprevistas, problemas y reveses que dificultan el avance. Es entonces cuando se tiene que intensificar la perspectiva positiva, mediante una revitalización de la inspiración y una renovación del entusiasmo. En este libro pretendemos exponer principios sencillos y funcionales para mantener operativa la motivación vital, independientemente de las circunstancias adversas. Mostrará cómo se pueden organizar las fuerzas de la personalidad, bajo condiciones y situaciones variadas, para producir una acción efectiva.

Un extraordinario pensador positivo que resalta la necesidad de adoptar actitudes positivas «renovables» es el doctor Jan S. Marais, de Ciudad de El Cabo, Sudáfrica, presidente de The Trust Bank. El doctor Marais fundó esta importante organización bancaria, hace apenas unos pocos años, en una modesta oficina situada en uno de los pisos de un edificio de oficinas comerciales. Al seguir sanos principios bancarios y procedimientos innovadores, ha conseguido convertir The Trust Bank en una de las grandes instituciones financieras del mundo. Ha empleado el pensamiento positivo, el entusiasmo y la más alta habilidad administrativa para alcanzar el extraordinario éxito que él y sus socios han logrado. En una carta reciente, dice:

> Mi experiencia personal y la de mis colegas es que la inspiración y la motivación son exactamente como la nutrición. Hay que seguir tomándolas diariamente, en dosis saludables. De otro modo, no tardarán en manifestarse el agotamiento, la fatiga, la depresión, la falta de ambición y de logro. Sus libros, Norman, son compañeros obligados de los principales líderes de The Trust Bank.

Este influyente líder empresarial, hombre sabio y comprensivo, es muy consciente de que no hay que dar por sentadas las extremadamente importantes cualidades de la inspiración y el entusiasmo, cuya fuerza puede declinar, y a menudo declina y que, en consecuencia, tienen que reponerse diariamente mediante una nueva dosis de pensamiento motivacional. Es necesario activar y reactivar constantemente las fuerzas de la personalidad e incluso impulsarlas hacia la acción, para mantenerlas en marcha, siempre en marcha. El principio positivo tiene que ser permanentemente alimentado y realimentado.

Poder ilimitado en la personalidad

Un radioyente de nuestros programas radiofónicos me escribió acerca de un artículo que había leído en una revista científica y que le pareció totalmente fascinante. Según dice, informaba de que un trozo corriente de cuarzo, estimulado eléctricamente, vibraba 4.194.302 veces por segundo. ¡Eso sí que es asombroso! Si un trozo corriente de cuarzo responde al estímulo de una manera tan extraordinaria, ¿qué se puede esperar de la mente y del espíritu de un ser humano cuando se activan realmente las fuerzas de la personalidad? El potencial es, evidentemente, ilimitado.

Desde hace tiempo que estamos leyendo valoraciones hechas por diversos psicólogos y científicos acerca del comportamiento humano, según las cuales la persona media utiliza quizá sólo el veinte por ciento de su capacidad mental; incluso los genios utilizan apenas un poco más. Algunos llegan a valorar el uso medio del poder creativo que poseemos en apenas un diez por ciento. Parece increíble que los seres humanos, dotados por la naturaleza de tan alto potencial, sólo empleen una quinta parte del mismo para afrontar sus problemas y para seguir sus carreras profesionales en este mundo. ¿Por qué, cabría preguntarse, un simple trozo de cuarzo, que es en realidad una piedra, puede reaccionar tan increíblemente cuando se lo estimula, mientras que los hombres y mujeres se contentan con una limitada reacción humana ante las oportunidades que les rodean y ante el potencial de que disponen?

Probablemente, la causa sea que el individuo medio acepta un concepto limitado de sí mismo y de sus habilidades. En ningún momento se le ocurre que sea posible ampliar ese potencial; que pueda extraer de la mente, mediante un pensamiento creativo y positivo sobre sí mismo, un intensificado cociente de potencia, fuerza y capacidad.

La verdad es que hay mucha más fortaleza y potencia en el individuo de lo que éste ha conocido o incluso visualizado como posibilidad. Recuérdese la percepción de Marco Aurelio, el gran pensador de la Antigüedad, quien dijo: «Profundiza. Ahí encontrarás la fuente del bien: profundiza siempre y éste siempre fluirá» (*Meditaciones*, Libro 7, núm. 59). El autor motivacional Kermit W. Lueck cuenta el caso de un camionero inconsciente atrapado en la cabina incendiada de un camión cisterna de gasolina volcado. Ni siquiera los hombres más fuertes de entre la gente pudieron abrir la puerta de la cabina, que se había deformado en el accidente. Entonces apareció un hombre de estatura media, se quitó la chaqueta, sujetó la manija de la puerta y la abrió con un poderoso tirón. Subió a la cabina, rodeada de llamas, golpeó los pedales para liberar los pies del camionero inconsciente, arqueó la ligera espalda contra el techo aplastado de la cabina y sacó al conductor dejándolo a salvo. Cuando más tarde se le preguntó cómo un hombre de su constitución había podido realizar tal hazaña, explicó que sus dos hijos habían muerto en un incendio y que, como consecuencia de ello, odiaba el fuego con una pasión intensa.

Al ver al camionero impotente, atrapado en la cabina de un camión cisterna de gasolina de alto octanaje, que podía explotar en cualquier momento, su odio contra el fuego sacó de su interior una fuerza que no sabía que poseyera. Lo único que sabía es que iba a sacar a aquel hombre del odiado fuego. La crisis hizo surgir en él una fortaleza que solemos calificar de sobrehumana, pero, en realidad, ¿no sería más exacto concebirla como una fuerza humana normal no utilizada hasta entonces? Si esa fortaleza puede surgir cuando nos encontramos ante una crisis, ello quiere decir que está presente en todo momento, aunque no sea utilizada. «Profundiza... y siempre fluirá.»

Soldados que alzan un jeep en un momento de crisis

Lueck también nos cuenta el caso de cuatro soldados que sufrieron una emboscada en una vereda muy estrecha, en Vietnam. Saltaron a una zanja. Conscientes de su precaria posición, saltaron de repente al camino, como impulsados por una idea común y corrieron hacia el jeep, que no podía dar la vuelta por falta de espacio para la maniobra. Cada hombre tomó una rueda y, todos juntos, alzaron el jeep, le dieron la vuelta rápidamente, saltaron a él y se alejaron a toda velocidad, de regreso a zona segura, por entre el fuego cruzado. Ya de regreso en el campamento, ninguno de los cuatro hombres pudo levantar una rueda del jeep del suelo. ¿De dónde procedió la enorme fuerza de estos hombres en el lugar en que habían sido emboscados? La respuesta, claro está, es que esa fuerza procedió de dentro de sí mismos.

La cuestión, por tanto, es ¿por qué, ante los problemas y dificultades de la existencia cotidiana regular, no aprovechamos y utilizamos los extraordinarios poderes que habitualmente sólo se producen en momentos de crisis intensa? La respuesta puede hallarse en el hecho de que no somos suficientemente intensos en nuestras creencias, en nuestra fe y nuestro pensamiento. En cuanto desarrollamos esa intensidad, ¿acaso no esperamos ser capaces de estimular inmensas fuerzas de la personalidad para ponerlas en marcha? No parece excesivo creer que si logramos liberarnos de nosotros mismos, pondríamos en juego capacidades que jamás habríamos soñado poseer.

Un jubilado que se reactiva

El siguiente incidente, sobre el que escribí en *Senior Power*, una revista editada y publicada por el doctor Kenneth P. Berg, sucedió hace algunos años, en la sala de la librería Kroch's and Brentano's, en Chicago, donde me encontraba firmando ejemplares de mi libro *El poder del pensamiento positivo*. Ante mi sorpresa, acudió y empezó a ayudarme el propio Adolph Kroch, fundador y recientemente jubilado presidente de la empresa. «No tengo nada más que hacer», gruñó. Me contó que por mucho que intentara mantenerse alejado de la librería, siempre regresaba a ella, impulsado por tantas décadas de hábito. Todo el mundo lo trataba con deferencia y su hijo, Carl, que ahora era el presidente, siempre aparentaba sentirse contento de verlo. Pero él era muy consciente de estar «fuera de juego», de que ya no pertenecía más a aquello. «Supongo que soy una especie de inútil —declaró tristemente—, así que me alegro de servirle aunque sólo sea de mozo.»

Entonces, de repente, me preguntó:

—Acerca de ese pensamiento positivo, ¿por qué no escribe un libro sobre la jubilación?.

—Bueno, ése no es mi campo. En realidad, no estoy adecuadamente informado sobre el tema —repliqué y, entonces, le devolví la pregunta—: ¿Por qué no escribe usted mismo ese libro ahora que está jubilado?

—Eso no me corresponde a mí —contestó con rapidez—. Yo no escribo libros, los vendo.

Seguimos hablando durante unos minutos, en un silencio interrumpido únicamente por el amontonamiento de ejemplares y el garabateo de mi pluma.

—Está bien —siguió diciendo—, quizá pueda usted adoptar una actitud distanciada respecto del trauma de la jubilación y expresar un punto de vista objetivo. Déme algún consejo. Si estuviera usted en mi lugar, ¿qué haría? ¿Qué debería hacer? Mi salud es lo bastante buena y no es precisamente energía lo que me falta; además, me gusta hacer cosas que cuenten para algo. Pero aquí me encuentro en una situación en la que no veo nada que me anime o incluso que sea útil.

—Está bien, mire, cualquier cosa que le diga ahora será una improvisación, y recuerde que no soy ningún experto en el tema de la jubilación. Pero sí poseo algunos conocimientos sobre lo que han hecho otros que se han encontrado en la misma situación que usted y quizá podamos aprender de su experiencia.

Le expliqué que, en mi opinión, había que restar importancia a ese concepto de jubilación o «retiro», para resaltar en su lugar la palabra y el concepto de «reajuste». El retiro sugiere, de algún modo, una pérdida de estatus, un estado acabado, una etapa terminada. El reajuste, por su parte, indica continuidad de la actividad, aunque en un puesto o capacidad diferente y, quizá, de una forma completamente nueva.

En cierta ocasión, un anciano coreano me dijo que, en su país, la gente piensa en iniciar una vida nueva y diferente a los sesenta años; asumen un renacimiento y se preparan para desarrollar una nueva actividad. «Yo me convertí en una persona renacida a los sesenta años —declaró mi amigo coreano— y desde entonces he vivido como un hombre nuevo.»

Así pues, no hay ninguna razón por la que nadie con salud y fortaleza tenga que adaptarse a la idea tan general y supinamente aceptada en la actualidad, de que una edad de retiro arbitrariamente establecida tenga que significar necesariamente ipso facto una descalificación para emprender formas nuevas y renovadas de actividad útil. Ninguna persona, a ninguna edad, necesita mantener un nivel de logro que le resulte poco inspirador.

En consecuencia, le sugerí a este ejecutivo jubilado que se sentía tan desgraciado, que practicara el principio de la adaptabilidad: decirle adiós a su viejo negocio, vender su casa y trasladarse a otra parte del país. Verse a sí mismo, una vez más como estaba al principio, como un inmigrante adolescente que llegó a una tierra nueva en busca de oportunidades.

«En cuanto se haya instalado en su nuevo hogar, vaya a una iglesia y dígale al ministro que desea ayudarle; acuda allí e implíquese. Luego, únase a un club político y diga que quiere ser un trabajador activo. Hágase miembro de un club de servicios y trabaje en sus comités. Únase a la Cámara de Comercio y conviértase en uno de sus líderes. Salga ahí fuera y saldrá de sí mismo. Además —añadí—, olvídese por completo de la librería, como no sea para cobrar su cheque de jubilación. Practique el principio espiritual sugerido en las palabras: "... olvidando ciertamente lo que queda atrás, y extendiéndome a lo que está delante"». (Filipenses, 3, 13)

No había, naturalmente, nada de singular en este consejo, pero el resultado sí que fue ciertamente singular, ya que el otrora vendedor de libros, se lo tomó muy en serio y actuó en consonancia. ¡Y cómo!

En la pequeña ciudad de la costa Oeste donde se instaló, se convirtió en representante de bienes raíces, banquero, líder de un club de servicios, presidente del consejo del hospital local y director de la Cámara de Comercio. Según dijo un personaje local: «¿De dónde ha salido este jovenzuelo, esta revitalizada bola de fuego?». Y seguía igual de fuerte veinte años más tarde. Prácticamente, las únicas ocasiones en que regresaba a su vieja ciudad era para asistir al funeral de algunos conocidos de su misma edad que se habían instalado en la jubilación, para convertirse así en «retirados» mentales, físicos y espirituales. El señor Kroch practicó el pensamiento positivo en el tema de la jubilación, con resultados realmente positivos. Descubrió que distaba mucho de estar acabado. Aprovechó algunos recursos internos que nunca antes había descubierto e hizo aflorar capacidades extra que ni siquiera sabía que poseía. Al estimular las fuerzas de su personalidad, dirigiéndolas hacia una acción revitalizada, creó para sí mismo una vida nueva e interesante. Los entusiasmos y motivaciones que lo habían convertido en un líder en su negocio y en su comunidad, fueron reutilizados en su nueva situación de jubilado. Se convirtió así en un ejemplo inspirador de cómo mantener en marcha el principio positivo y hacerlo vigorosamente.

Manejar los condicionales de la vida

Es muy importante estar situado en lo más alto de las circunstancias de la vida, tener siempre el control, pues la existencia humana sigue a menudo una pauta incierta y variable. Puede revolverse contra uno, hacernos tropezar, golpearnos con dureza, arrojarnos el libro a la cabeza..., a menos que las controlemos. No obstante, estoy convencido de que nuestra existencia sobre la tierra tiene la intención de estar a favor antes que en contra de nosotros mismos. Si todos siguiéramos los propósitos del Creador, el impulso general de la vida iría a nuestro favor, si bien con no pocas dificultades en ocasiones, pues el Gran Arquitecto del universo no eliminó el dolor, la lucha y la dificultad. Sabía que éstas eran para nuestro bien, para el desarrollo de una persona fuerte y ese objetivo tuvo que haber sido básico en su propósito de crear al hombre y a la mujer. Ninguna persona puede ser fuerte sin lucha, sin el esfuerzo de probarse a sí misma contra los problemas y las adversidades. Y para afrontar y vivir la vida con creatividad siempre necesitaremos estar alertas, ser reflexivos y pensar de una manera positiva, echando mano constantemente de las fuerzas de la personalidad para emplearlas en una acción efectiva y deseable. Tenemos que ser conscientes de la naturaleza variable, impredecible e incierta de la vida y estar preparados para ello. Esa naturaleza viene causada básicamente por la mezcla de esas mismas cualidades en nosotros.

Un día me di cuenta de que, en inglés, la palabra vida (*life*) tiene un «si», un condicional en el centro (*if*). Esas dos letras centrales que representan la existencia, forman un concepto de incertidumbre, designado por el condicional «si» (*if*). La potencia de esa palabra queda subrayada cada día en la forma de hablar de muchas personas, que suelen decir y pensar: «Si hago esto», «Si hago aquello», «Si sucede esto», «Si sucede aquello», «Si no hubiera dicho o hecho esto o aquello. Y así continúan, indefinidamente, repitiendo ese elemento condicional. ¿Acaso no es cierto que la mitad de la vida es un «si», del mismo modo que constituye en inglés la mitad de la palabra utilizada para referirnos a la vida sobre la tierra? De ser así, o cualquier otro factor representado por ese condicional, mayores razones tendríamos para asumir un control más firme de esas incertidumbres, de esos condicionales, para transformarlos en certidumbres, contribuyendo así a intensificar nuestro mejor potencial, en lugar de disminuirlo.

Ocurren cosas extrañas

Durante un viaje de conferencias por el Oeste de Estados Unidos, conocí a Jeff, un hombre de treinta y cinco años, que había estado, según dijo él mismo «atrapado durante algún tiempo en una pauta de fracaso». Por lo visto, nada le salía bien y ese hecho empezaba a apoderarse de él de tal modo que admitía la derrota y el fracaso. Se había convertido en un hombre negativo, acostumbrado a pensar constantemente «si sólo hubiera...», quejándose: «Si no hubiera cometido esa estupidez», «Si aquel tipo me hubiese dado un respiro»; todo era un abatido «si» tras otro. Tuvo que admitir que su carrera profesional había terminado por depender de caprichos y variables y que prácticamente no le quedaba ningún sentido de control sobre las circunstancias, para él todas negativas, que parecían acumularse sobre él.

Poco antes de nuestro encuentro, Jeff estaba sentado, sombrío y abatido, en su habitación de un motel, viendo un programa de televisión emitido a últimas horas de la noche desde Nueva

York, en el que aparecí yo como invitado. El entrevistador tomó como tema de discusión la cuestión de cómo la gente que no avanza en sus trabajos puede recuperarse y poner en marcha una fuerte motivación dentro de sí misma. Desarrollé el concepto de que uno puede impulsar los poderes de la personalidad poniéndolos en acción mediante un intenso deseo, una intensa convicción y una intensa oración, utilizando aquí el término «intenso» para diferenciar estos factores de las actitudes habitualmente blandas de tantas personas. Recuerdo que cité a James Russel Lowell: «Yo, que todavía rezo por la mañana y por la noche, / quizá haya rezado verdaderamente tres veces en mi vida / quizá haya sentido tres veces la agitación por debajo de mi conciencia / de ese perfecto desencanto que es Dios...».

Mantuvimos un estimulante toma y daca en el programa de televisión acerca del significado de ese concepto y estuvimos de acuerdo en que al impulsarnos por debajo de la superficie de la mente y penetrar en el ámbito de la fe, mediante un deseo intenso y profundo, la persona puede reorganizar las fuerzas de su personalidad que han estado debatiéndose y reduciéndola a la inefectividad.

A tres mil kilómetros de distancia, según me dijo Jeff más tarde, vio este programa de televisión que, ciertamente, no tenía fama de estar dedicado en general a Dios o a la oración. De repente, tuvo una notable experiencia de percepción profunda. En un instante, fue consciente de que en aquella fórmula de la oración y la fe intensas se hallaba la corrección de su pauta de fracaso. Actuando inmediatamente, según las sugerencias que se estaban emitiendo por televisión, inició un programa de oración y fe. Al continuarlo diariamente descubrió a Dios como nunca le había sucedido hasta entonces, como nunca hubiera creído posible. Uno de los resultados alcanzados fue que aquel énfasis negativo de los condicionales empezó a dar paso al principio positivo del «cómo». En lugar de murmurar inútilmente condicionales, empezó a resaltar en su lugar: «¿Cómo se puede hacer?», «¿Cómo puedo hacerlo mejor?», «¿Cómo puedo ponerme realmente en marcha?». El resultado fue una espectacular reorganización de las fuerzas de su personalidad. Es más, junto con esta reconstrucción de la personalidad, Jeff se sintió imbuido por una motivación tan fuerte que los desánimos y abatimientos se aliviaron gradualmente y durante un período de tiempo desarrolló un nuevo sentido de control sobre las dificultades. Este hombre aprendió definitivamente el secreto de mantenerse en marcha. Captó el principio positivo y a partir de ahí siguió adelante con éxito.

Extraordinarias fuerzas de la personalidad

No cabe la menor duda de que hay quienes, por una u otra razón, dudan o se resisten a la afirmación de que, como personas, poseen fuerzas que están más allá de las capacidades medias que han sido capaces de desarrollar. «No encuentro nada de todo eso en mí, a pesar de su halagadora valoración de mi propio valor. Sólo soy una persona normal y media.» Ante esta forma de pensar, debo decir: «Quizá sea media, pero difícilmente será normal, pues la palabra "normal" se refiere a "norma" y eso se refiere a su vez a un nivel de logro que está abierto a nuestra propia determinación. No es nada normal ser menos de lo mejor que puede llegar a ser, pues si lo normal es algo menos que lo mejor o si ésa fuese la norma de logro, no nos sentiríamos activados como lo somos por un cierto descontento que sentimos. De ese modo, el progreso se reduciría».

Conformarse con la autolimitación supone encerrarse en sí mismo y, en consecuencia, negarse la oportunidad para el crecimiento que le ha dado Dios. Así pues, le animo a evitar esa expresión de autodesprecio que dice: «Soy una persona media». En lugar de eso, adopte una visión nueva de su personalidad que presupone mayores habilidades de las que ha visualizado hasta ahora. Eleve su idea de la norma a niveles más altos, del mismo modo que se levanta el listón para los saltadores de altura. Siempre puede saltar más, pues dentro de sí mismo es mucho más grande de lo que cree. Créalo así, pues es un hecho grande, verdadero y maravilloso. Ése es el principio positivo en acción.

El famoso campeón olímpico Bob Richards, igualmente popular y muy respetado como orador y escritor motivacional, ha señalado («How to Get What You Deserve – The Best», *Success Unlimited*) que todos los campeones olímpicos son personas que creen en sí mismas y, en consecuencia, en ese poder extra contenido en su personalidad. Algunos han llegado a especificar, hasta la décima de segundo, cómo van a actuar en una carrera. Mark Spitz dijo que ganaría siete medallas de oro. Al primer intento sólo ganó dos, pero en su última competición ganó las siete que había visualizado. Sabía que era capaz de conseguir las siete medallas si utilizaba su potencial. Estos campeones demuestran el hecho de que existe una fuerza mayor de la personalidad, capaz de ser aprovechada para realizar una acción magnífica en circunstancias apropiadas.

Richards habla de la enseñanza impartida en una clase de escuela dominical y cómo explicó a los estudiantes las cualidades que configuran a los atletas campeones. Fue interrumpido por una niña regordeta, con gruesas lentes bifocales que no dejaba de saltar arriba y abajo diciendo que iba a ser la tenista más grande del mundo. Esa pequeña niña era Billie Jean Moffit, conocida más tarde como Billie Jean King, que quizá fuese la tenista más grande del mundo incluso en comparación con los hombres. Respondió con una poderosa motivación y convicción ante la idea de las superfacultades interiores que podían dominarse y convertirse en acción.

Bob Richards declara en su artículo que si se escribe en una tarjeta lo que se quiere ser en la vida, expresándolo de modo muy específico, se mantiene esa tarjeta como una referencia constante y se graba profundamente ese objetivo en la mente durante un período de dos años, acabará uno siendo lo que dijo que sería. Afirma que esa certeza se puede demostrar a partir de la historia del atletismo. Bill Vandervoort, destacado escritor deportivo, apoya el concepto positivo de ser lo mejor que se puede ser, citando al entrenador de fútbol Woody Hayes, de la Universidad Estatal de Ohio, famoso por los grandes equipos que ha entrenado:

Woody Hayes, de la Estatal de Ohio habló como Norman Vincent Peale el sábado, después de la victoria de los Buckeyes por 32 a 7 sobre Carolina del Norte.

Peale, el destacado teólogo, no cuenta con mejor exponente de este «poder del pensamiento positivo» que Big Buck. Un autor de Chicago le preguntó a Hayes en los vestuarios cómo pensaba seguir atrayendo a los mejores jugadores.

«Es muy sencillo —contestó Woody—. Reclutamos y entrenamos de acuerdo con una base positiva. Buscamos la calidad, a los mejores muchachos. No podría conformarme con menos. Luego, establecemos niveles muy altos y los desafiamos a ser mejores de lo que ellos creen ser.

»Una vez que descubren cómo pueden ser mejores, te responden y te respetan. Estoy realmente harto de la forma en que nuestra sociedad trata con aires de superioridad a todo el mundo. Yo estoy convencido de sacar a la luz lo mejor de cada muchacho.» (*Daily News*, Dayton)

Alguien me envió un recorte de periódico en el que una mujer habla de su notable experiencia con la visualización o principio de la imagen mental para conseguir que le sucedan las mejores cosas:

Hace doce años, el esposo de Helen Hadsell deseaba un motor fuera borda que se ofrecía como primer premio en un concurso.

Ella se concentró, escribió un texto de participación de veinticinco palabras y lo ganó.

Su hija deseaba una bicicleta. Un poco de concentración por parte de la madre y la hija consiguió su bicicleta.

La familia deseaba viajar a Europa. Mamá encontró un concurso que ofrecía como premio unas vacaciones en Europa. Se concentró y allá fue. Regresaron a Europa otras dos veces, siguiendo el mismo procedimiento.

En treinta y tres ocasiones, la señora Hadsell se concentró en ganar premios de concursos y en las treinta y tres ocasiones los ganó, incluida una casa por valor de 55.000 dólares, que era el primer premio de un concurso en la Feria Mundial de Nueva York, en 1964.

«Al concurso para ganar la casa se presentaron dos millones de participantes —dijo la señora Hadsell—. Yo hice lo mismo que había hecho en todos los demás concursos en que participé: me limité a imaginarme a mí misma como propietaria de esa casa. Lo he ganado todo aplicando el principio recomendado por el doctor Norman Vincent Peale en su libro *El poder del pensamiento positivo*. Compré el libro hace doce años en un quiosco de prensa y lo leí.

»Lo que él decía es que si una sabe bien lo que desea y una se mantiene en la brecha durante el tiempo suficiente y se es lo bastante fuerte, se conseguirá lo que se desea. Es, simplemente, pensamiento constructivo. Obtuve del libro del doctor Peale las infinitas posibilidades que nos ofrece el pensamiento positivo. Apliqué eso a los concursos y gané.

»El secreto consiste en resaltar siempre el resultado final, sabiendo que se tiene lo que se desea. Si competía para obtener un premio, visualizaba un cheque que sostenía en mi mano.» (*News*, Indianápolis).

Podemos comentar que la señora Hadsell hizo operativamente efectivo un principio válido aunque, evidentemente, añadió la fuerza de una mente fácil e innovadora. Lo cierto es que las actitudes creativas pueden hacer maravillas. Aquello que imaginamos con intensidad se puede actualizar en un hecho, algo que sucede con frecuencia.

La magia de creer

En mi opinión, uno de los más grandes libros de inspiración y motivación escritos en Estados Unidos es *La magia de creer*, de Claude Bristol. Conocí personalmente al señor Bristol y, a lo largo de los años, me he sentido profundamente afectado por el espíritu dinámico de la mente y de los escritos de este hombre. Él está verdaderamente convencido del principio espiritual de «Si puedes creer, al que cree todo le es posible» (Marcos, 9, 23).

En su libro, Claude Bristol trata sobre los inmensos poderes de la mente cuando son activados por la fuerte convicción liberada de toda duda anuladora. En una atractiva ilustración tras otra, documenta la magia de creer, exponiéndola en las variadas vidas de los fracasos transformados en éxitos que llenan, como en una marcha triunfal, las páginas de su libro. También él conocía el asombroso poder de la mente cuando se comprometió con la realización de un objetivo específico. Una de las técnicas para la realización, que sugirió con frecuencia, consiste en tener cinco tarjetas y, en una de ellas, escribir de forma sucinta pero explícita y con detalle aquello que se desea, lo que se quiere profundamente, con toda la mente y el corazón. Eso mismo, se duplica luego en las otras cuatro tarjetas. Luego, se guarda una en la cartera o en el bolso, se deja otra en la mesa de tocador o en la mesita de noche, otra sobre el fregadero de la cocina, otra en la guantera del coche y la última en la mesa de despacho. Lea intensamente la tarjeta cada día y, mientras lee, grábese firmemente en la conciencia la imagen mental. Visualice su objetivo, que ahora ya está en proceso de verse realizado. Este método funciona, como lo atestiguan miles de agradecidos lectores y practicantes del mismo que han leído *La magia de creer*. Ese libro es una de las más grandes exposiciones del principio positivo.

Se vio a sí mismo como un gran editor

Un amigo mío que ha alcanzado mucho éxito, siempre acreditó el éxito alcanzado como uno de los más grandes editores de periódicos de Estados Unidos, a Orison Swett Marden, un autor muy anterior de textos motivacionales que ejerció una profunda influencia. Este amigo y socio durante muchos años fue el ya fallecido Roger Ferger, editor del *Enquirer*, de Cincinnati, uno de los periódicos más destacados del país. El señor Ferger era un líder notablemente fuerte y capaz en los asuntos de la comunidad y se le respetaba mucho por su extraordinaria inteligencia.

Un día en que el señor Ferger y yo regresábamos a las oficinas del *Enquirer*, después de haber almorzado en el Queen City Club, del que él era presidente, nos detuvimos delante del edificio del periódico. Le pregunté: «Dime una cosa, Roger, ¿cómo te convertiste en editor del *Enquirer*?».

«Hace muchos años —contestó—, cuando era un jovencito, me detuve en este mismo lugar y, al mirar por esa ventana, vi a un hombre sentado ante una mesa de despacho. Era el editor de este periódico. En aquel preciso momento tuve una visión de mí mismo sentado en su lugar, ostentando su título y realizando su trabajo. De repente, quise ser editor. Me imaginé a mí mismo en ese puesto y, a partir de aquel momento, trabajé con diligencia para alcanzar ese objetivo. Creí, creí y creí y empecé a practicar el poder del pensamiento positivo, que tú has estado enseñando y propugnando desde hace tanto tiempo.»

A continuación, extrajo de la cartera un recorte un tanto amarillento y ajado de los escritos de Orison Swett Marden y me lo leyó allí mismo, en la acera, mientras el tráfico atronaba a nuestro alrededor. Creo que siempre recordaré la mirada de fe entusiasta que se reflejaba en su expresión mientras pronunciaba aquellas palabras que le habían motivado de joven y que habían seguido agitando las fuerzas de su personalidad, para ponerlas en acción a lo largo de toda su notable vida de éxitos. Y estas son las dinámicas palabras que le hicieron empezar y que le ayudaron a mantenerse siempre en marcha: «Un hombre que confía en sí mismo, que es positivo y optimista y que emprende su trabajo con la seguridad del éxito, magnetiza su condición. Atrae hacia sí mismo los poderes creativos del universo».

Hace unos años, relaté esta misma anécdota, aunque con menos detalle, cuando escribí *El poder del pensamiento positivo*, y la vuelvo a resaltar aquí debido a que en los miles de cartas recibidas desde la publicación de ese libro, muchas de ellas se han referido con agradecimiento a la activación de su propia fuerza de la personalidad gracias a la experiencia del señor Ferger.

Quizá se haga la objeción de que él fue un hombre insólitamente bien dotado, que habría alcanzado resultados fructíferos sin necesidad de recurrir a tales principios de convicción y reactivación. Para concluir este capítulo, permítame hablarle de la experiencia de otro hombre mencionado en ese mismo libro, cuya historia ha sido la chispa que ha animado a otros muchos a salir del fracaso y a seguir el camino de hacerle un buen extra a sus vidas.

Reproduzco una carta recibida hace años de un hombre que narra cómo el principio positivo cambió espectacularmente la experiencia empresarial de su padre y su vida, en general. Dice lo siguiente:

Mi padre era un viajante de comercio. A veces vendía muebles, otras veces artículos de ferretería y otras, artículos de cuero. Cambiaba de línea cada año. A menudo le oía decirle a mi madre que aquel sería su último viaje para vender artículos de papelería o lámparas de dormitorio o lo que estuviese vendiendo en aquellos momentos. Al año siguiente, aseguraba, todo sería diferente: viviríamos en una barriada más cómoda, se le presentaría la oportunidad de trabajar para una empresa que tuviese un producto que se vendiese por sí solo. Siempre era lo mismo. La verdad es que mi padre nunca tuvo un producto que se vendiera. Siempre estaba tenso, siempre temeroso de sí mismo, siempre silbando en la oscuridad.

Entonces, un buen día, un compañero de ventas le dio a mi padre una copia de una pequeña oración de tres frases. Le dijo que la repitiera antes de visitar a un cliente. Mi padre lo probó y los resultados fueron casi milagrosos. Vendió al 85 por ciento de todas las visitas que hizo durante la primera semana y, a partir de entonces, los resultados de cada semana fueron maravillosos. Algunas semanas, el porcentaje alcanzaba incluso el 95 por ciento y en un total de 16 semanas vendió a todos los clientes a los que visitó.

Mi padre entregó la misma oración a algunos otros vendedores y, en cada caso, se produjeron resultados asombrosos. La oración que utilizaba mi padre es la siguiente:

«Creo que siempre estoy guiado por la divinidad.
»Creo que siempre tomaré el camino correcto.
»Creo que Dios siempre abrirá un camino allí donde no lo haya.»

Una oración muy sencilla, se lo garantizo, pero investida de un raro poder como estimuladora del pensamiento y de la acción. Inconscientemente, este vendedor hasta entonces irregular, había empleado los extraordinarios recursos de la fe en Dios, la fe en la guía y en el poder de visualización y de afirmación. Como consecuencia de ello, su personalidad experimentó un cambio espectacular. El poder que había dentro de él, en desuso durante tanto tiempo, surgió de pronto en una increíble corriente de acción efectiva. Se convirtió literalmente en un hombre nuevo, rehecho y vital. Las fuerzas de su personalidad, dormidas durante tanto tiempo, se liberaron y emprendieron la acción, y no sólo de una forma temporal. Fueron tan grandes los poderes recientemente activados que éstos se reabastecieron constantemente a sí mismos. De ahí que, como dijo el doctor Marais al principio de este capítulo: «La inspiración y la motivación son exactamente como la nutrición. Hay que seguir tomándolas diariamente, en dosis saludables. De otro modo, no tardarán en manifestarse el agotamiento, la fatiga, la depresión, la falta de ambición y de logro».

Este vendedor, gracias al uso de ese principio espiritual sencillo, pero poderosamente afirmativo, tomó el alimento del pensamiento revitalizado y toda su vida cambió por completo. A partir de entonces poseyó un nuevo y poderoso vigor para seguir avanzando.

Y ahora se indican las formas en que las fuerzas de la personalidad se liberan para entrar en acción:

1. La motivación es como la nutrición. Hay que seguir tomándola diariamente, en dosis saludables, para seguir adelante.
2. En la personalidad hay mucho más poder del que se haya utilizado jamás: libérelo.
3. La vida (*life*) tiene un *if* condicional en el centro de la palabra y también en nuestra propia existencia. Recupere el control sobre esos condicionales variables e inciertos.
4. Crea, acepte y afirme la poderosa fuerza de la personalidad inherente en usted.
5. Practique la extraordinaria magia creativa de creer.
6. «Véase» a sí mismo, «imagínese» a sí mismo como lo que desea ser; luego, simplemente, séalo.
7. Crea que el milagro del cambio siempre es posible... para usted. De hecho, crea que se está produciendo incluso ahora mismo.
8. Establezca un compromiso nuevo y total con el principio positivo y domine la habilidad de mantenerlo.

Segunda forma
de mantener en funcionamiento
el principio positivo

ECHE UN NUEVO VISTAZO
A ESA PALABRA: «IMPOSIBLE»

El principio positivo le ayudará a salir de los problemas y, después, a mantenerse alejado de ellos. Voy a contar una historia sobre Fred y Jennifer, que tuvieron verdaderos problemas. Estaban fuertemente endeudados y la pequeña tienda de ropa que tenían mostraba señales ominosas de ir mal.

Era una época de una intensa depresión financiera que había afectado duramente a su ciudad. De hecho, muchas empresas cerraban. Todo parecía indicar que no tardaría en sucederles lo mismo. La cantidad de facturas impagadas en sus cuentas totalizaban una cifra peligrosamente elevada. Así pues, entraba tan poco dinero que tampoco podrían pagar las facturas de sus proveedores a menos que sucediera algo, y rápido.

Una mañana, Fred y Jennifer estaban sentados y abatidos en su pequeño despacho, repasando las facturas y los impagados. Todo parecía completamente inútil. Por la tienda no aparecían clientes y el negocio había disminuido tanto que el aspecto era pobre.

Entonces sucedió algo totalmente inesperado, pero muy interesante. Un científico, destacado en la investigación química y amigo de la pareja, caminaba por la calle, no lejos de la tienda. Dejándose guiar por un impulso, se dirigió hacia ella para ver a Fred y a Jennifer. No pudo sacudirse la impresión de que era muy importante para él hacer aquella visita.

Cómo lo imposible se convirtió en posibilidades

El amigo científico encontró a la joven pareja en un estado mental que rozaba la desesperación, mezclada con el pánico. Ante su innecesaria pregunta acerca de cómo les iba el negocio, Fred tomó una hoja de papel y, con letras grandes y mayúsculas, escribió la palabra «IMPOSIBLE» y se la mostró a su amigo, un gran ser humano llamado doctor Alfred E. Cliffe. El científico se quedó mirando la palabra escrita y luego dijo reflexivamente: «Echemos un vistazo a esa palabra: "imposible". Veamos lo que se puede hacer con ella antes de que os abrume». Tras decir esto, tomó la hoja de papel y un gran rotulador y trazó dos gruesas líneas a través de las dos primeras letras de la palabra. La palabra POSIBLE, liberada de las dos primeras letras, surgió fuerte y clara. «Nada es imposible si no creéis que sea imposible —les dijo—. ¿Qué me decís? Empecemos por ver únicamente las posibilidades. Apliquemos el principio positivo a vuestra situación.»

Al Cliffe tomó la factura superior del montón que estaban preparadas para ser enviadas a sus clientes.

—John Abbott —leyó—. ¿Qué sabéis sobre el señor Abbott? ¿Tiene esposa e hijos? ¿Os preguntáis cómo le irán las cosas en su propio negocio?

—¿Cómo voy a saber yo eso? —gruñó Fred—. Sólo es un cliente que, además, tarda en pagar.

—Veamos una cosa —dijo Al—. Búscalo en la guía telefónica. Llámalo por teléfono y, simplemente, pregúntale con amabilidad cómo le van las cosas. Hazlo ahora.

De mala gana, Fred hizo lo que se le pedía y mantuvo una conversación que tuvo que haber sido muy agradable a juzgar por la primera sonrisa que se esbozó en su rostro desde hacía tiempo.

—Pareció complacido —informó tras colgar el teléfono— y bastante sorprendido por mi interés. Me preguntó cómo nos iba a nosotros y cuando le dije que estábamos revisando y pagando facturas, me dijo que él andaba en las mismas y añadió que no nos había olvidado, aunque le aseguré que no era esa la razón de mi llamada.

Entonces, Al Cliffe hizo una cosa extraña. Les pidió a Fred y a Jennifer que se unieran a él y colocaran la mano derecha sobre el montón de facturas a punto de ser enviadas. A continuación, rezó en voz alta por todas las personas representadas en aquel montón de facturas, no para que pagaran, sino para que cada una de ellas fuese bendecida de acuerdo con sus propios y particulares problemas.

—Y ahora tengamos una sesión de generación de ideas —sugirió—. ¿Tenéis dinero suficiente para un bote de pintura?

—Para eso sí hay, todavía no estamos tan bajos —gruñó Fred.

—Está bien, pues manos a la obra y pintad el interior de la tienda de un blanco reluciente. Luego, lavad los escaparates y las ventanas hasta que brillen. Poned algunas bombillas nuevas en esas lámparas fijas del techo. Y, sobre todo, poned unas grandes sonrisas en vuestras caras y quedaos en la tienda, a la espera de los clientes. Cuando la gente empiece a venir, saludadles con verdadera amabilidad. Seguir pensando en términos de posibilidades y eliminar ese concepto de «imposible». No va a ser nada fácil salir adelante, pero si hacéis lo que os digo seguiréis en el negocio y lo mantendréis en marcha.

En el término de un mes, la joven pareja había cobrado suficiente dinero como para mantener las cabezas fuera del agua. Gradualmente, empezaron a obtener un pequeño beneficio. Sobrevivieron así a la depresión, y todo porque siguieron el sabio consejo de un amigo y echaron un nuevo vistazo a esa palabra: «imposible».

Este hombre, Al Cliffe, era una de las personas más intuitivamente sabias que haya conocido. Cuando se trataba de enseñar la verdad, tenía una percepción y una inspiración extraordinarias. Era un genio práctico en los usos del principio positivo.

Él mismo había aprendido la verdad creativa y positiva cuando se hallaba desesperadamente enfermo, tanto que se había abandonado prácticamente a la idea de morir. En ese momento extremo, Cliffe lo puso todo en manos de Dios, diciendo: «Hágase tu voluntad. Tómame si quieres, pero si es tu voluntad que viva, dedicaré los años que me queden a enseñar el extraordinario poder de la verdad espiritual para superar la enfermedad, el fracaso y todo tipo de dificultades». A partir de entonces, una vez recuperado, el doctor Cliffe enseñó una de las verdades más básicas, la cual me ha beneficiado mucho personalmente y, de forma similar, también ha beneficiado a miles de personas. Lo expresó en una frase inolvidable y afortunada: «Despréndete y deja que Dios se ocupe». Eso significa, esencialmente, hacer lo mejor que se pueda hacer y luego, por citar a san Pablo, «habiendo acabado todo, estar firmes» (Efesios, 6, 13). Cuando se ha hecho todo lo que se podía hacer, ¿qué más se puede hacer? Ese es el momento de desprenderse y dejar que Dios se ocupe. Con esta metodología del principio positivo no habrá nunca necesidad de sentirse desanimado o derrotado. Ya nada le será imposible. Sobre la base de esta filosofía siempre podrá seguir en marcha.

Mantenga viva la inspiración
mediante el control de las palabras

Una forma segura de mantener muy viva la inspiración consiste en controlar las palabras que se utilicen. Una palabra o una combinación de palabras, forma un símbolo de pensamiento, de modo que uno tiende a revelar en sus palabras el concepto básico de su mente. Invariablemente, los pensamientos se muestran a través de las palabras que se usan con más frecuencia. Si desea saber lo que piensa una persona, no tiene más que escuchar las palabras que más utiliza.

Y para saber por qué disminuye su propio ánimo mental, estudie cuidadosamente las palabras de abatimiento con las que se expresa habitualmente en su conversación diaria. Parece ser que fue Emerson quien dijo: «Corta una palabra vital y sangrará», lo que equivale a decir que las palabras están vivas y tienen el poder para crear o para destruir.

De todas las palabras destructivas de uso común, seguro que una de las más poderosas es la palabra «imposible». Quizá haya más gente que ha fracasado por utilizar esa palabra que cualquier otra.

«Es imposible», es la deprimente expresión recurrente que amortigua el entusiasmo y echa un jarro de agua fría sobre más de un proyecto que, de otro modo, podría haberse convertido en un éxito. Es por tanto de vital importancia eliminar la palabra «imposible» del lenguaje cotidiano, pues tal eliminación permitirá disminuir, con el tiempo, su influencia sobre sus procesos de pensamiento determinativos.

Luego, cuando esté motivado para alcanzar algún objetivo o para mejorar algo de sí mismo y de su situación, el concepto «imposible» ya no tendrá fuerza suficiente para interferir en el funcionamiento del principio positivo. Entonces, podrá mantener la inspiración junto con el poder. Se repondrá así constantemente de fuerza motivacional, que no disminuirá y que, de hecho, se hará cada vez más fuerte y vital.

Al valorarse a sí mismo sobre la base de las pasadas demostraciones de inspiración mantenida con debilidad, quizá reaccione con duda e incluso con incredulidad ante estas afirmaciones. La palabra «imposible» surgirá de inmediato en su mente. Quizá se diga: «Me es imposible mantener un nivel constante de actitud animada y positiva. Es imposible que la inspiración gobierne constantemente mis reacciones y me haga seguir adelante ante las dificultades que siempre se me acumulan». Si sus expresiones son de este tipo, ello indica que necesita emprender un ataque frontal contra la palabra «imposible» y el concepto generador de fracaso que representa.

Arrojó la palabra «imposible» fuera de sí

Al final de una conferencia que pronuncié ante una gran convención de ventas en el Massey Hall de Toronto, se me acercó un hombre. Tenía el rostro positivamente iluminado. Ninguna otra palabra podría describir adecuadamente su expresión de asombro y felicidad. Con un entusiasmo evidente y muy animado, insistió en contar su historia y, cuando la escuché, yo también me animé mucho. Siempre es una tremenda experiencia encontrarse con una persona a la que le ha sucedido algo significativo que le ha conquistado totalmente su personalidad.

—Se lo debo todo a una historia incluida en las páginas 126 y 127 de su libro *Usted puede si cree que puede*. Es la historia de Napoleon Hill, el autor de libros de inspiración tan ampliamente leído, cuya vida se vio adversamente condicionada cuando era joven por la palabra «imposible», lo que le hizo vivir sumido en el fracaso y en la infelicidad. Deseaba ser escritor, de modo que se compró un diccionario para dominar el uso de las palabras. Un día, se le ocurrió que tenía que arrojar lejos de sí, de una vez por todas, aquella palabra: «imposible». El método que utilizó para ello fue sencillo: con unas tijeras, recortó la palabra del diccionario, arrugó el papel y lo arrojó con fuerza al fuego de la chimenea encendida. ¿Y sabe qué? Yo hice exactamente lo mismo y resulta extraordinario ver cómo algunas posibilidades realmente grandes han ocupado el lugar de aquellos miserables «imposibles».

—¿Recortó usted realmente esa palabra de su diccionario? —le pregunté, extrañado. No entraba, dentro de mis propósitos, el animar a la gente a mutilar los diccionarios, sino más bien motivar a quienes suelen pensar en la imposibilidad a apartar ese concepto de sus mentalidades.

—Necesitaba hacer algo espectacular —contestó el hombre—. Hasta entonces, me entusiasmaba con algún objetivo nuevo o me lanzaba a algún proyecto interesante. Luego, el temor de no poder hacerlo se apoderaba de mí poco a poco, apagaba mi entusiasmo y el concepto de «imposible» terminaba por predominar. El resultado es que me sentía cansado, como si me hubiesen dado una paliza, derrotado. Pero ahora he arrojado lejos de mí esa palabra, para mi bien. Y ahora, cuando me siento inspirado, ya tengo lo que se necesita tener para seguir adelante. He aceptado el principio positivo y ya ni siquiera pienso en que eso sea una posibilidad, ya que para mí es una certeza.

No me sorprendió descubrir que el cambio en las actitudes de este hombre tenía una fuente espiritual, pues extrajo de su bolsillo un ejemplar de nuestra publicación mensual *Creative Help for Daily Living* (*Ayuda creativa para la vida cotidiana*). En ella se publican los sermones que pronuncio cada domingo en la iglesia colegiata Marble, en la Quinta Avenida de Nueva York, que luego se envían a cientos de miles de suscriptores en cada estado y en 110 países extranjeros.* El número que me mostró contenía un mensaje titulado «Eche un nuevo vistazo a lo "imposible"», en el que había subrayado un párrafo que decía:

¿Cuáles son las palabras más patéticas, más tristes y siniestras de nuestro idioma? La respuesta de John Greenleaf Whittier fue:

«De todas las palabras tristes de lengua o pluma,
las más tristes son éstas:
¡podría haber sido!»

¡Eso sí que alcanza una alta puntuación como expresión triste! Y hay también otras palabras, pero, de entre todas ellas, «imposible» quizá sea la más patética de todas. Es lamentable

---

* Si desea recibir con regularidad *Creative Help for Daily Living*, escríbame a: c/o the Foundation for Christian Living, Pawling, N. Y. 12564, Estados Unidos. Esta publicación se envía gratuitamente y sólo se sostiene mediante contribuciones voluntarias.

que esa palabra esté tan fuertemente grabada en la conciencia de cientos de miles de personas, para recordarles a cada instante que no pueden hacer lo que desearían hacer. Así, se sienten derrotadas por los llamados «imposibles», marchitos e impresionantes.

¿Qué deberíamos hacer con esos grandes obstáculos, con esos enormes «imposibles» soñados? ¿Cuándo fue la última vez que pronunció la palabra «imposible»? ¿Va a admitir débilmente la falsa noción de que su situación actual es imposible? ¿Está a punto de permitir que le venza? Esta es una decisión muy importante: qué hacer con esos llamados «imposibles» que le han estado preocupando y derrotando desde hace tanto tiempo.

Eche un nuevo vistazo a su «imposible» actual. Considere formas positivas de manejarlo. Empiece por estudiar el Nuevo Testamento, que está repleto de ideas sobre cómo tratar con lo imposible y que debería concebirse como libro de texto del principio positivo. Contiene la fórmula más funcional para convertir lo «imposible» en grandes posibilidades. Piense, por ejemplo, en la siguiente y magnífica verdad: «Lo que es imposible para los hombres, es posible para Dios» (Lucas, 18, 27). Eso quiere decir que si una persona continúa adelante, con fe en Dios, convencida de poder aprovechar el poder divino, su situación dejará inmediatamente de ser imposible porque las cosas que son imposibles para los hombres, son posibles para Dios. Es así de simple.

Y considere esta otra y extraordinaria afirmación: «Si tenéis fe como un grano de mostaza, diréis a este monte: Pásate de aquí allá, y se pasará» (Mateo, 17, 20). ¿Ha visto alguna vez un grano de mostaza? Póngaselo en la mano y el viento se lo llevará. Es muy pequeño, de modo que si sólo tiene un poco de fe, como un grano de mostaza, si esa fe es real, nada, absolutamente nada le resultará imposible.

En la actualidad, hay muchos pensadores negativos que se apresurarán a decirle dogmáticamente que eso no es así y le presentarán un argumento tras otro para resaltar lo negativo, puesto que está en su naturaleza el desacreditar siempre los aspectos positivos. ¿Y por qué? Quizá porque ellos mismos no desean alcanzar el éxito o la victoria. Quizá le resulte extraño, pero lo cierto es que algunas personas se sienten más felices siendo derrotadas; tienen la voluntad de fracasar; es una actitud mental enferma. En consecuencia, tampoco quieren que nadie más tenga éxito. Es muy posible que incluso deseen que las cosas vayan mal, para de ese modo seguir quejándose y criticando o, simplemente, porque así se equiparan con su propia pauta de fracaso. Pero un pensador inteligente y recto sólo aceptará un gran concepto estructurado de verdad espiritual cuando esté convencido de que ha obrado milagros en la experiencia de muchas personas previamente derrotadas.

Así pues, eche un nuevo vistazo a ese «imposible». Elévese mentalmente por encima de él, hasta alcanzar una posición desde la que pueda ver su problema desde arriba. Todos los generales que han alcanzado victorias importantes han maniobrado hacia un terreno más alto. Cualquier persona que desee superar un problema, tiene que situarse por encima del mismo en sus procesos de pensamiento. Entonces, el problema no parece tan formidable y la persona tiene así una mayor confianza en su propia habilidad para abordarlo.

He dedicado muchos años a la tarea de persuadir a la gente del hecho de que poseen un poder innato para resistir y superar los golpes que las circunstancias les acarreen. Hay miles, quizá cientos de miles de personas que han escuchado ese mensaje y han respondido jubilosamente al poder del pensamiento positivo. Para ellas, inspiradas y llenas de un espíritu dinámico, la vida ha adquirido un significado nuevo y gozoso. Han descubierto el poder, el maravilloso poder de mantener la motivación.

Cuando, como es habitual en la experiencia de todos los seres humanos, se nos presentan desafíos a la inspiración, la confianza positiva puede experimentar una tensión aguda. La enfermedad, la pena, la frustración, los problemas financieros, las dificultades personales y muchas otras vicisitudes afectan tanto a los recursos personales que el resultado puede ser, y de hecho es a menudo, la erosión y quizá incluso el colapso de la inspiración innata.

Recibo cientos de cartas de lectores que me dicen, en efecto: «He seguido sus enseñanzas sobre el pensamiento positivo y me han infundido valor, fortaleza y verdadera felicidad. Pero ahora me ha sucedido algo realmente terrible y mi fe se ha visto conmocionada. ¿Cómo puedo evitar el abandono? ¿Cómo puedo mantener en funcionamiento el principio positivo?».

Sólo con 1,76 dólares

Tomemos, por ejemplo, el caso de una mujer, lectora habitual de nuestra publicación *Creative Help for a Daily Living* y que, en un período de grave recesión, me escribió acerca de sus esfuerzos por mantener una fe positiva. Me dijo que ese día sólo le quedaban, exactamente, 1,76 dólares en el banco. Además, la empresa en la que trabajaba su marido sólo había podido dar a sus empleados un aumento de sueldo muy moderado y con los precios inflacionarios que había les resultaba muy difícil salir adelante. «Pero tengo fe —añadía— en que Dios se ocupará de nosotros si mantenemos en un alto nivel nuestras actitudes espirituales y mentales. Mi esposo y yo hemos decidido no dejarnos arrastrar por el pánico, pensar positivamente y mantener fuerte nuestra fe.»

Unas semanas más tarde, en respuesta a nuestra carta de atenta preocupación y consuelo, me escribió de nuevo para describir lo que calificó como «el más extraordinario de los sucesos», gracias al cual surgió una nueva fuente adicional de ingresos que les permitió acceder a una modesta pero útil cantidad. Al negarse a dejarse arrastrar por el pánico, al mantener su valor alto, su fe fuerte, su pensamiento sano, el concepto de imposibilidad, que habría podido frustrar un resultado final tan bueno, no ejerció ninguna influencia negativa sobre esta situación humana y hogareña tan común.

El problema físico no pudo crear imposibles

¿Cómo mantener alto el entusiasmo mental, de una forma sostenida, cuando se desarrolla un problema físico? ¿Mediante qué método se mantienen muchas de las actitudes inspiradoras cuando un golpe devastador afecta y socava su salud, su fortaleza y su bienestar? Se trata de preguntas que nos plantean innumerables lectores, cada día y en todas partes.

Tomemos, por ejemplo, la experiencia del jefe Craig, un amigo mío y pensador positivo convencido, que siempre dedicaba un gran esfuerzo a fortalecer su cuerpo, a veces llegaba a correr hasta 160 kilómetros al mes. Un día, de repente, sintió un fuerte dolor y, poco después, tuvo que ser sometido a una operación por cáncer de próstata. A pesar de eso, mantuvo vivo su espíritu. «Tengo que trabajar con mi mente para que no crezcan los pensamientos enfermos, ya que el tejido enfermo ha crecido en mi cuerpo. Me voy a mantener por encima de todo lo que ocurre —declaró positivamente—. Voy a elevarme hasta lo más alto.» Los últimos informes que tengo de él indican que eso es precisamente lo que está consiguiendo. Es el principio positivo el que lo sostiene.

También hubo un hombre en el que siempre pienso como una de las personas más inspiradoras que he conocido en muchos años. Yo participaba en un programa para hablar ante un par de miles de vendedores, en Omaha y antes de salir para pronunciar mi conferencia, me precedió este famoso psicólogo industrial. No podía sostenerse en pie, ya que estaba paralizado de las dos piernas. Pero, desde luego, no tenía paralizada la cabeza, pues pronunció un brillante discurso, sentado en su silla de ruedas. Mientras el público lo escuchaba, apenas en un instante se interesaron en él por lástima. Fue cáustico, abrasivo, persuasivo, agradable y humorístico. Poseía todo lo que necesita tener un hombre para lograr una comunicación efectiva y era, de hecho, un potente orador público.

Más tarde, cuando le hice un comentario sobre su magnífica actuación y le expresé mi admiración diciéndole que ya me parecía bastante duro tener que dirigirse a una multitud como aquella estando de pie, él replicó: «El cerebro no está en las piernas, sino en la cabeza. Mis piernas están paralizadas, pero por el momento mi cabeza se encuentra en perfecto estado de funcionamiento. He descubierto que puedo vivir mi vida sin mis piernas precisamente porque todavía poseo un cerebro que funciona».

Evidentemente, estos dos hombres tenían una inspiración interna, una motivación innata que les permitía seguir adelante incluso en contra de la adversidad física. Los dos se burlaban de la palabra «imposible». «¿Qué quiere decir con eso de "imposible" —me replicó cada uno de ellos—. Olvídelo. Yo sólo pienso en términos de lo posible.» Habían echado un vistazo a la palabra «imposible» y, evidentemente, no se sintieron nada impresionados.

En medio de la tragedia utilizó una fuente profunda

Pero hay también tensiones mucho mayores que los aprietos financieros o incluso que los problemas de salud, sobre todo cuando se trata de acontecimientos trágicos que ocurren de vez en cuando en la experiencia humana, como la muerte violenta y repentina de seres queridos. Tales ocasiones ponen a prueba el espíritu hasta conducirlo a un nivel cercano a la ruptura, de modo que la palabra «imposible» ejerce un poder amenazador que exige recursos profundos y extraordinarios para afrontarlas con efectividad.

Recientemente, mi esposa, Ruth, habló en una conferencia ante once mil pastores baptistas, en el enorme auditorio de Miami Beach, en una convención presidida por mi amigo, el doctor James L. Pleitz, de Pensacola. Era la única mujer que se dirigía a un público tan numeroso e importante. Ruth me mostró el programa del acto y observé que contenía las palabras de las canciones que se cantarían en la convención. Una de ellas era del fallecido Luther H. Bridgers, otro amigo durante muchos años y un líder maestro en el canto del evangelio; la canción se titulaba «Él me mantiene cantando».

Eso me recordó la época en la que Luther Bridgers me invitó a su casa a desayunar y pasamos felizmente un buen rato de amistad junto con su familia. Descubrí entonces que éste era el segundo grupo familiar que había formado. Me habló de una tragedia anterior, cuando era un joven pastor e iba a otra ciudad para participar en una serie de reuniones. Una noche, a últimas horas, lo despertó una llamada telefónica. Por el teléfono le llegó el sonido de la voz vacilante de un amigo, que le contó la increíble noticia de que su hogar se había incendiado mientras su esposa y sus dos hijos estaban durmiendo. Se hicieron todos los esfuerzos posibles por salvarlos, pero las llamas ya habían avanzado demasiado y los tres miembros de la familia perecieron en el holocausto que devastó la casa.

Atónito, Luther dejó caer el teléfono y se quedó allí, angustiado. ¡No podía ser cierto! ¡Aquello no podía ser cierto! Recorrió la habitación de un lado a otro, desesperado. Luego, salió precipitadamente de la habitación y del hotel, a las calles vacías de la madrugada. Caminó arriba y abajo durante largo rato, luchando desesperadamente por recuperar el control sobre sí mismo.

Entonces, en su angustiosa búsqueda de paz, llegó al río que fluía, ancho y profundo, a través de la ciudad. Se quedó mirándolo fascinado. En sus frías profundidades se encontraba el olvido. Sólo necesitaría un breve instante de lucha para que su espíritu abandonase su cuerpo y se reuniera con su esposa y sus pequeños hijos. La vida era ahora tan extraordinariamente imposible. ¡Imposible! ¡Imposible! Aquella palabra le martilleaba en la cabeza. Era imposible seguir adelante. Tenía que morir ahora, en medio de aquella corriente de agua que se movía con rapidez.

Pero en lo más profundo de su mente había una fe establecida desde hacía tiempo y un amor a Dios, a quien consideraba su padre. La lucha fue intensa. Finalmente, se hincó de rodillas y las lágrimas, que todavía no habían brotado de sus ojos secos, se vertieron ahora incontenibles. Junto con las lágrimas rezó una profunda oración, pidiendo comprensión y fortaleza para afrontar esta tragedia, con el poder que le otorgaba el ser un verdadero creyente. La lucha fue larga y dura, pero encontró el camino de regreso. Más tarde se volvió a casar y educó a la segunda familia en cuyo hogar desayuné yo aquella mañana.

Después de contarme esta historia, Luther se sentó ante el piano e interpretó conmovedoramente y con un profundo significado algunas de las famosas composiciones de los grandes compositores. Finalmente, interpretó una de sus propias y conocidas canciones. Nunca dejará de conmoverme el recuerdo de este hombre fuerte cantando palabras conocidas por miles de personas:

> Jesús, Jesús, Jesús,
> el nombre más dulce que conozco,
> llena todos mis anhelos,
> y me mantiene cantando mientras voy.
>
> («Él me mantiene cantando»,
> de Luther B. BRIDGERS)

La dorada luz del sol penetró en la habitación, iluminando el rostro del que cantaba. Mientras cantaba, un canario, en una jaula situada sobre el piano, también empezó a cantar. Y estoy seguro de que no fue mi imaginación, sino que el hombre y el pájaro parecieron sintonizarse perfectamente en alabanzas al

Señor, que permite victorias de tal magnitud a los seres humanos. Y ¿quién sabe? Quizá también a los pájaros. En cualquier caso, el resumen y la sustancia de la cuestión es que incluso en la más extremada de las tragedias, como la que experimentó, Luther Bridgers sabía cómo mantener en funcionamiento el principio positivo. Una fe de ese calibre nunca reconoce la palabra o el concepto de «imposible».

Una de las principales lecciones o verdades que aprenden las personas reflexivas es que lo llamado «imposible» es, de hecho, posible para quienes poseen la voluntad, el valor y la fe. Incluido en el tejido de la existencia humana está el hecho de que todo aquello que sea apropiado de alcanzar o lograr para el ser humano, éste lo puede alcanzar y lograr. Marco Aurelio lo expresó de una forma poderosa: «No creas que lo que te sea difícil dominar a ti sea imposible para el hombre; pero si hay algo que sea posible y adecuado para el hombre, también tú lo podrás alcanzar» (*Meditaciones*, VI, 19). Aquellas cosas que un individuo pueda concebir en su mente, podrán ser alcanzadas mediante el uso de la mente. Samuel Johnson declaró que «pocas cosas son imposibles para la diligencia y la habilidad» (*Rasselas*, cap. 1). Y Berton Braley lo sintetizó en unos breves versos:

¿Hay algún río del que dijeran que no se podía cruzar?
¿Hay alguna montaña que no se pudiera atravesar?
Nos especializamos en lo completamente imposible,
haciendo cosas «que nadie puede hacer».

(«At Your Service:
The Panama Gang»)

Así pues, eche un nuevo vistazo, y casi podría decirse que un dominante nuevo vistazo, a esa palabra: «imposible». Reconstruya su motivación. Conviértase en un especialista en hacer lo completamente imposible. Y mantenga en marcha el principio positivo.

Y ahora, una síntesis de los puntos básicos reseñados en este capítulo.

1. Recorte el «im» de la palabra «imposible», dejando esa otra palabra dinámica, para que resalte libre y clara: «posible».
2. Haga todo lo que pueda cuando se encuentre en una situación dura y, después, despréndase y déjela en manos de Dios.
3. No vuelva a utilizar nunca seriamente la palabra «imposible». Arrójela a la papelera verbal.
4. Practique el principio positivo, el principio de lo posible. «Si tenéis fe... nada os será imposible.»
5. Acumule un cuerpo de fe indomable, suficiente para utilizarlo y sostenerle en momentos de crisis.
6. Cualquier cosa que sea apropiada para un ser humano puede ser considerada como alcanzable por parte de éste.
7. Conviértase en un especialista en hacer lo «completamente imposible», aquellas cosas que «no se pueden hacer».
8. Eche un vistazo nuevo y directo a la palabra «imposible» y siempre le será posible mantener en marcha su motivación.

Tercera forma
de mantener en funcionamiento
el principio positivo

HAGA SUYA LA IDEA
DE QUE NADA PUEDE ABATIRLE

Es sorprendente la gran cantidad de cosas que pueden abatir a tanta gente. Y, habitualmente, no suelen ser las grandes cosas, las grandes tragedias, sino más bien las pequeñas y molestas frustraciones e irritaciones. Éstas parecen ser verdaderos deprimentes del espíritu, pues los seres humanos poseemos dentro de nosotros mismos el extraordinario poder de afrontar los grandes temas.

Consideremos, por ejemplo, el caso del mayor H. P. S. Ahluwalia, de la India, que escaló el Everest, la montaña más alta de la Tierra. Se irguió finalmente, con una increíble emoción, sobre aquel pico colosal. Ahora, sin embargo, el mayor Ahluwalia ni siquiera puede subir los escalones que conducen desde el jardín a su puerta. Recibió en la nuca el disparo de un francotirador paquistaní en Cachemira, irónicamente después de que se declarase el alto el fuego entre los dos países y hubieran cesado las hostilidades. Ahora, su único medio de locomoción es la silla de ruedas, precisamente para este hombre cuyas poderosas piernas y recio corazón le habían permitido ascender a la cumbre más alta del mundo.

Pero ¿se dejó abatir por esta gran tragedia? En modo alguno. Pudo superar una profunda depresión y, por utilizar su propia y feliz frase, «escaló el Everest que llevaba dentro». Según explicó el mayor, erguirse sobre el pico de sí mismo después de haber luchado con su propio espíritu, fue tan emocionante como lo fuera llegar a la cumbre de la vasta montaña. Demostró así, de una forma espectacular, que nada puede abatir a una persona siempre y cuando haya aprendido la habilidad de seguir adelante, y tenga el poder para hacerlo.

Quizá sean pocos los lectores de este libro que tengan que afrontar alguna vez en su vida un desafío al espíritu ni siquiera remotamente comparable con el del mayor Ahluwalia. Pero casi todo el mundo tiene que enfrentarse con irritaciones cotidianas, con la monotonía y con esa clase de molestias que agotan la inspiración y la vitalidad motivacional. Ciertamente, no es fácil seguir adelante ante la presencia de frustraciones que se acumulan.

En ocasiones, la frustración común adopta formas y expresiones poco habituales, como le sucedió, por ejemplo, al ama de casa que se hartó por completo de las constantes e interminables molestias a las que se sentía desesperadamente sometida. En un momento en que se sintió incapaz de seguir soportándolas prendió fuego a la casa y se alejó de ella sin mirar siquiera atrás. Leí en un periódico la historia de esta pequeña tempestad y expresión del furor humano.

Luego, estuvo el caso del esposo tranquilo y sumiso que, durante años, había cedido dócil y mansamente ante su irritable e incordiante esposa. Pero la frustración acumulada en el pecho del esposo estalló finalmente y salió a la luz. El hombre agobiado, todavía fiel a su naturaleza poco combativa, abandonó el hogar una buena mañana sin decir una sola palabra y desapareció durante veinticinco años. Luego, regresó a casa y la esposa dijo que ahora era mucho más fácil llevarse bien con él que antes. En cuanto a las reacciones del hombre, no se informaba de ellas, pero sí se decía que, en esta ocasión, se quedó. Esta historia también la leí en un olvidado periódico, en alguna parte, en el que se contaban las manías de la naturaleza humana.

En otro libro (*El pensamiento positivo para unos tiempos como estos*) cité un curioso incidente de frustración e irritación y de su poder para abatir a una persona. Se refería a un hombre de negocios que había convertido su casa y su oficina en un infierno debido a sus rabietas y su intensa falta de autocontrol. Según dijeron su esposa y sus colaboradores, siempre «andaba subiéndose por las paredes, hasta el techo». Por lo visto, su aspereza e irritación eran tan intensas y continuas que el techo debía de ser su hábitat natural.

Se acaba la paciencia

Pero un buen día, «se acabó la paciencia». El hombre había despotricado en el hogar muy violentamente, afirmando que no podía soportarlo y que todo amenazaba con acabar con él. Su irritación estaba salpicada de palabras hirientes y sulfurosas.

Pero su esposa estaba a punto de perder la paciencia. Durante mucho tiempo, había soportado todo lo que pudo. Ahora, con ojos relampagueantes, lo sentó de un empujón en una silla y se plantó ante él, hecha una furia. «Ahora me vas a escuchar tú a mí, y no digas una sola palabra. Te he dejado gritar, enfurecerte y jurar hasta que me he hartado por completo. Ahora me toca a mí y tú te quedas ahí sentado, escuchándome, hasta que haya terminado.» Empezó entonces a enumerar uno tras otro los aspectos descarnados de la personalidad de su esposo, trazando una imagen nítida y clara de la persona mezquina, irritable y egoísta en que se había convertido.

No eran únicamente las cosas las que lo abatían, declaró ella. Él mismo se dejaba abatir, convertido en una víctima de sus propios arrebatos, de su propio estado nervioso, en que la frustración se complicaba con la irritación hasta que tanto a ella como a todos los demás les resultaba imposible tratar con él o soportarlo.

Mientras él escuchaba impotente la devastadora descripción de sí mismo que le hacía su esposa, experimentó de repente una extraña experiencia. Dejó de tener conciencia de la presencia de su esposa, de la sala en que se encontraban. En lugar de eso, pareció hallarse contemplando una corriente que se moviera lentamente, y en medio de la corriente había un gran objeto, de aspecto tosco, oscuro y hasta revulsivo que afloraba pesadamente a la superficie y se volvía a hundir. De repente, se dio cuenta de que se estaba viendo a sí mismo en medio de la corriente de su propio egoísmo. Y aquel objeto oscuro y feo que flotaba blandamente eran el error y el mal que había en su naturaleza. Esa era la fuente de la intensa tensión que finalmente lo destruiría a menos que se apresurase a contenerla. Lo vio con toda claridad y sin la menor duda.

La visión pasó gradualmente y allí, ante él, seguía su esposa despotricando contra él. Al darse cuenta de que algo insólito le había sucedido, ella lo miró con extrañeza, dejó de hablar y se hundió en un sillón, agotada. «Me he visto a mí mismo con toda claridad —dijo él, bastante impresionado—. Nunca hasta ahora había tenido una percepción tan nítida de mi propio yo. Ahora sé que tengo que romper ese centro interno de fracaso, porque es de ahí de donde parecen surgir las irritaciones que me impulsan a ser tan irrazonable.»

Esta historia representa una curiosa demostración del efecto acumulativo de las frustraciones. Este hombre recuperó su conmocionado sentido del equilibrio, gracias a su aguda y extraordinaria revelación de autoconocimiento. A partir de entonces actuó de acuerdo con una base motivacional organizada. Su personalidad se normalizó.

Un nuevo control sobre los factores que lo frustraban y lo irritaban le permitió mantener con toda firmeza la convicción de que nada ni nadie podría abatirle.

Reaprendió la habilidad para mantener en marcha y con efectividad el principio positivo, gracias a que pudo contener con autoridad unas reacciones emocionales que hasta entonces habían sido incontroladas.

Un canadiense frustrado encuentra la respuesta

La lucha contra las irritaciones y exasperaciones que agobian a tantas personas y las posibles soluciones para superarlas, quedaron bien ilustradas en la experiencia de un canadiense. «Simplemente, no podía seguir soportándolo», declaró. En consecuencia, abandonó el hogar sin dar ninguna explicación a nadie, subió a su coche y viajó a Nueva York. Sólo tenía un objetivo: enrolarse como marinero en un carguero que zarpara hacia algún puerto distante, sin que le importara dónde. Iría a cualquier parte que le permitiera poner distancia entre su hogar y él mismo. Eso era todo lo que deseaba.

Llegó a Nueva York un sábado y se encontró con que las actividades portuarias estaban interrumpidas hasta el lunes. Deambuló sin objetivo alguno por la ciudad, tratando de encontrar el olvido en los cines, pero nada de eso le ayudó mucho. El domingo por la mañana, mientras todavía deambulaba sin rumbo fijo, se encontró en la Quinta Avenida. Allí, le sorprendió ver una multitud de gente haciendo cola para entrar en la iglesia. Hasta entonces, nunca había visto a nadie hacer cola para entrar en una iglesia, así que se unió a la cola, más movido por la curiosidad que por el verdadero deseo de entrar en la iglesia y tuvo la suerte de encontrar el último asiento que quedaba en la última fila.

Cinco años más tarde, ese hombre me escribió para contarme su experiencia de aquel domingo por la mañana. Al mirar a su alrededor, observó que había tanto negros como blancos y, de hecho, personas de diversas razas y de todas las edades, mucha gente joven y la congregación parecía estar compuesta por más de un cincuenta por ciento de hombres. Todo el mundo se comportaba agradablemente y el ambiente parecía impregnado de una extraña sensación, que finalmente decidió llamar amor acompañado de entusiasmo.

Mientras escuchaba el extraordinario coro y la lectura de los versículos de las Escrituras y las oraciones, participando de forma vacilante en los cánticos entusiasmados de viejos himnos familiares, empezó a experimentar una cálida sensación de pertenencia. Los recuerdos «de los buenos tiempos de mi juventud acudieron a mi mente. Una profunda sensación de paz llenó mi corazón. Las lágrimas acudieron a mis ojos mientras estaba sentado dentro de su gran refugio de piedra».

El servicio religioso terminó y la gran concentración de fieles empezó a abandonar el templo. Todos parecían más animados, renovados y felices. Entonces, la dama que había permanecido sentada junto a él le ofreció la mano a modo de saludo y todo lo que le dijo fue: «Dios le ama». Eso fue suficiente. Eso quebró algo en él y lo elevó. Al salir a la avenida, caminó varias manzanas y fue como si caminara en el aire. Ahora sabía que podía enfrentarse a cualquier cosa. Ahora creía con una profunda certidumbre que podía elevarse por encima de toda frustración. Esta nueva inspiración motivacional, que experimentó con mucha fuerza, fue seguramente lo real y no tenía la menor duda de que eso le permitiría seguir adelante, que fue precisamente lo que hizo. Inmediatamente, regresó a Canadá y todavía se sentía muy fuerte cinco años más tarde, cuando me escribió para contarme su experiencia, que le enseñó la verdad dinámica de que nada tiene por qué abatirnos.

La vida puede ser dura, muy dura

Apenas puede negarse que la vida sobre la tierra tiene una poderosa cualidad de agobio aplastante. Las circunstancias relacionadas con la salud, el trabajo, el dinero, la hostilidad, las incomprensiones y otros numerosos adversarios del bienestar, la hacen constante y cotidianamente difícil, si no directamente dolorosa, para multitud de gente. No es nada extraño que el psicoanalista Freud dijera: «El principal deber de todo ser humano es el de soportar la vida». Y la vida puede ser realmente dura, muy dura.

En un sentido profundo es cierto que uno de los principales deberes, si no el principal de cada uno de nosotros es, simplemente, soportar lo que la vida nos depara. Hay ciertas cosas inevitables con las que tenemos que aprender a vivir. Aprender a vivir con alguna dolorosa discapacidad, porque no se ha encontrado ninguna fórmula liberadora, es en sí mismo todo un logro.

Mi padre fue un hombre muy feliz y creativo. En la plenitud de su vida, desarrolló una dolorosa enfermedad artrítica que le molestaba continuamente. «Casi acabó conmigo —admitió—, pero la vencí con perspicacia. Aprendí finalmente que no se podía curar, sino únicamente paliar. Así pues, acepté ese hecho y aprendí a vivir con ella.»

En los últimos años, nunca hablaba mucho del tema y vivió hasta celebrar sus ochenta y cinco años.

De una cosa estoy seguro: en ningún momento acabó con él, en modo alguno. Incluso declaró que le pareció menos dolorosa a partir del momento en que la aceptó como inevitable, como algo que tenía que soportar. Aplicó el principio positivo al problema físico.

Con el debido respeto por el principio de «soportarlo», que a menudo hace muy crueles las dificultades de la existencia humana, hay otra actitud mejor, que es guiarse por el principio de «dominarlo».

Básicamente, nada puede abatirnos si se utiliza esa cualidad que todos tenemos en el fondo de nuestra naturaleza humana y que se resiste a la derrota: la fuerza impulsora destinada a afrontar y superar cualquier elemento aplastante que encontremos. Hay una frase muy potente que la describe: «Ésta es la victoria que ha vencido al mundo, nuestra fe» (1 Juan, 5, 4). La fe es la más poderosa de todas las fuerzas que actúan en la humanidad y cuando se tiene en profundidad, nada puede abatirle, absolutamente nada. Éste es el principio positivo y está lleno de poder curativo.

El enano se convierte en gigante

Si se considera a sí mismo débil e inadecuado y cree que le falta poder para estar a la altura de los desafíos de la vida y de las dificultades rigurosas, está adoptando un punto de vista erróneo sobre sí mismo. Simplemente, no es usted tan inadecuado ni le falta fortaleza, como supone. En realidad, esa suposición resulta peligrosa, pues tiende a crear el hecho en sí mismo. Lo más probable es que si continúa con tales pensamientos no esté haciendo otra cosa que condenarse a sí mismo. Este proceso de autolimitación y autodesprecio raras veces queda expresado hacia el exterior, donde presenta un frente, pero actúa en su conciencia. Y gracias a tanto énfasis y re-énfasis puede pasar y a menudo pasa, por ósmosis mental, al inconsciente, donde llega a ser determinativo.

Eso tiene como resultado los intentos del individuo por vencer al gigante que el Creador ha situado en el centro de cada personalidad, pues en cada persona hay un gigante y nada es capaz de vencerlo, a menos que ese gigante se venza a sí mismo.

Ernie Belz tenía una personalidad gélida cuando llegó a Estados Unidos procedente de Europa. Era tan anormalmente corto de estatura (apenas poco más de un metro veinte), que había desarrollado una sensación de inferioridad profundamente arraigada. De origen suizo y a los treinta años de edad, llegó a Estados Unidos con la esperanza de encontrarse a sí mismo y descubrió lo duro que le resultó todo al principio.

Su inglés mal hablado provocaba habitualmente una sonrisa, y su tamaño minúsculo constituía siempre un hándicap. Para montar en un autobús, no lograba subir el escalón y tenía que hacerlo balanceándose. Cuando entraba en una tienda en busca de ropa, siempre lo enviaban al departamento infantil.

Un día, Ernie Belz estaba almorzando a solas en un restaurante cuando un joven de la iglesia colegiata Marble lo invitó a nuestro grupo de jóvenes adultos. Aceptó y allí encontró amistad y comprensión, en lugar de las miradas de curiosidad a las que estaba acostumbrado. Pero el deshielo de una personalidad congelada no se produce de la noche a la mañana, ni en un mes.

Uno de los momentos decisivos se produjo una noche, durante una reunión de los jóvenes adultos, cuando uno de ellos habló muy convincentemente sobre el tema «Dios tiene un plan para mi vida». Ernie planteó algunas preguntas sobre esta idea. «¿Debo entender que estás realmente convencido de que Dios tiene un plan para mi vida, un hombrecito como yo?», preguntó dubitativamente.

«Pues claro. Dios tiene un plan para cada uno de nosotros y eso también te incluye a ti, Ernie. El problema es que tienes que estar dispuesto a aceptar lo que Él disponga que tú hagas.»

En otras reuniones con estos jóvenes tan espiritualmente vivos, se le mostró que el tamaño, el color o las deficiencias físicas no tenían nada que ver con lo mucho o poco que uno pudiera ser de efectivo.

Como consecuencia de estos ánimos, Ernie empezó a pensar de una forma más creativa. Aprendió el principio positivo. Dejó de tratar de perderse en las multitudes y empezó a interesarse por los demás, como individuos. Se presentó voluntario para realizar proyectos de trabajo en la iglesia. También desarrolló el arte de descubrir los intereses de las otras personas y de sacar lo mejor de la personalidad de cada individuo.

A Ernie Belz empezaron a sucederle cosas buenas. Una de ellas fue que escapó de su caparazón de inferioridad hasta convertirse en un individuo liberado. Varios años más tarde se procuró un trabajo administrativo con una institución educativa en África. Tuvo que haber crecido continuamente en este trabajo, pues un ejecutivo bajo cuyas órdenes trabajó, escribió de él: «Cuánto mejor no sería este mundo si contáramos con más personas como Ernie Belz. Quizá sea pequeño de estatura física, pero en realidad es un gigante cuando se trata de ayudar a los demás a encontrarse a sí mismos».

Durante todo el tiempo hubo en Ernie Belz un gigante que había pasado desapercibido y que surgió finalmente, para revelar a un hombre dotado de una gran motivación dinámica y poder para mantener en marcha el principio positivo y la influencia sobre todos aquellos a los que conocía. Según ese mismo razonamiento, también hay un gigante en usted y, cuando ese gigante se hace cargo de una situación, nada ni nadie puede abatirle.

Puede hacer cosas increíbles

Cuando ese gigante interior está vivo y es vital, ya no se verá obstaculizado por pensamientos negativos y de inferioridad. Cuando se está lleno de fe en Dios y en sí mismo, puede hacer cualquier cosa que haya decidido hacer con firmeza y autoridad. Cuando adopte una actitud «con todo su corazón y aplique el principio positivo, puede hacer cosas increíbles. Resulta extraña la tendencia de algunos escépticos a menospreciar una afirmación como «Usted puede hacer prácticamente cualquier cosa que decida hacer». En realidad, me siento inclinado a quitar esa palabra calificativa, «prácticamente», sobre todo al recordar la extraordinaria historia de Legson Kayira, un adolescente que vivía en una diminuta aldea africana y que recorrió a pie una distancia de cuatro mil kilómetros a través del continente y luego logro abrirse paso hasta la costa oeste americana. Pero dejemos que sea él mismo quien cuente la historia con sus propias palabras. «Con los pies descalzos hasta Estados Unidos» es como titula su increíble narración (revista *Guideposts*).

Mi madre no sabía dónde estaba Estados Unidos. Yo le dije: «Madre, quiero ir a Estados Unidos para ir a la universidad. ¿Me das tu permiso?».

«Está bien —me contestó—. Puedes ir. ¿Cuándo te marcharás?»

No quería darle tiempo para que descubriese lo lejos que estaba Estados Unidos, por temor a que cambiara de opinión. «Mañana», le contesté.

«Te prepararé entonces algo de maíz para que comas en el camino», me dijo.

Al día siguiente, abandoné mi hogar, en el norte de Nyasalandia, en África oriental. Sólo tenía las ropas que llevaba puestas, una camiseta caqui y unos pantalones cortos. Llevé conmigo las dos cosas que más atesoraba: una Biblia y un ejemplar del *Progreso del peregrino*. También me llevé el maíz que mi madre me había dado, envuelto en hojas de plátano.

Mi objetivo estaba a un continente y un océano de distancia, pero no me cabía la menor duda de que lo alcanzaría. No tenía ni la menor idea de cuál era mi edad. Esas cosas significan muy poco en mi país, donde el tiempo siempre es el mismo. Supongo que debía de tener entre dieciséis y dieciocho años. Mi padre murió cuando yo era muy joven. Mi madre escuchó las palabras de los misioneros, con el resultado de que nuestra familia se hizo cristiana.

De los misioneros aprendí que yo no era la víctima de las circunstancias, sino su dueño. Aprendí que tenía la obligación de utilizar todos los talentos que tuviera para mejorar la vida de los demás. Y para hacer eso, necesitaría recibir una educación. Me enteré de la existencia de Estados Unidos. Leí la vida de Abraham Lincoln y amé a este hombre que tanto había sufrido por ayudar a eliminar la esclavitud de su país. También leí la autobiografía de Booker T. Washington, nacido él mismo en la esclavitud, en Estados Unidos y que se había elevado en dignidad y honor para convertirse en benefactor de su pueblo y de su país.

Poco a poco, comprendí que en Estados Unidos podría recibir la formación y encontrar las oportunidades para prepararme a imitar a aquellos hombres en mi propio país, para ser, como ellos, un líder y quizá, incluso, presidente de mi país.

Mi intención era la de llegar hasta El Cairo, donde confiaba en conseguir pasaje en un barco hasta Estados Unidos. El Cairo estaba a 4.500 kilómetros, una distancia que no podía concebir y pensé estúpidamente que podría recorrerla a pie en cuatro o cinco días. Pero en cuatro o cinco días sólo estaba a unos cuarenta kilómetros de casa, se me había acabado la comida, no tenía dinero y no sabía qué hacer, excepto que tenía que seguir adelante.

Desarrollé una pauta de viaje que se convirtió en mi estilo de vida durante más de un año. Habitualmente, los pueblos sólo estaban a siete u ocho kilómetros de distancia por caminos que recorrían la selva. Llegaba a uno de ellos por la tarde y preguntaba si podía trabajar para ganarme la comida, el agua y un lugar donde dormir. Cuando eso era posible, pasaba allí la noche y por la mañana seguía hasta el pueblo siguiente. En realidad, estaba indefenso contra los animales de la selva, a los que temía, pero aunque los escuchaba por la noche, ninguno de ellos se me acercó. Los mosquitos de la malaria, sin embargo, me acompañaron constantemente y a menudo me sentía enfermo.

Al cabo de un año había caminado algo más de 1.500 kilómetros y había llegado a Uganda, donde una familia me acogió y encontré trabajo haciendo ladrillos. Me quedé allí seis meses y le envié a mi madre la mayor parte de lo que gané.

En Kampala me encontré inesperadamente con una guía de universidades estadounidenses. Al abrirla al azar, vi el nombre de la Universidad de Skagit Valley, en Mount Vernon, Washington. Había oído decir que las universidades estadounidenses conceden a veces becas a jóvenes que se lo merecen, así que les escribí y les solicité una beca. Me di cuenta de que podía ser rechazado, pero eso no me desanimó. Escribiría a una universidad tras otra de la guía, hasta encontrar una que me ayudara.

Tres semanas más tarde me concedieron una beca y me aseguraron que la universidad me ayudaría a encontrar trabajo. Enormemente contento, fui a ver a las autoridades de Estados Unidos, pero allí me dijeron que eso no era suficiente. Necesitaría un pasaporte y el billete de ida y vuelta para que me dieran un visado.

Le escribí entonces a mi gobierno, pidiéndole un pasaporte, pero me lo negaron porque no pude decirles cuándo había nacido. Entonces les escribí a los misioneros que me habían enseñado en mi infancia y, gracias a sus esfuerzos, me dieron un pasaporte. Pero seguía sin poder conseguir el visado porque no tenía el dinero para el billete.

Todavía decidido a cumplir mi propósito, reanudé el viaje. Era tan fuerte mi fe que utilicé el último dinero que me quedaba para comprarme unos zapatos; sabía que no podía entrar en la universidad con los pies descalzos. Llevé los zapatos a cuestas, para que no se estropeasen.

Caminé para atravesar Uganda y entré en Sudán. Allí, los pueblos estaban más alejados unos de otros y la gente era menos amable. A veces, tenía que caminar treinta o cuarenta kilómetros al día para encontrar un lugar donde dormir o un trabajo para ganarme la comida. Finalmente, llegué a Jartum, donde supe que allí había un consulado de Estados Unidos.

Una vez más, me informaron de las exigencias para entrar en Estados Unidos, pero esta vez el cónsul se interesó lo suficiente en mi caso como para escribir a la universidad, contándole mi situación. Al poco tiempo llegó la respuesta en un telegrama.

Los estudiantes, enterados de mi existencia y de mis problemas, habían logrado reunir el precio del billete, por importe de 1.700 dólares, mediante fiestas de beneficencia. Me sentí encantado y profundamente agradecido. Me sentí muy contento por haber juzgado correctamente a los estadounidenses, por su amistad y hermandad.

Por Jartum circuló la noticia de que había caminado durante más de dos años y recorrido más de tres mil kilómetros. Los comunistas se pusieron en contacto conmigo y me ofrecieron enviarme a una universidad en Yugoslavia, con todos los gastos pagados, incluido el viaje y una bolsa de subsistencia mientras durasen mis estudios. «Yo soy cristiano —les dije— y en sus escuelas sin Dios no podría ser educado para convertirme en la clase de hombre que quiero ser.» Me advirtieron entonces de que, como negro, tendría dificultades raciales en Estados Unidos, pero yo ya había leído lo suficiente como para saber que eso era un factor despreciable.

Después de muchos, muchos meses, llevando mis dos libros y mi primer traje, llegué a la Universidad de Skagit Valley. En mi discurso de agradecimiento a los estudiantes, revelé mi deseo de llegar a ser el primer ministro o presidente de mi país y observé algunas sonrisas. Me pregunté si acaso no habría dicho algo ingenuo. Pero no lo creo.

Cuando Dios ha puesto en tu corazón un sueño imposible, lo ha hecho con la intención de ayudarte a cumplirlo. Estaba convencido de que eso era cierto cuando, como un muchacho africano de la selva, me sentí impulsado a licenciarme en una universidad estadounidense. Y mi sueño de convertirme en presidente de Nyasalandia también puede llegar a ser una realidad.

Actualización de la historia

Para actualizar la historia, hay que añadir que el señor Kayira sigue caminando y avanzando con su fuerte gigante interior. Nunca deja de vivir de acuerdo con el principio positivo. Se convirtió en profesor de ciencias políticas en la Universidad de Cambridge, Inglaterra. Ha escrito una novela, *The Looming Shadow* y un libro de no ficción basado en la vida africana.

¿Qué quiere decir, pues, con eso de que no puede hacer nada? ¿Qué quiere decir con eso de que las circunstancias pueden vencerle? Eso no sucede cuando se tiene la urgencia, el impulso, la motivación para seguir adelante y mantener la marcha permanentemente. Guarde ese pensamiento y hágalo fuerte y recio: nada puede derrotarle. Si cree estar derrotado, ¿sabe una cosa?..., no permanezca así. Levántese, sacúdase la derrota, reactive el gigante que lleva dentro y póngase en marcha; siga adelante, dejándose dirigir, como siempre, por el extraordinario principio positivo. Ésa es la filosofía realista y demostrada que permite alcanzar el éxito y seguir triunfando.

Cómo levantarse de nuevo y seguir adelante

Pero supongamos que ya ha sido derribado antes de que empezara a leer este libro y ha aceptado el pensamiento negativo de estar abatido. ¿Qué hacer entonces? Cambie de actitud. Realmente, cambie. Empiece a afirmar, simplemente: «No tengo la intención de seguir abatido. Es una ventaja el haber tocado fondo. Nunca disminuiré el valor de haber tocado fondo, porque es un lugar muy ventajoso. El fondo es todo lo abajo que puedo llegar. A partir de aquí, la única dirección que puedo seguir es hacia arriba. Y hacia arriba voy».

Así pues, empiece a mirar hacia arriba. Empiece a animar su pensamiento, a actuar de una manera enérgica y siga avanzando en dirección ascendente, por muy escarpada o por muy larga que sea la ascensión. Si continúa pensando positivamente, afirmándose positivamente, actuando de una manera positiva y practicando siempre el principio positivo, el camino se despejará y alcanzará esa tan deseada altura, tan alejada de donde está ahora. Con ese mismo espíritu, esa altura no está en realidad tan lejos y esta vez se quedará allí, después de haber aprendido a seguir avanzando siempre.

Ejecutivo de cincuenta y dos años pierde su trabajo, pero...

Un amigo, de cincuenta y dos años de edad, era vicepresidente ejecutivo de una empresa manufacturera aparentemente fuerte. Ingeniero de profesión, poseía una extraordinaria capacidad para la dirección. Entonces surgieron dos circunstancias adversas: un período de recesión, combinado con unos inventos innovadores por parte de una empresa de la competencia que dejó prácticamente obsoleta la línea de productos de su empresa. Ésta fracasó en un momento en que los puestos de trabajo eran escasos, especialmente para hombres mayores de cincuenta años. Finalmente, la desgraciada situación llegó hasta un punto en el que tendría que aceptar cualquier clase de empleo que pudiera conseguir. No era orgulloso; simplemente, deseaba trabajar. En realidad, necesitaba trabajar. Llamó a muchas puertas. «Lo siento, pero no hay nada ahora. Deje sus datos.» Y así una y otra vez, día tras día.

Finalmente, un director de personal, después de revisar su currículum, le dijo con vacilación: «Posee usted una buena experiencia en ingeniería. En estos momentos no necesitamos a nadie, pero es posible que más adelante haya una vacante en un puesto de trabajo poco importante que, estoy seguro, no le interesará. El problema con usted es que tiene demasiadas calificaciones».

«Tener demasiadas calificaciones no significa nada. Como ingeniero, puedo manejar una escoba. Demostraré ser el mejor barrendero que hayan tenido jamás.» Fue, efectivamente, contratado como ayudante del portero, como hombre de la limpieza.

Pero él aplicó sus conocimientos organizativos a este trabajo tan bajo, hasta el punto de que terminaba todos los trabajos que se le encargaban en un tiempo récord y volvía para pedir otra cosa. Cada pequeña tarea que se le encargaba la realizaba no sólo con rapidez sino de una manera innovadora que ahorraba tiempo y esfuerzo.

Con el tiempo, se convirtió en director de una división de aquella organización y lo último que supe de él es que se preparaba para ocupar ese puesto que es la antítesis del fondo, de lo más bajo, es decir, lo más alto.

No tiene por qué permitir que nada le venza y lo hunda. Pero si ya está en el punto más bajo, tampoco tiene por qué permitir que nada lo mantenga allí.

El método de Art Fleming para seguir adelante

Me gusta la forma en que Art Fleming, el famoso presentador del programa de televisión *Jeopardy*, supo manejar la cuestión de no permitir que nada lo venciera. Art sabe muy bien cómo seguir adelante. Vive de acuerdo con el principio positivo.

Resulta que Art es diácono en mi iglesia y sabe cómo manejar un tema duro desde una perspectiva espiritual. Y esa, claro está, es la única base sana para afrontar cualquier cosa que tenga cierta importancia.

Así es como reaccionó Art ante la noticia de que se suspendía su programa, tan popular y que se había mantenido durante tanto tiempo, según informó Steve Tinney, del *National Enquirer*:

No me siento enojado en lo más mínimo —dijo el famoso presentador—. De hecho, ya me siento impaciente por saber qué me tiene reservado Dios. Puede parecer extraño, pero estoy realmente convencido de que cada vez que se nos cierra una puerta, otra se abre, incluso mejor. Mi vida siempre ha estado en manos de Dios y saber eso me da una actitud mental positiva. Puedo aceptar todo aquello que Él me tenga reservado y, sea lo que fuere, será mejor que *Jeopardy*, estoy convencido de ello.

No pretendo con ello ser más santo que cualquier otro —añadió Fleming—. Pero, tal como lo veo, si Dios está conmigo, ¿quién puede estar contra mí? Mi inspiración y mi guía proceden de mis conversaciones cotidianas con Dios. Le doy las gracias por cada uno de los días que viva, independientemente de lo que suceda.

Fleming contó entonces cómo, entristecido por la muerte de su padre, ocurrida unos años antes, se vio tan duramente afectado que se dirigió hacia zonas solitarias de Canadá, donde no había teléfono ni contacto alguno con el mundo exterior. Mientras se encontraba allí, un destacado fabricante trató de ponerse en contacto con él para hacerle una atractiva propuesta para promover su mercancía en la televisión. Al no poder encontrarlo, contrató a otro para el lucrativo trabajo. Art admite que se sintió desilusionado al regresar, pero luego le surgió la oferta de presentar *Jeopardy*, un programa que mantuvo en antena durante once años y que se habría perdido si el fabricante lo hubiese encontrado y hubiera aceptado la primera oferta.

«Dios cuida de todos nosotros —concluyó Fleming—. Cuando las cosas salen mal, Él nos fortalece para cosas todavía mejores por venir.»

Así pues, convénzase firmemente de la idea de que nada puede vencerlo y mantenga en funcionamiento el principio positivo de ir siempre hacia delante.

Recuerde:

1. No se preocupe por su capacidad para manejar grandes desastres; refuércese contra esas pequeñas irritaciones y frustraciones.
2. Cuando se sienta frustrado, recuerde siempre que las cosas no están tan mal y que Dios lo ama.
3. Tenga la seguridad de que dentro de usted hay un gigante. Luego, libere a ese gigante que es USTED.
4. Recuerde, y no lo dude nunca, que con la ayuda de Dios puede hacer cosas increíbles.

5. No piense nunca con abatimiento; piense siempre con entusiasmo.

6. Ponga los problemas en manos de Dios y déjelos ahí. Él se ocupará de usted y enderezará las cosas.

Cuarta forma
de mantener en funcionamiento
el principio positivo

CONÉCTESE CON UN ENTUSIASMO AUTORREPETIDOR

Sucedió en un autobús en la Quinta Avenida, en Nueva York. Un amigo mío subió al autobús y se dejó caer con un suspiro en el asiento vacío que estaba junto al mío.

—Hola, señor pensamiento positivo. Eres precisamente el hombre que necesitaba. Me alegro de encontrarte aquí.

—¿Cómo es eso? —le pregunté—. Explícate, por favor.

Éramos viejos amigos y solíamos hacernos bromas.

—¡Muchacho, me he quedado sin entusiasmo! Y, ¿sabes qué?, no vayas a empezar ahora a largarme todo ese discurso positivo. Mira, he sufrido más o menos una docena de malos reveses y todo ha salido mal últimamente. Absolutamente nada ha salido bien.

Y, tras decir eso, empezó a contar la docena de cosas que le habían salido mal. Observé, sin embargo, que después de la cuarta disminuía el ritmo de su narración y apenas si pudo llegar a la sexta con un gran esfuerzo.

—Desde luego, eres mal narrador o tienes demasiada imaginación —comenté—. ¿No dijiste que habías sufrido una docena de reveses? Pues apenas has explicado seis. ¿A qué viene la exageración?

—Bueno —vaciló—, a mí me parecen como una docena e incluso como cien. En cualquier caso, todo ese viejo entusiasmo que lograste infundirme la última vez que te oí pronunciar un discurso, ha desaparecido por el sumidero.

—¡Pues menudo entusiasmo tan poco consistente! ¿Cómo te puede desaparecer tan rápido por el sumidero sólo porque has sufrido un par de reveses que cualquiera que tenga lo que hay que tener manejaría sin tanta dramatización? Me parece que estás exagerando. De todos modos, lo que necesitas no es un entusiasmo vacío que se te va por el sumidero a las primeras señales de una pequeña dificultad. Lo que te sugiero es que te conectes, que te conectes realmente con un entusiasmo auto-rrepetidor. Y, para hacer eso, piensa, reza y actúa con entusiasmo, hasta que éste se apodere de ti.

—Está bien, está bien, gracias por el sermón. Lo intentaré —me dijo cuando bajamos del autobús y nos separamos en la esquina de la Calle Cincuenta y siete.

Me alegra informar que eso fue lo que hizo, y lo consiguió. Y lo hizo creando un entusiasmo que prestaba un poder mucho más intenso a todas sus actividades. En realidad, ya lo estaba haciendo bien cuando me lo encontré en el autobús. Lo que le sucedía era que hablaba de forma incorrecta. Eso, en sí mismo, ya es peligroso, pues hablar de forma incorrecta puede llevarnos a pensar de modo incorrecto y es entonces cuando podemos tener verdaderos problemas.

Lo extraño es observar cómo algunas personas se conectan con un entusiasmo autorrepetidor y se mantienen conectadas, independientemente de la cantidad de cosas que puedan ocu-rrirles y que, de hecho, vencen a más de uno de los que reac-cionan de forma inconexa.

Pero hay otros, más de los que cabría imaginar, que han aprendido la habilidad de un entusiasmo que es autorrenovador. Ellos son los que realmente saben mantener en marcha el prin-cipio positivo, como la señora de noventa años a la que vi en Ontario. Estaba a punto de presentarla como una anciana, pero puesto que únicamente lo es desde el punto de vista cronológico, descarto lo de «anciana», ya que sería inexacto. En cualquier caso, ella es un brillante ejemplo del principio positivo en acción.

Su fuente de entusiasmo autorrepetidor

La mujer estaba en una silla de ruedas. Le habían amputado una pierna, pero describía con todo entusiasmo cómo, a pesar de vivir sola, realizaba todas las tareas del hogar desde aquella silla de ruedas, incluido el pasar la aspiradora, cocinar y hacerse la cama.

—Tiene que serle bastante difícil —le comenté.

—No, siempre que se sepan unos pocos trucos y yo los sé. Tengo que saberlos. Vivo sola y no puedo conseguir ninguna ayuda. No podría pagar a una asistenta ni siquiera aunque la encontrara. Pero no se preocupe, no me quejo. Al contrario, lo disfruto —terminó diciendo vigorosamente.

—¿Cuánto tiempo hace que está sin la pierna? —le pregunté.

—Oh, hace unos cinco años. Claro que podría utilizarla. Y si la tuviera saldría mucho más.

—¿Quiere decir que sale a la calle incluso en esa silla de ruedas? —le pregunté.

—Pues claro, ¿o es que espera que me quede aquí prisionera todo el tiempo? —respondió la mujer.

—Esta dinámica vieja de noventa años nos hace correr a todos los demás hasta agotarnos —dijo la nieta, de veintisiete años, que añadió—: Vengo de vez en cuando sólo para que la abuela me renueve mi entusiasmo, que se deja abatir muy fácilmente.

—Pero ¿nunca se desanima? —le pregunté a esta mujer longeva llena de entusiasmo.

—¿Desanimarme? Pues claro que me desanimo —me dijo.

—¿Y qué hace cuando se siente desanimada? —insistí.

—Pues, sencillamente, superarlo. ¿Qué otra cosa voy a hacer?

—Está bien, ésa es la mejor respuesta que he escuchado. ¿Y qué me dice de todo ese entusiasmo que exhibe? ¿De dónde lo saca? Y, lo que es más importante todavía, ¿cómo lo mantiene en marcha con una sola pierna, en esa silla de ruedas, con noventa años y todo eso?

—Escuche, hijo —contestó señalándome con un dedo (y créame que me hizo sentir así)—, porque así son las cosas. Leo la Biblia y creo en lo que dice y una de las cosas que me repito continuamente es lo siguiente: «Yo he venido para que tengan vida, y para que la tengan en abundancia» (Juan, 10, 10). ¿Y sabe algo? La Biblia no mediatiza esa promesa diciendo «excepto si se está en una silla de ruedas, se tiene una pierna menos, se tienen noventa años y todo eso». Simplemente, promete vida en abundancia y punto. Así que me repito esa promesa y procuro tener vida en abundancia y me siento feliz de que sea así.

Todo un contraste con el «viejo» que me dijo con voz temblorosa que tenía sesenta y nueve años y añadió:

—No permita que nadie le engañe. Envejecer es un infierno. Es un deterioro continuo, día tras día y, simplemente, una miseria. Y sólo deseo pasar pronto por todo esto y acabar de una vez. —Luego, tras una pausa, añadió—: Hubo un tiempo en que yo también estuve lleno de entusiasmo, como usted.

—¿Qué le sucedió a su entusiasmo? —le pregunté.

—Ya se lo he dicho, me hago viejo y no se puede ser viejo y tener entusiasmo —concluyó.

Algo que, evidentemente, es una afirmación dogmática y errónea, basada en una opinión muy personalizada y negativa. El hecho de que una mujer de noventa años con una sola pierna pudiera sentirse permanentemente entusiasmada y que un hombre de sesenta y nueve años con dos piernas se sintiera todo lo contrario no demuestra su afirmación didáctica según la cual no se puede ser viejo y tener entusiasmo al mismo tiempo.

Cómo un hombre se conectó

Hacía un día caluroso en la sala de convenciones de un hotel de la costa este de Florida. Yo era el conferenciante de la sesión matinal de una convención nacional y desde el estrado podía mirar directamente hacia la playa, donde las olas rompían en la orilla. Aquella vista de la fresca agua del mar parecía buena, pues aquel día no funcionaba muy bien el aire acondicionado. Todos se habían quitado la chaqueta, excepto yo, y no me sentía precisamente cómodo. Decidí terminar mi conferencia y sumergirme en aquel océano en cuanto me fuera posible.

Al hundirme entre las olas, salí a la superficie junto a otro nadador. Intercambiamos los saludos de rigor y luego, al parecer sin reconocerme, el hombre preguntó:

—¿Estaba usted esta mañana en la conferencia de la convención?

—Sí, estaba —le contesté.

—Entonces oyó la conferencia de Peale —comentó.

—Sí —la oí.

—¿Y qué le pareció? —preguntó.

Vacilé, por no querer hacer un comentario sobre mi propia conferencia, de modo que le devolví la pregunta:

—Y a usted, ¿qué le ha parecido?

Empezó a darme su opinión y, al no estar seguro de cuál podría ser su valoración, me zambullí en una ola muy conveniente en el momento en que él empezaba a hablar, y salí de ella cuando terminaba. Entonces, le dije:

—Mire, amigo, será mejor que me dé a conocer. Yo soy Peale.

¡Entonces fue él quien se sumergió en otra ola! Jamás supe cuál fue su opinión. Los dos nos echamos a reír y después de nadar a gusto nos sentamos en la playa y charlamos un rato.

—En la convención habló usted de entusiasmo —dijo él— y ésa es una cualidad importante que todo el mundo debería tener. El problema es que a veces me entusiasmo con un nuevo proyecto pero al cabo de un tiempo se empieza a enfriar el entusiasmo. Parece como si no fuese capaz de permanecer allí y mantenerme motivado. Realmente, creo que podría ascender en mi empresa si no hiciera el haragán con tanta frecuencia. ¿Qué cree usted que le puede pasar a un tipo que dispone de los conocimientos y la experiencia pero que, simplemente, parece haberse quedado sin combustible? —Aquella pregunta indicaba un problema bastante común y el hombre continuó—: Si dispone de un momento, ¿qué le parece si me da algunas sugerencias prácticas para conectarme y mantenerme de ese modo?

El hombre parecía verdaderamente preocupado, de modo que le ofrecí los siguientes pensamientos para que los fuese considerando:

1. El secreto de cambiar la propia personalidad, independientemente del problema de que se trate, consiste en pensar en forma de nuevas categorías. Eso puede significar una reeducación de la pauta de pensamiento, de tal modo que pongamos el entusiasmo en la categoría de máxima prioridad. Para cambiar la rutina de entusiasmarnos mucho para luego ver cómo se reduce ese entusiasmo, necesitamos pensar en términos de renovación, reposición y revigorización. Con el tiempo, la mente aceptará el concepto de una oferta interminable y el uso del principio positivo conducirá a la perpetuidad del entusiasmo.

2. Inicie de inmediato la práctica mental de verse a sí mismo como una persona completamente diferente, como un individuo completamente nuevo. Esa nueva persona sería alguien que no se comportara nunca de modo variable o mercurial, sino que fuese constantemente la misma, siempre vital, vigorosa y animada. Aquello que nos imaginemos constantemente, será lo que surgirá como un hecho.

3. Utilice la terapia creativa de la palabra. Eso significa cambiar un defecto de la personalidad mediante el empleo de palabras correctoras. Por ejemplo, una persona afligida por la tensión, debería articular palabras como «serenidad», «imperturbabilidad», «quietud». La repetición de la palabra tiende a inducir el concepto que ésta simboliza. Así pues, para actualizar su entusiasmo, reserve cada día unos pocos minutos

para decir en voz alta palabras como «entusiasmo», «dinámico», «maravilloso», «fabuloso» y «magnífico». Admito que la idea puede parecer un poco chistosa, a pesar de lo cual es un hecho que la mente inconsciente terminará por aceptar aquellas sugerencias que se repitan y que se afirmen con fuerza.

4. Finalmente, le describí lo útil que era para el mantenimiento de mi propio entusiasmo en un nivel alto, la práctica matutina y diaria de una afirmación particular de entusiasmo. Esta frase ha cambiado a no pocas personas de ser irregulares a sentirse continuamente llenas de entusiasmo: «Éste es el día que hizo el Señor; me gozaré y me alegraré en él» (Salmos, 118, 24, parafraseado).

Al parecer, mi compañero de natación encontró valor práctico en estas sugerencias, pues más tarde me dijo que había puesto en práctica «aquella fórmula del entusiasmo, con resultados increíbles». No me dijo cuáles habían sido tales resultados, pero que demostraron ser efectivos quedó evidenciado por el entusiasmo con el que me lo dijo.

La edad avanzada y el entusiasmo

Es posible que este libro lo lean también personas que han acumulado algunos años y, para ellas, como para todos nosotros, el entusiasmo es importante. Quisiera abordar los principios positivos operativos en este ámbito (y tendremos algo más que decir sobre el tema en el capítulo 12). Me agrada la posición adoptada por Russell A. Kemp, quien, en su libro *Live Youthfully now* (*Viva juvenilmente ahora*, publicado en inglés por Unity Books, Unity Village, Mo. 64063), dice: «El tiempo no tiene poder para hacerme envejecer. No vivimos según el tiempo, sino por la fuerza vital creativa y recreativa de Dios que hay en él. Y esa fuerza vital no está regulada por un sistema temporal humano que no es sino una medición cronológica arbitraria, hecha por el hombre. Con Dios, "mil años delante de tus ojos son como el día de ayer, que pasó y como una de las vigilias de la noche"» (Salmos, 90, 4).

Es cierto que, durante toda nuestra vida, estamos condicionados para asumir que el vigor mental y físico se supone que disminuye después de, digamos, haber dado sesenta, setenta u ochenta vueltas alrededor del Sol en una esfera giratoria que llamamos Tierra. Una noche, mientras estábamos sentados en casa de un conocido, delante de la chimenea encendida, el hombre escuchó el tintineo romántico de un viejo reloj Seth Thomas y dijo: «Mi vida se ha ido marchando al ritmo del tintineo de ese reloj». Pero lo cierto es que ningún instrumento fabricado hace cien años o más puede determinar la calidad de la vida de nadie. Ningún mecanismo destinado a medir el tiempo debería inducir a nadie a decir un buen día: «Ahora ya soy viejo; el fin está cercano».

Quizá sea más apropiado concebir la edad avanzada como un estado de la mente en el que ciertas actitudes mentales, creadas en la mente consciente e inconsciente a través de un pensamiento habitual y tradicional nos convencen de que la fuerza vital está disminuyendo y de que, en consecuencia, se espera de nosotros que pensemos como viejos, actuemos como viejos y, de hecho, envejezcamos. La siguiente y fascinante descripción del envejecimiento que se encuentra en la Biblia no dice nada sobre las mediciones del tiempo como minutos, días, semanas o años, sino que se refiere más bien al deterioro de las actitudes mentales: «Cuando también temerán de lo que es alto [es decir, cuando hayan perdido el entusiasmo o cuando haya flaqueado el principio positivo], y habrá terrores en el camino» (Eclesiastés, 12, 5).

Es muy probable que las gentes de todas las edades, tanto de la llamada edad avanzada como de los que tienen menos años, puedan vivir unas vidas mejores, más sanas y felices si logran sintonizar con un entusiasmo autorrepetidor. La verdadera fuente de la juventud no va a ser descubierta por ningún Ponce de León lanzado a la búsqueda de una isla mágica, sino que más bien se encuentra en actitudes revitalizadas de la mente. Y, ciertamente, en el pensamiento dinámico se tiene presente que podemos vivir juvenilmente ahora y siempre. Nunca he olvidado algo que me dijo el que fuera director general de Correos, James A. Farley. Al preguntarle cómo explicaba el aparentemente ligero efecto que tenía el paso de los años sobre él, su respuesta fue clásica: «Nunca tengo pensamientos viejos».

Viva juvenilmente ahora

«Si la mayoría de nosotros nos rendimos al paso de los años —dice el señor Kemp (*Live Youthfully Now*, pág. 19)— y permitimos que nos hagan viejos, mientras que otros desafían el paso de un número incluso mayor de años y mantienen el vigor y la alegría de vivir asociados con la juventud, ¿es posible entonces que el envejecimiento se produzca en realidad por culpa nuestra? ¿Es realmente el efecto que el paso de los años tiene sobre nuestro cuerpo una cuestión individual? A continuación se indica lo que algunos científicos médicos modernos tienen que decir sobre el tema.

»Después de una conferencia de especialistas médicos y quirúrgicos celebrada hace algunos años en la clínica Decourcy, en Cincinnati, se emitió el siguiente informe: "El tiempo no es tóxico. Todos aquellos que desarrollan una neurosis respecto del tiempo aceptan la superstición prevaleciente de que el tiempo es, de algún modo, como un veneno que ejerce una misteriosa acción acumulativa..., el tiempo no tiene efecto sobre los tejidos humanos en ninguna enfermedad..., el vigor no varía necesariamente en proporción inversa con la edad de un adulto. La creencia en los efectos del paso del tiempo por parte de quienes lo creen es lo que actúa como un veneno".

»Por decirlo de otro modo, no hay base científica para creer, como creemos la mayoría de nosotros, que el paso de los años provoca automáticamente que nuestro cuerpo envejezca [y, presumiblemente, eso mismo también podría decirse del espíritu y de la mente]. "Es la ignorancia de la verdad sobre el paso del tiempo —sigue diciendo el informe—, lo que nos hace encogernos de temor ante la acumulación de los años. No tenemos por qué rendirnos ante la edad si nuestra mente está suficientemente iluminada".»

El señor Kemp continúa diciéndonos que un médico de Michigan, el doctor Frederick C. Swartz, desenmascaró los llamados achaques de la vejez. «"La mente olvidadiza, el paso que chochea, la mano temblorosa…, todo eso viene causado por la falta de ejercicio físico y mental y no por el paso del tiempo. No hay enfermedades provocadas por el simple paso del tiempo. Tenemos que cambiar nuestra concepción actual del proceso de envejecimiento, y nuestros viejos ya convencidos deberían comprender la verdadera naturaleza de sus achaques. El ejercicio mental y físico diario, practicado con una cierta autodisciplina, debería elevar la expectativa media de vida en diez años en una sola generación".

»El doctor Swartz habló del concepto fatal de que las debilidades llegan con la edad y de que una persona de sesenta y cinco años "ya no tiene nada que hacer". Si se acepta, eso le condena a uno a un período de horizontes cada vez más estrechos, hasta que las chispas finales de la vida son apenas preocupaciones psiconeuróticas por el funcionamiento de su propio cuerpo.»

El entusiasmo, clave para una juventud continua

Uno se pregunta si una persona joven y entusiasta, que pudiera mantener el entusiasmo durante toda su vida no podría contener y hacer más lento el proceso de envejecimiento. Posiblemente, un filósofo expresó una gran verdad cuando dijo: «El secreto del genio consiste en llevar el espíritu del niño a la vejez». Los niños son, por naturaleza, entusiastas y la persona efectiva mantiene ese espíritu a lo largo de toda su vida. Según dijo Wordsworth: «Nubes colgantes de gloria..., venimos de Dios, que es nuestro hogar» (*Ode*, «Intimations of Immortality», líneas 64-65). El niño se mantiene dinámico, animado, interesado, ávido... hasta que un concepto negativo del tiempo empieza a realizar su trabajo mortal; es entonces cuando la hastiada sofisticación de nuestro tiempo se cobra su peaje, hasta que se pueda decir, como expresó el poeta tan gráficamente:

El joven, que se aleja diariamente del este
y tiene que viajar, es aún el sacerdote de la naturaleza,
y por la visión espléndida
es atendido en su camino;
finalmente, el hombre percibe que muere
y se desvanece en la luz del día

(*Ode*, «Intimations of Immortality»,
líneas 71-76)

Bien pudiera ser que el fenómeno más triste en el desarrollo vital de cualquier individuo sea la disminución del entusiasmo. Pero este triste proceso no tiene por qué tener lugar si convertimos el pensamiento creativo y positivo en una práctica constante. Y si la mente no ha sido disciplinada por esas prácticas propicias para el mantenimiento del entusiasmo, siempre será posible iniciar en cualquier momento un programa para su cultivo. Inevitablemente, con tal revitalización surgirá también un poderoso renacimiento y rejuvenecimiento de la fuerza de la personalidad y, quién sabe, quizá también de la fuerza física. Los métodos para desarrollar un entusiasmo autorrepetidor que no se acabe, quizá no sean fáciles, pero tampoco son muy difíciles.

Un buen caso fue el del autor profesional de textos publicitarios, que se quejó de que había llegado a un punto muerto en su trabajo y ya no se le ocurrían nuevas ideas. Sus textos eran demasiado largos y no tenía ya fluidez de pensamiento o de expresión. Se quedó empantanado y perdió el poder para comunicarse. «Y la comunicación es mi negocio», añadió abatido. La razón mediante la que explicaba lo que le sucedía era que se le había acabado el entusiasmo. Nada parecía motivarlo o activarlo. Al tocar fondo, se le había acabado el ánimo. «Es una verdadera pena —comentó con cierta ironía— que no se pueda ir a la tienda de la esquina y comprar una botella de elixir del entusiasmo.»

Medicamento que no está en una botella

«Pues hay cura para eso —le recordé—. El medicamento que lo cura no está en una botella, sino que es un concepto que se encuentra en su propia mente. Y volver a poner en marcha el entusiasmo no es un procedimiento tan complejo. Lo único que necesita hacer es empezar a actuar con entusiasmo y seguir actuando de ese mismo modo hasta que, con el tiempo, vuelva a ser entusiasta.» Le llamé la atención sobre el famoso principio anunciado por el profesor William James, considerado por algunos como el padre de la ciencia psicológica y que describió el principio del «como si». Eso significa, simplemente, actuar como desearía ser para, a su debido tiempo, ser como se actúa. Si tiene miedo, actúe como si tuviese valor. Continúe actuando valerosamente y, en último término, su temor disminuirá a medida que aumente su valor. Si suele criticar, empiece por actuar generosamente, adscribiendo la mejor connotación a todo el mundo y a todo y finalmente será menos crítico y más compasivo.

El principio funciona de modo similar en la cuestión de aumentar el entusiasmo. Empiece a actuar con entusiasmo. Al principio, el esfuerzo puede parecer inefectivo e incluso ficticio o falto de sinceridad, en la medida en que, en realidad, no siente tanto entusiasmo como aparenta. Pero persevere y, sorprendentemente, tendrá cada vez más entusiasmo. Es una ley del comportamiento, que se ha dado en llamar el principio del «como si».

Pero, por lo visto, sólo medio convencí al abatido y poco entusiasta redactor de textos publicitarios ya que, al parecer, la idea le pareció demasiado sencilla. Al ser una persona insegura, tuvo la sensación de poder reforzar su negativismo básico sólo con un sistema intelectual de complejidades. Más tarde, asistió a una reunión en la que pronuncié una conferencia ante numeroso público compuesto por vendedores, sobre el tema «¿Por qué los pensadores positivos obtienen resultados positivos?», en la que expliqué que el logro fructífero se basa en las siguientes premisas:

1. A la resolución de los problemas se llega a través de un pensamiento frío y racional, no de una reacción emocional acalorada.
2. No pensar nunca negativamente, pues el pensador negativo lleva a cabo algo muy peligroso: bombea pensamientos negativos hacia el mundo que le rodea y, de ese modo, activa negativamente ese mundo. De acuerdo con la ley de la atracción, según lo cual lo similar atrae a lo similar, tiende a atraer hacia él resultados negativos.
3. Hay un gran valor en pensar y actuar con entusiasmo.

Como una ilustración de este tercer punto, sugerí que cada uno de los presentes podía lograr que el día siguiente fuese el mejor de su vida. El método para conseguirlo no era quedarse tumbado en la cama, lamentándose, gimiendo y gruñendo, como siempre, vertiendo en los oídos de su paciente y sufrida esposa todos sus dolores, achaques y negativismos. En lugar de eso, en cuanto despertara debía echar a un lado la ropa de la cama con un gesto de autoafirmación dominante y saltar de la cama, exclamando ante su asombrada esposa: «Cariño, hoy me siento maravillosamente bien».

¡Claro que a ella podría darle un ataque al corazón y quedarse tiesa allí mismo! Pero, en todo caso, moriría feliz. Luego, este hombre debía cantar en la ducha, eliminando así de la mente los viejos, cansados y muertos pensamientos del día anterior, al mismo tiempo que lavaba su cuerpo con jabón y agua. A continuación, sintiéndose vivo hasta en las puntas de los dedos, debía vestirse y acudir al comedor, para sentarse ante el desayuno que su esposa ya le habría preparado cariñosamente. Debía echarle un prolongado y respetuoso vistazo al desayuno y exclamar: «Cariño, este es el desayuno más magnífico que me han servido nunca». Seguramente, eso la inspiraría a ella, de modo que al día siguiente él no tuviera que mentirle al respecto.

Inicie la jornada con actitudes llenas de entusiasmo

Luego, después de haber tomado un buen y abundante desayuno, debía salir al aire fresco de la mañana, erguido, dispuesto a comerse el mundo y llegar hasta el cielo con la coronilla. Debía darle a su esposa un entusiástico beso de despedida y sugerirle que estaba dispuesto a pasar a recogerla y dar una vuelta. Admití que eso, para algunos, sería toda una proeza, pero les aseguré que le transmitiría entusiasmo a la esposa.

Luego, en el aire libre y fresco, debía volverse y decirle: «Cariño, ¿sabes una cosa? Hoy me voy al trabajo lleno de entusiasmo y voy a pasar, durante todo el día, el mejor tiempo de mi vida». Finalmente, debía reunir a su alrededor a su familia y rezar una oración. «¿Cómo esperan llegar a alguna parte sin el recurso del gran poder?», les pregunté. Si no conocía ninguna oración, les sugerí emplear una forma breve y afirmativa que yo utilizo personalmente cada día y sin la que no lograría seguir adelante.

«Este es el día que ha hecho el Señor; lo disfrutaré y me alegraré por ello».

Pues bien, como he dicho, mi poco entusiasta autor de textos publicitarios escuchó todas estas sugerencias presentadas al público en mi conferencia. Más tarde confesó que, al principio, le pareció todo un poco excesivo y ficticio. Pero al pensarlo mejor se dio cuenta de que la decisión de ser negativo o positivo, de sentirse abatido o entusiasmado, se tomaba en el propio pensamiento y acción de cada cual. «Lo crea o no —añadió, un poco a la defensiva—, probé esa alocada técnica matinal que usted propuso y ¿sabe una cosa? Ya ha empezado a funcionar. Hasta mi esposa se está beneficiando de ello. Dice que ahora soy diferente y mucho más divertido, de modo que me quedo con ese principio del «como si». Estoy convencido de que al actuar con entusiasmo, el entusiasmo vuelve hacia mí.»

Lo «excesivo» y el agotamiento del entusiasmo

Algunas personas que se dejan arrastrar por un estilo de vida febril y «excesivo» se quejan de que todo es tan duro y exigente que, prácticamente, se les quita todo entusiasmo. Por ejemplo, me dicen que algunas esposas parecen estar resentidas por el término «ama de casa», como si de alguna forma fuese despectivo. Se quejan de que el trabajo de casa (cocinar, lavar, limpiar) es penoso y monótono y, de hecho, una forma de esclavitud que les imponen los hombres machistas. Claro que esas tareas pueden ser agotadoras y comprendo esa queja. Pero para ellas, aunque afortunadamente no para la mayoría, si bien para un número bastante elevado, por lo que oigo comentar, hasta el instinto maternal, el amor y la alegría de cuidar de los hijos, parecen tareas aburridas. He oído a no pocos esposos quejarse de tener que trabajar en la casa después de regresar de un duro día en la oficina, teniendo que «arreglar» esto y aquello. Muchos de ellos trabajan con entusiasmo todo el día y luego llegan a casa para hundirse en un abatido negativismo, que hace las vidas miserables para las esposas que trabajan duro como amas de casa.

Conozco a dos parejas que representan los extremos opuestos del espectro del entusiasmo y no voy a citar sus nombres, ya que no les agradaría esta forma de publicidad. Por extraño que parezca, cada pareja tiene aproximadamente la misma edad y cada una tiene cuatro hijos, el último de los cuales es un bebé. A una de las parejas quejosas le pregunté:

—¿Cómo es que tuvisteis cuatro hijos si os molestan tanto? ¿Qué es lo que queréis..., salir todas las noches de fiesta y de baile? ¿Qué ocurre con vuestra responsabilidad y madurez? ¿A qué viene todo eso de actuar como *playboys*? —Sabía que esta joven pareja tenía calidad de carácter y que únicamente les sucedía que, en esa época, esa calidad no se veía.

—Oh, es todo tan aburrido —fue su respuesta—. Todo se reduce a trabajo, trabajo y más trabajo y ruido y más ruido. ¿Es que no tenemos derecho a nuestras propias vidas?

—¿Dónde está entonces vuestro entusiasmo ante la maravillosa y apasionante oportunidad de ser padres y tener una magnífica vida familiar con cuatro hijos en pleno crecimiento? Sólo pensadlo por un momento: cuatro de los personajes más interesantes del mundo, cuatro muchachos vivos, saludables y vigorosos.

—Está bien, exagéralo como quieras, pero hemos soportado más de lo que podemos resistir —respondieron.

Así fue como terminó la conversación, con una expresión de inutilidad ante aquella situación insípida.

¿Y la segunda pareja? Recientemente, me los encontré en un restaurante. Por lo visto, papá había invitado a mamá a cenar y ambos lo estaban disfrutando a pesar de que ambos ya se sentían impacientes por regresar a casa y ver a aquellos cuatro magníficos hijos.

—Bill y yo lo pasamos tan bien con nuestros cuatro muchachos. Cada uno de ellos es diferente y cada uno tiene una personalidad terriblemente interesante. ¿Verdad que el Señor ha sido bondadoso con nosotros?

—Vamos, Jane, date prisa con ese *mousse* de chocolate y regresemos a casa. Les prometí a los chicos que les contaría una historia sobre el avión mágico.

Confiemos en que la primera pareja consiga conectar con su entusiasmo por el hogar y la familia, antes de que sea demasiado tarde y los chicos hayan abandonado la casa, emocionalmente afectados. Y confiemos también en que la segunda pareja no pierda nunca esa gran habilidad para vivir con éxito, para mantener el entusiasmo en marcha.

El cansancio y el entusiasmo

Afrontémoslo. Sentirse cansado y hasta agotado debido a las implacables exigencias que se nos presentan ejerce en todos nosotros una fuerte corriente que actúa contra el entusiasmo. La solución consiste en entremezclar los intereses, en una pauta vital creativa. En el caso de la segunda pareja, ambos participan activamente en el trabajo de la iglesia. El esposo es miembro del consejo de diáconos y la esposa es supervisora del departamento de principiantes. También dirige un club de mujeres una vez al mes y él juega a los bolos una vez cada dos semanas. Ambos salen juntos de vez en cuando para jugar una partida de golf. Forman parte de un grupo de parejas que se reúne en sus casas, con otras parejas que también tienen hijos. «Algún día —dijo Jane—, voy a seguir una segunda carrera, pero mientras tanto mis hijos son mi primera carrera. Y por si acaso se lo pregunta…, sí, me siento liberada y muy creativa.»

La otra pareja, la que había perdido el entusiasmo, había sido incapaz hasta el momento de afrontar las continuas exigencias de la vida familiar, debido a su pauta de valores, que daba preferencia a los compromisos sociales. Parecería que el suyo era, principalmente, un problema de prioridades y que tendían a actuar con resentimiento al no haber elaborado un equilibrado sistema de actividades, que les proporcionara a su función como padres la debida relación con otros aspectos de la vida.

Un nuevo auge del entusiasmo podría ayudarles a lograr una mezcla más integrada de actividades interesantes, algo que consigue la mayoría de la gente organizada. De hecho, la organización contribuye al desarrollo del entusiasmo, mientras que la ausencia de la misma produce una actitud de desgaste que agota el entusiasmo. No es tan sencillo sentirse cansado y, al mismo tiempo, mantener elevado el entusiasmo. Pero cuando se trata de hacer precisamente eso, sea duro o no, el resultado disminuye mucho el cansancio. En un sentido muy profundo y sólido, el entusiasmo es un productor de energía y, en lugar de reducir la vitalidad, tiende a acentuarla debido a su estimulación mental y emocional.

Los golpes duros que llegan uno tras otro pueden reducir notablemente la calidad de la vida vivida con entusiasmo, al menos temporalmente y, si una persona reacciona de esta manera, tiene derecho a una valoración comprensiva de su problema. A pesar de todo, la aplicación de un entusiasmo sólido y normal puede hacer mucho, incluso ante una serie de experiencias difíciles, para anular los efectos ásperos y, de hecho, para ayudar al individuo a elevarse por encima de los golpes que haya sufrido.

La capacidad para afrontar con una sonrisa la adversidad y el fracaso, la pena y la desgracia, sin perder nunca el entusiasmo, siguiendo siempre adelante a un alto nivel, es una de las demostraciones más interesantes del principio positivo. Pero las personas que logran hacerlo así y alcanzan nuevos logros son aquellas que tienen algo dentro, algo llamado fe, confianza y convicción. Aprenden a afrontar los problemas con un corazón entusiasta. No se dejan arrastrar nunca por el pánico, sino que siempre piensan y tantean en busca de respuestas y soluciones. Para ellas, el fracaso no es más que un incidente en una vida motivada por el éxito, un incidente del que, además, obtienen conocimientos, experiencias y fortaleza añadida. Porque, siempre que se sufre un revés y se supera, se sale de él más fuerte que antes. Lo siguiente quizá sea un poco horrible como ilustración, pero explica lo que queremos decir: en otro tiempo, los indios nativos americanos creían que cuando un guerrero le arrancaba la cabellera a un enemigo, se le transmitía la fortaleza de ese guerrero. Muchos cueros cabelludos de los enemigos significaban más fortaleza para el vencedor. Del mismo modo, bien podría ser que cuantas más situaciones difíciles se superen, tanto más fuerte se haga uno con ello.

La gente dotada de entusiasmo, de la variedad autorrepetidora, posee un valor incalculable que actúa a su favor y que compensa otras deficiencias que puedan tener. A algunas personas, por ejemplo, es posible que les falte educación, pero si poseen un entusiasmo vital y constantemente revitalizado, ignoran los reveses y, simplemente, realizan un trabajo superior. Es como la historia del «Vendedor nuevo», que alguien me dio hace tiempo:

Un vendedor nuevo redactó el primer informe a la casa matriz y todos quedaron asombrados al darse cuenta de que la «nueva esperanza» casi no sabía ni escribir. En su informe escribió: «he bisto este cliente que nunca compra a nosotros y bendido por mas de dos mil pavos de producto. Haora me boy a chicago». Antes de que el jefe, al leer este informe, pudiera ponerse en contacto con el nuevo vendedor, casi con la intención de despedirlo, le llegó otro informe que decía: «Toy aqui y bendido a ellos medio miyon». Temeroso de despedir al nuevo vendedor, pero también de no hacerlo, el director de ventas consultó el problema con el presidente de la empresa. A la mañana siguiente, los miembros de la torre de marfil quedaron atónitos al leer los dos informes colocados en el boletín de anuncios, acompañados por una carta del presidente que decía: «Pasamos mucho rato tratando de escribir vien en lugar de bender. ¡Mirenlo! Quiero que todos lean las cartas de este bendedor, que esta en marcha y hace un gran trabajo para nosotros y que debe seguir haciendo lo que hace».

«Las cosas son magníficas-magníficas»

W. Clement Stone, industrial y filántropo de Chicago, empezó su carrera profesional a la edad de seis años, dedicándose a vender periódicos en el South Side. Gracias a su fuerte determinación y a su pensamiento positivo, se convirtió en uno de los mejores vendedores de Estados Unidos. Cuanto más dinero ganaba (y ganó mucho), tanto más daba para ayudar a los chicos y chicas pobres, para rehabilitar a los delincuentes, permitir el progreso de la salud mental, fortalecer la religión, las artes y las ciencias. De hecho, el ya fallecido doctor Arnaud C. Marts, uno de los más grandes recaudadores de fondos para propósitos benéficos, dijo de él: «Clem Stone es el hombre más generoso que jamás haya conocido».

En ocasiones, el señor Stone se extralimita dando tanto que eso amenaza con agotar sus recursos y él, como todos los hombres de negocios, sufre los altibajos de la economía. Pero siempre regresa, porque es un hombre de los que siempre regresan.

En ninguna de las muchas vicisitudes de su vida personal y empresarial, le he visto mostrar nunca un momento de disminuido entusiasmo. Cada vez que he tomado el teléfono para preguntarle cómo está y cómo le van las cosas, su voz y su espíritu fuertes me daban una respuesta muy viva: «¡Magnífico! ¡Absolutamente magnífico!». ¿Era esta una actitud de fanfarronería o una negación superficial de los problemas que tenía? Nada de eso. Este hombre conoce el terreno que pisa. Sabe muy bien cuáles son las dificultades, de las que es realísticamente consciente. Pero la diferencia entre el señor Stone y algunos otros es muy interesante. Al señor Stone le gusta el éxito por el placer del éxito, de superar una dificultad. Para él, el dinero resultante debe ser considerado como una herramienta para hacer el bien, elevar el nivel de la vida y motivar a otros para que alcancen los potenciales inherentes que poseen. Su entusiasmo se basa en un ardiente deseo de estimular a los demás a ascender siempre.

Como consecuencia de ello, tanto en los días nublados como en los soleados, sus reacciones son siempre las mismas: ¡magnífico, magnífico! Se conectó con el entusiasmo cuando sólo era un desharrapado pilluelo de la calle que vendía periódicos y, a lo largo de toda una carrera de superación de un obstáculo tras otro, ha seguido siendo siempre un entusiasta. Su método para conseguirlo, según lo que le he podido estudiar, consiste en no reaccionar nunca emocionalmente a lo que sucede, sino examinarlo y encontrar en cada nueva circunstancia lo bueno que seguramente contiene. Está convencido de que por cada desventaja hay siempre una correspondiente ventaja. Con esta desapasionada actitud de pensamiento frío y práctico, es notable la cantidad de veces que los éxitos superan a los fracasos. Y su habilidad para no permitir nunca que un revés reduzca su entusiasmo lo ha mantenido siempre en marcha, siempre hacia delante, a través de las tormentas y de las aguas tranquilas. Es un extraordinario ejemplo del principio positivo en acción.

«Me conectó»

Estando en un avión, me senté junto a un joven interesante y extravertido. Me dijo que en su adolescencia había sido muy hostil y consumidor de drogas y que siempre había tenido problemas con la policía. Luego, se le animó a leer un libro del señor Stone (*The Success System That Never Fails* [El sistema de éxito que nunca falla]). Por primera vez en su azarosa y confusa vida, este muchacho tuvo un atisbo de esperanza de poder convertirse «en alguien», según afirmó él mismo. «Aquel libro me conectó, realmente me conectó», me dijo con un tono de voz apenas lo bastante trémula para reflejar la emoción que lo embargaba. «Creo que tengo el entusiasmo de seguir adelante, sin que importen las duras situaciones con las que me pueda encontrar.»

Experiencia personal de entusiasmo

Yo tengo mi propio método para conectarme con el entusiasmo autorrepetidor, y el procedimiento ha funcionado bien, al menos en mi experiencia. En realidad, estoy seguro de que tengo ahora mayor entusiasmo del que tenía antes y que, de hecho, éste parece aumentar en profundidad y calidad. Cuando era un muchacho, me sentía magníficamente entusiasmado, pero, en ocasiones, los conflictos internos personales apagaban un tanto mi entusiasmo. Afortunadamente, eso ya no parece ser un problema pues, tras haber resuelto esos conflictos, quedan dentro de mí muy pocas cosas capaces de interferir con el libre flujo de la motivación entusiasta.

Eso no quiere decir, sin embargo, que no haya problemas. Claro que los hay, y muchos, pero en último término he aprendido a afrontar esas dificultades con una actitud positiva y la seguridad de hacerlo con éxito. Naturalmente, tengo mis momentos «bajos», si bien no tantos como antes y tampoco duran tanto como lo hacían. Eso, claro está, no representa ninguna perfección por mi parte. Lo único que indica, y créame que eso, en sí mismo, ya es mucho, es que finalmente, por la gracia de Dios, he encontrado la respuesta para llevar una vida feliz, animada y victoriosa; como resultado de ello, aprendí a conectarme con un entusiasmo autorrepetidor. Permítame contarle, pues, cómo se produjo algo que también puede ser valioso para usted.

En 1932 me convertí en ministro de la iglesia colegiata Marble, en la Quinta Avenida de la ciudad de Nueva York. Durante cinco años había dirigido una iglesia de bastante éxito en Syracuse, donde todo funcionaba suavemente y, de hecho, muy bien y me sentía cargado con un ilimitado entusiasmo. Entonces, me llamaron para dirigir esta otra famosa iglesia. Pero las cosas no siempre son como parecen y pronto me di cuenta de que esta iglesia tenía problemas. La congregación había disminuido hasta contar únicamente con unas doscientas personas. Los domingos, la gran iglesia estaba casi vacía. Era la época de la gran Depresión de principios de los años treinta y había escasez de dinero. En Syracuse todo me había ido bien, algo que, desde luego, no podía decirse de esta nueva responsabilidad.

Naturalmente, dediqué al trabajo todo lo que tenía en cuanto a reflexión, energía, oración y todo aquello que se necesita para que las cosas funcionen pero, simplemente, se negaban a funcionar o, en el mejor de los casos, lo hacían lentamente. Cada domingo contemplaba las filas de bancos y el gran mirador vacíos y de lunes a sábado no hacía más que preguntarme de dónde iba a sacar el dinero para pagar las facturas.

Al cabo de unos meses se me empezó a agotar la energía. Me sentía mentalmente muy desanimado y el entusiasmo natural que antes me había permitido superar más de un obstáculo, parecía haber desaparecido. Finalmente, tuve que admitirlo. En ningún momento llegué cerca del punto de abandonar, pero no creo que pudiera hundirme más, y en aquella época fue cuando toqué fondo. Entonces, aprendí una verdad fabulosa, un factor básico para el principio positivo: que el fondo es un lugar magnífico, porque cuando se toca fondo ya se ha descendido todo lo que se puede descender. A partir de ahí, la única dirección posible a seguir es hacia arriba.

Para alejarme de la situación y encarar las cosas desde una perspectiva esperanzadamente nueva, mi esposa y yo nos tomamos unas vacaciones y nos fuimos al distrito de los lagos, en el norte de Inglaterra. Allí, andaba alicaído, vertiendo mucho negativismo en los oídos de mi esposa, hasta que finalmente ella se hartó. Me condujo a un banco situado en un rincón alejado del hermoso jardín del hotel. Empezó a hablarme, dándome a entender que no me estaba comportando como un hombre, al permitir que mis problemas me ganaran la mano y me preguntó cómo tenía yo la audacia de propugnar una forma victoriosa de vida y, al mismo tiempo, sentirme tan derrotado.

Luego me informó y, a pesar de lo dulce que es, puede ser también una mujer muy dura, de que me iba a quedar allí sentado, en aquel banco, hasta que «hubiese puesto mi vida, con todos sus problemas, en manos de Dios». A pesar de que, oficialmente, yo era su pastor, además de su esposo, ella era la que estaba cuidando de mí como mi pastor. Y créame, sabía muy bien cómo manejar un caso como el mío. Me dijo qué tenía que hacer y cómo hacerlo. Finalmente, siguiendo sus instrucciones, recé una oración sencilla que decía, más o menos: «Querido Señor, no puedo manejar mi vida. Mis problemas han podido conmigo. Necesito ayuda, así que, a partir de estos momentos, pongo mi vida en tus manos».

Eso produjo un efecto extraño y notable. Pareció como si todos los pensamientos de abatimiento desapareciesen inmediatamente de mi mente. Una extraordinaria sensación de paz se apoderó de mí. Entonces supe con seguridad que Dios y yo, juntos, podíamos manejar aquella iglesia. Me sentía como si caminara sobre el aire. ¡Y el viejo entusiasmo e ilusión regresaron de pronto! Mi mente se vio instantáneamente bombardeada con planes e ideas y apenas si pude esperar impaciente para regresar a casa y ponerlos en práctica.

Puedo decir, honradamente que, a partir de aquella experiencia en un banco en aquel jardín inglés, y hasta el presente, he estado permanentemente conectado con el entusiasmo auto-rrepetidor.

Ruth y yo hemos regresado varias veces para sentarnos en aquel banco. Pero una nueva visita no era realmente necesaria. Se trataba sólo de una especie de peregrinaje a un lugar en el que sucedió algo inolvidable. Encuentre usted su banco en alguna parte..., pero conéctese.

Y éste es un secreto vital de la vida con éxito: conectarse con el entusiasmo autorrepetidor, con un entusiasmo profundo y mantener en marcha el principio positivo.

Recapitulemos los métodos indicados en este capítulo para mantener en funcionamiento el entusiasmo a un nivel elevado:

1. Estudie la fuente de entusiasmo de la mujer de noventa años con una sola pierna, que aceptó como un hecho la promesa de una vida abundante.
2. No se considere a sí mismo viejo o en proceso de envejecimiento, como alguien que se está haciendo viejo por el tiempo que ha pasado, aunque sea mucho tiempo.
3. Viva juvenilmente a partir de ahora... y siempre.
4. No olvide nunca que todo el entusiasmo que necesita está en su propia mente. Déjelo salir, déjelo que viva y que le motive.
5. Practique el pensar con entusiasmo, el dirigir sus pensamientos hacia el entusiasmo.
6. Actúe como si tuviera entusiasmo. Crea que lo tiene y se sentirá entusiasmado.
7. No permita nunca que las sensaciones de agobio amortigüen su entusiasmo. Mantenga en funcionamiento el principio positivo, con entusiasmo y nunca nada será demasiado para usted.
8. Reduzca los efectos dolorosos de los golpes duros manteniendo siempre fuerte su entusiasmo, aunque el hacerlo así le exija esfuerzo.

9. Mantenga siempre la actitud de lograr que las cosas sean magníficas, magníficas, sin que importen los riesgos. De hecho, adoptar una actitud de sentirse magníficamente bien, puede anular los riesgos.

10. Afirme el entusiasmo: afirme, afirme, afirme.

Quinta forma
de mantener en funcionamiento
el principio positivo

DESPRÉNDASE DE PENSAMIENTOS VIEJOS, CANSADOS Y SOMBRÍOS Y COBRE VIDA

¡Vísperas de fin de año en Roma! Fue realmente algo insólito y completamente distinto a lo que habíamos experimentado hasta entonces. Como residentes de la ciudad de Nueva York desde hacía mucho tiempo, capaces de celebrar cualquier acontecimiento, nada de lo que mi esposa y yo habíamos conocido en el hogar podía compararse, ni remotamente, con la fiesta de fin de año en la Ciudad Eterna.

Todo empezó hacia el mediodía del 31 de diciembre, con el sonido de los cohetes, en un intenso *crescendo* de ruido; por todas partes había una gran reverberación. Al hacerse de noche, el resplandor de los focos rasgó el cielo hasta que finalmente, al sonar las campanadas de la media noche, la confusión estalló con los cohetes disparados desde todos los barrios, resaltando el enorme concierto de sonido magnificado y ampliado. Al mirar por la ventana hacia la cúpula de San Pedro, con las luces de los reflectores recorriéndolo todo, el efecto fue como si un ejército enorme estuviese atacando la ciudad. (¡Y el director del hotel nos aseguró que nos había dado una habitación tranquila!)

Pero eso no fue todo. Los romanos parecen tener la idea de que la víspera de año nuevo es el momento adecuado para desembarazarse de todo lo viejo y tomar todo lo nuevo y no simbólicamente, sino en la práctica, arrojando por la ventana cualquier cosa vieja que desearan tirar, desde un vestido o un traje, hasta

97

platos agrietados o una silla estropeada. Nuestros amigos romanos nos advirtieron que nos quedásemos en nuestro hotel para evitar la posibilidad de que nos cayera en la cabeza un viejo aparato de televisión o cualquier otra cosa igualmente devastadora.

La idea es muy sana, no sólo para la víspera de año nuevo, sino también para todos los días y el desprenderse de viejas propiedades en desuso debería ir mucho más allá de los objetos no deseados, para aplicarla a la eliminación de pensamientos viejos, cansados y sombríos. Cada noche, antes de acostarse, el ritual de vaciar la mente de pensamientos permitirá que ésta se halle en buen estado de funcionamiento a la mañana siguiente. Así pues, cada noche, despréndase deliberadamente de los pensamientos viejos, cansados y sombríos y cobre vida.

La lección de un sastre

Hace años, en Brooklyn, tenía un buen amigo que era también mi sastre. Cuando el señor S. Pearson hacía un traje, también impartía instrucciones para mantenerlo en buena forma. «Cada noche, al acostarse —dijo—, saque todo lo que tenga en los bolsillos para impedir la deformación de la tela.» Luego, me enseñó a colgar pantalones, con la parte inferior de la pernera doblada sobre la otra en la percha, de modo que los pantalones quedaran suspendidos, lo que tendía a eliminar las arrugas.

Como la mayoría de los hombres, llevo una cartera, una tarjetera, llaves, lápices y plumas. También llevo unas tijeras en miniatura que utilizo para recortar artículos interesantes. Mis bolsillos constituyen una especie de sistema de filtración para toda clase de anotaciones y notas, acumulados durante el día e incluso desde hace varios días. Mi programa de vaciado de los bolsillos estimuló el proceso de consolidar y colocar esas notas en un determinado lugar. Y qué placer sentía al descartar aquellas que ya había atendido, para luego arrojarlas una tras otra a la papelera. Pongo sobre la cómoda, junto con las llaves y demás cosas, las notas sobre cosas de las que tengo que ocuparme al día siguiente. De este modo, la parte principal de los recordatorios estaba bien organizada y mantenida en un número manejable, lo que me ayudaba a irme a la cama con la mente en paz y una mínima sensación de culpabilidad acerca de las cosas que todavía no había hecho.

Después de realizar este ritual de vaciado de los bolsillos durante algunas semanas y de experimentar el alivio de tratar eficientemente con las notas y los memorándums, se me ocurrió la idea de emplear el mismo procedimiento con los pensamientos que uno acumula, las actitudes gastadas, las impresiones sombrías, las lamentaciones, los desánimos que abarrotan la mente. En consecuencia, empecé a sacar y hacer algo respecto de todos los pensamientos viejos, cansados, muertos y sombríos y a visualizarlos conscientemente imaginando que salían de la conciencia, como si estuviera viendo cómo fluían y desaparecían por el sumidero. Afirmé entonces: «Estos pensamientos fluyen ahora fuera de mi mente…, fuera de mi mente. Están abandonándome…, abandonándome, me abandonan en este mismo momento».

Tras esta afirmación, utilicé la sugerencia hecha por M. R. Kopmeyer en uno de sus libros sobre la forma de quedarse dormido rápidamente, «viendo» una densa neblina que gira y se extiende a través de la conciencia y que lo oscurece todo por completo (*Here's Help*, P. O. Box 6302, Louisville, Ken., 40207). Descubrí así que el sueño se inducía mucho más rápidamente; pensamientos que, de otro modo, podrían haber agitado la mente se pierden en la vaguedad pesadamente oscurecida de esa niebla impenetrable que restablece una barrera efectiva entre la mente y el mundo activo. El resultado es un sueño sano y reparador, del que despierto a la mañana siguiente sintiendo una ilimitada sensación de nueva vida. Este programa me ayudó a reactivar la energía y la vitalidad necesarias para tener éxito cada día.

Para mí, se convirtió en un método viable mediante el cual mantener en marcha la inspiración.

Realizó un trabajo con sus pensamientos

Un hombre me dijo que estaba teniendo muchos problemas consigo mismo. «No es usted el único», reflexioné en voz alta, pensando en las numerosas cartas que recibo de gente que me pide ayuda para resolver problemas. Y, también, pensando en mí mismo, pues debo admitir que la persona que me ha causado la mayor cantidad de problemas a lo largo de los años ha sido precisamente Norman Vincent Peale. Estoy convencido de que la mayoría de la gente admitiría lo mismo si dijera la verdad sobre sí misma. Si somos nuestro principal problema, la razón básica quizá se encuentre en el tipo de pensamientos que habitualmente ocupan y dirigen nuestras mentes.

Esa fue, al menos, la conclusión a la que llegó el hombre antes mencionado. Era una persona que deseaba hacer un verdadero trabajo constructivo y que estudiaba para mejorar su rendimiento laboral, asistiendo a seminarios profesionales y reuniones motivacionales de ventas. También era un ávido lector de libros de inspiración y autoayuda. Lo conocí cuando me escribió después de leer *El poder del pensamiento positivo*. Era un estudiante sincero que trabajaba para poner en práctica los principios indicados en el libro.

Ante cada una de estas exposiciones, se sentía inspirado y experimentaba una renovada y fuerte motivación. Pero, al parecer, no podía mantener esa inspiración más allá de un cierto período de tiempo. Poco a poco, se producía una inversión. La inspiración empezaba a declinar, el entusiasmo se apagaba, la energía disminuía y la motivación se hacía más lenta. Este proceso del aumento y la disminución motivacional se repetía una serie de veces. Simplemente, no parecía ser capaz de mantener una actitud mental positiva sin que se apareciese una pauta de retroceso. Cuando se sentía motivado, era capaz de vender con suma efectividad y pasaba a un escalafón más alto de oportunidades en la organización para la que trabajaba. Pero cuando le atacaba un acceso de disminución de ese espíritu, la caída en el rendimiento de las ventas se hallaba en proporción directa con el descenso de sus vibraciones mentales y espirituales.

Esta reacción hacia arriba y hacia abajo era naturalmente perturbadora y escribió con cierta extensión para describir la naturaleza mercurial de sus respuestas. Le sugerí que se inscribiera en un curso de asesoramiento psicológico. Mi opinión personal era que el problema se encontraba en alguna parte, en su sistema de equilibrio intelectual-emocional. Pero él vivía a unos tres mil kilómetros de distancia, de modo que le sugerí encontrar ayuda localmente, lo que hizo con muy buenos resultados.

Por lo visto, al contestar a su carta contribuí inconscientemente a hacer aflorar un pensamiento que pudo haber invertido la tendencia habitual de su carrera. En alguna parte, hace ya mucho tiempo, leí una cita de la que nunca he sabido la fuente, pero que viene a decir que «la historia gira sobre goznes muy pequeños». De modo similar, cabe suponer que la historia de una vida personal puede girar alrededor de una sugerencia casual. En el mensaje que le dirigí, cité un versículo de la Biblia que dice: «Y renovaos en el espíritu de vuestra mente» (Efesios, 4, 23). Le hice esa sugerencia debido al hecho de que el «descenso» viene ocasionado a menudo por actitudes, antes de ponerse de manifiesto en los rendimientos.

Obtiene un nuevo espíritu

Meses más tarde, mientras esperaba mi turno para hablar ante una convención de ventas en la zona de las montañas Rocosas, este hombre se me presentó y me recordó su carta y mi respuesta. Dijo que la afirmación tomada de las Escrituras había contribuido mucho más que las sesiones de asesoramiento a las que asistía para producir en él un cambio que había sido muy útil.

¿Qué significa realmente «renovaos en el espíritu de vuestra mente»? Al principio, eso intrigó a nuestro amigo, pero la idea adquirió cuerpo en su pensamiento. Sabía lo que significaba el espíritu de equipo, el espíritu escolar, el espíritu de la empresa, como una especie de *esprit de corps*, una profunda sensación de hallarse impregnado de lealtad y de actitud de seguir adelante, pasara lo que pasase. Según razonó, el proceso del pensamiento era quizá algo más que un simple ejercicio intelectual. Tenía que haber algo llamado espíritu de la mente, lo que seguramente significaría mantener una actitud de carácter un tanto emocional hecha de compromiso, dedicación, renovación (en resumen, de inspiración) lo que ahora le permitió comprender claramente qué significaba sentirse inspirado o lleno de espíritu. En otras palabras, una vitalidad que no se puede expresar, sino que continúa con vigor, sean cuales fueren las circunstancias.

«Como consecuencia de pensar de este modo —me dijo—, desarrollé cuatro principios que me permitieron no sólo sentirme motivado, sino también mantener en marcha ese espíritu de motivación, sin permitir que se viese afectado por los reveses o las resistencias.»

1. Tenía que mantener en todo momento una actitud de «seguir adelante».
2. Tenía que cultivar la calidad de mi espíritu para asegurarme de que podía mantener la actitud de «seguir adelante», de acuerdo con el espíritu de mi mente.
3. Tenía que renovarme sobre una base espiritual si esperaba sentirme constantemente renovado en el espíritu de mi mente.
4. Tenía que creer y afirmar que ya nada podría arrebatarme el florecimiento de mi espíritu.

Que estos cuatro principios habían funcionado con efectividad en la personalidad y, en consecuencia, en la carrera de este hombre, se ponía de manifiesto no sólo en la actitud, sino también en su registro de logros. «Si utiliza esta historia —me advirtió—, le pido que no mencione mi nombre, pues estoy convencido de que aceptar cualquier crédito por cambiar una base espiritual de vida puede romper el flujo del poder y el flujo del poder espiritual es de una gran importancia para mí. Empezaron a sucederme algunas cosas asombrosas, tanto en mi vida, como a mí, personalmente. Luego, hubo cambios en mi familia y en mi empresa cuando me analicé en profundidad y trabajé sobre mis propios pensamientos. Pero, en último análisis, fue la reconstitución del espíritu lo que más afectó al cambio que se produjo en mí y en todo aquello con lo que estoy conectado.»

El amor elimina los pensamientos sombríos

Al abandonar los pensamientos viejos, cansados y muertos y recuperar la vitalidad, pronto descubrí en mi propia experiencia que la simple práctica de emitir amor hacia la gente tiene un efecto casi mágicamente efectivo. Cada vez que detecto que mis pensamientos se van quedando empantanados, busco deliberadamente una oportunidad para expresar amor mediante algún acto reflexivo y amable y si repito eso un número suficiente de veces, en mi estado mental aparecen un nuevo vigor e incluso fervor. Junto con ello, se pone de manifiesto una sensación revitalizada de viveza y sensibilidad. Esta práctica tiene para mí una tremenda importancia.

Es más, incluso regresar mentalmente a las experiencias personales de buena voluntad y compasión, tiene sobre mí el efecto de eliminar de la mente los pensamientos viejos, cansados y sombríos que reaparecen constantemente, a menos que sean detenidos por alguna fuerza mental más fuerte. La infusión de pen-

samientos de preocupación, seguidos por una acción de atención hacia los demás, ejerce un poderoso efecto curativo de las
actitudes mentales y espirituales.

Quisiera narrar tres historias, cada una de las cuales aparece
asociada, por extraño que parezca, con la Navidad, aunque de
años diferentes. Pero cada uno ha permanecido en mi mente y
aunque naturalmente intento realizar actos de amabilidad en todo
momento, el recuerdo de los siguientes y muy humanos inciden-
tes sigue poseyendo el poder de ayudarme a desprenderme de
los pensamientos viejos, cansados o tristes que siempre amena-
zan con apoderarse de nuestra conciencia en todos nosotros.

Ocurrió en una calle de Cincinnati

Algunos de los años más impresionables de mi adolescencia los
pasé en Cincinnati, Ohio. Todavía recuerdo el enorme árbol de
Navidad que se levantaba en Fountain Square, los relucientes
adornos, las calles heladas en las que tintineaba el sonido de
los villancicos. En East Liberty Street, donde vivíamos, mis
padres siempre ponían un árbol de Navidad, con verdaderas
velas que parecían mágicas y que, combinadas con el abeto,
emitían un aroma de bosque singular e inolvidable que impreg-
naba toda la casa.

El día de Nochebuena, cuando tenía doce años, había salido
en compañía de mi padre, que era ministro, para realizar algunas de las últimas compras de Navidad. Ambos andábamos cargados de paquetes y yo empezaba a cansarme de tanto peso y
estaba un poco de mal humor. Pensaba en lo bueno que sería
haber llegado ya a casa cuando se me acercó un mendigo, un
hombre viejo, sucio, legañoso y sin afeitar, que me aferró el brazo con una mano que parecía una garra y me pidió dinero. Lo
sentí tan repulsivo que, instintivamente, retrocedí. Suavemente,
mi padre me dijo:

—Norman, estamos en Nochebuena. No deberías tratar a un hombre de ese modo.

—Papá, sólo es un vagabundo —cabezota, me quejé.

Entonces, mi padre me habló con fuerza.

—Quizá no haya logrado hacer gran cosa de sí mismo, pero sigue siendo un hijo de Dios. —A continuación, me entregó un billete de un dólar, que era mucho dinero para aquellos tiempos y, desde luego, para los ingresos de un predicador y me dijo—: Quiero que tomes esto y se lo des a ese hombre. Háblale con respeto. Dile que se lo das en nombre de Cristo.

—Oh, papá, no puedo hacer una cosa así —protesté.

—Ve y haz lo que te he dicho—insistió mi padre con voz firme.

Así que, de mala gana y todavía resistiéndome, corrí tras el anciano y le dije:

—Discúlpeme, señor. Le entrego este dinero en nombre de Cristo.

El hombre se quedó mirando fijamente el billete de un dólar y luego me miró, asombrado. Una maravillosa sonrisa brotó en su rostro, una sonrisa tan llena de vida y de belleza que se me olvidó de repente que estaba sucio e iba sin afeitar, que estaba desaseado y era viejo. Luego, con un gesto que fue casi cortesano, se quitó el sombrero y me dijo con elegancia:

—Y yo se lo agradezco, joven caballero, en nombre de Cristo.

Toda mi irritación y mis molestias desaparecieron por completo. La calle, las casas y todo lo que me rodeaba me pareció de repente hermoso porque había formado parte de un milagro que he visto ocurrir muchas veces desde entonces: la transformación que se apodera de la gente cuando uno la concibe como hijos de Dios, cuando se les ofrece amor en nombre del niño nacido hace dos mil años en un establo de Belén, una persona que todavía vive y camina entre nosotros y que da a conocer su presencia.

Ese fue mi descubrimiento de Navidad de aquel año, el oro de la dignidad humana que se encuentra oculto en cada alma viviente, a la espera de relucir en cuanto se le brinde una oportunidad. Ya al principio de la vide empecé a comprender que el principio positivo se halla profundamente integrado en las relaciones humanas cariñosas y me siento muy agradecido por haber tenido esa percepción.

Drama al final de la vida

La llamada telefónica para mi padre llegó a últimas horas de la noche y desde el lugar más insospechado: una casa en lo que en aquellos tiempos se conocía como el distrito de farolillos rojos de la ciudad. La mujer que dirigía la casa dijo que una de las chicas estaba muy enferma, quizá incluso moribunda. Y la chica, en su enfermedad, no dejaba de llamar a un ministro. De algún modo, la mujer había oído hablar de mi padre, pastor de una conocida iglesia de la ciudad. ¿Podría acudir a verla?

Mi padre nunca dejaba de responder a ninguna llamada humana. Tranquilamente, le explicó a mi madre a dónde iba. Luego, me miró.

—Ponte el abrigo, Norman —me dijo—. Quiero que vengas conmigo.

Mi madre se quedó espantada.

—¡No pretenderás llevar a un muchacho de quince años a un lugar como ese! —exclamó.

—Hay mucho pecado y tristeza en la desesperación de la vida humana —dijo mi padre—. A Norman nada lo va a proteger de eso.

Caminamos por las calles nevadas y recuerdo que los árboles de Navidad brillaban y parpadeaban en la oscuridad. Llegamos al lugar, un viejo y grande edificio de madera. Una mujer abrió la puerta, nos hizo pasar y nos condujo a una habitación superior. Allí, acostada en una gran cama de latón, yacía una joven de aspecto patético que casi parecía una muñeca, de tan blanca y frágil, apenas una niña con pocos años más que yo mismo.

Antes de que mi padre fuese ministro, había sido médico y se dio cuenta enseguida de que la joven estaba gravemente enferma. Al sentarse junto a ella, en la cama, la muchacha lo tomó de la mano. Le susurró que procedía de un buen hogar cristiano y que lamentaba todas las cosas que había hecho y la vida que había llevado. Dijo saber que se estaba muriendo y admitió que tenía miedo. «He sido tan mala —dijo—, tan mala.»

Yo permanecí al lado de mi padre, escuchando. No sabía qué podría hacer cualquiera para ayudarla. Pero mi padre sí lo sabía. Rodeó con sus dos fuertes manos la pequeña mano de la muchacha y le dijo: «No hay nadie que sea malo. Hay muchachas que a veces actúan mal, pero no hay malas muchachas, o tampoco malos muchachos, porque Dios los hizo y él hace todas las cosas buenas. ¿Crees en Jesús? —La joven asintió con un gesto y mi padre continuó—: Entonces, déjame escucharte decir: "Querido Jesús, perdóname por mis pecados". —La joven repitió aquellas palabras—. Y ahora —siguió diciendo mi padre—, debes saber que Dios te ama. Su hijo y él te han perdonado y te llevarán a su hogar celestial, sin que importe el tiempo que tenga que transcurrir para que eso suceda.»

Aunque viva cien años, nunca olvidaré la sensación de poder y gloria que impregnó aquella habitación, mientras mi padre rezaba sobre el lecho de aquella muchacha moribunda. Había lágrimas en los ojos de las otras mujeres que había allí, y también en los míos. Y todo lo que pudiera haber de sórdido, de corrupto, simplemente se desvaneció. En realidad, hubo belleza en aquel lugar de perdición. El amor nacido en Belén se revelaba de nuevo en una oscura y destartalada casa de Cincinnati, Ohio, y nada podía resistírsele. Pareció eliminar todo el mal de los corazones humanos.

Ése fue el regalo que recibí aquellas Navidades, el conocimiento claro de que hay bondad en todas las personas, incluso en las que se sienten tristes y desamparadas, y de que no hay que desamparar a nadie por los errores del pasado.

Una Nochebuena inolvidable

Era otra Nochebuena, esta vez en Brooklyn, Nueva York. Me sentía feliz porque las cosas andaban bien en mi iglesia. Como joven ministro que era había visitado a unos amigos y me estaba despidiendo de ellos, en los escalones de acceso a su casa.

Arriba y abajo de la calle, las casas aparecían decoradas en honor del nacimiento de Cristo. De repente, un par de coronas colgadas en la puerta de la casa de enfrente llamaron mi atención. Una tenía el tradicional lazo rojo, brillante y alegre. Pero la cinta de la otra era de un sombrío color negro, el símbolo de la muerte en la familia, una corona funeraria. En aquella época y lugar era costumbre colgar esas coronas en la puerta de la casa, en señal de luto.

Hubo algo en aquella yuxtaposición de alegría y pena que me produjo una impresión extraña y conmovedora. Les pregunté a mis anfitriones. Él me dijo que en la casa vivía una joven pareja, con niños pequeños, pero que no los conocían. Eran nuevos en el barrio.

Me despedí y caminé por la calle. Pero apenas me había alejado mucho cuando algo me hizo volver sobre mis pasos. Yo tampoco conocía a aquellas personas, pero estábamos en Nochebuena y si había alegría o sufrimiento que compartir, mi deber era compartirlo.

Vacilante, subí los escalones que conducían a la puerta y llamé al timbre. Un hombre joven y alto me abrió la puerta y se dirigió a mí de forma agradable. Le dije que era un ministro cuya iglesia se encontraba en el barrio, que había visto la corona funeraria y deseaba ofrecerles mis condolencias.

«Entre —me dijo el hombre serenamente—. Es muy amable por su parte haber venido.»

La casa parecía estar muy en silencio. En el salón, ardía un fuego en la chimenea. En el centro había un pequeño ataúd. En su interior se encontraba el cuerpo de una niña pequeña, de unos seis años de edad. A pesar del tiempo transcurrido, todavía recuerdo verla allí, con su bonito vestido blanco, recién planchado y almidonado. Cerca había una silla vacía, donde había estado sentado el hombre joven, velando el cuerpo de su hija.

Me sentí tan conmovido que apenas si pude hablar. «¡Qué Nochebuena!», pensé. Aquel joven estaba a solas en el barrio, sin amigos, sin parientes, envuelto en el dolor de su pérdida, abatido. El hombre pareció leer mis pensamientos. «No se preocupe —me dijo, como para tranquilizarme—. Ella está con el Señor, usted lo sabe mejor que nadie.» Su esposa, según me dijo, estaba en el piso de arriba con sus dos hijos más pequeños. Me condujo para saludarla.

La joven madre les estaba leyendo a los dos chicos pequeños. Tenía un rostro encantador, triste pero sereno. Y, de repente, supe por qué esta pequeña familia había podido colgar dos coronas en la puerta, una que significaba vida y la otra muerte. Habían podido hacerlo así porque sabían que todo formaba parte de un mismo proceso, del maravilloso, misericordioso y perfecto plan de Dios para todos nosotros. Ellos habían escuchado la gran promesa: «Porque yo vivo, vosotros también viviréis» (Juan, 14, 19). Lo habían escuchado y lo creían. Por eso habían podido seguir juntos adelante, con amor y dignidad, valor y aceptación.

La joven pareja me preguntó si podían unirse a mi iglesia. Así lo hicieron. Nos hicimos buenos amigos. Muchos años han transcurrido desde entonces, pero no ha pasado uno solo de ellos sin que haya recibido una tarjeta de Navidad de uno u otro miembro de esa familia expresándome amor y gratitud.

Sin embargo, soy yo el que se siente agradecido («I Remember Three Christmases», publicado en *Guideposts*).

Y una de las razones principales por las que estoy agradecido es porque estas tres experiencias de amor expresado hicieron por mí algo inolvidable. Me mostraron un método importante para arrojar constantemente de la mente los pensamientos viejos, cansados y sombríos, que seguramente se acumulan allí a menos que el amor y la compasión los desplace. Este aspecto del principio positivo ha sido para mí de un beneficio incalculable.

Las pautas de pensamiento poco sanas pueden bloquear el flujo de la inspiración creativa e inhibir la capacidad para funcionar con el máximo de efectividad. Y quizá no haya en la vida nada capaz de someter al individuo a un tormento más intenso que los pensamientos enraizados en el temor, el odio o la depresión. En los tiempos bíblicos, la gente afligida de ese modo decía estar poseída por los diablos; a eso lo llamaban una posesión demoníaca. Conforme la humanidad se hizo más sofisticada, tales ideas provocaron más bien sonrisas y diversión. Pero a medida que la gente se ha educado más, algunos científicos en problemas humanos están convencidos de que un individuo puede estar poseído por lo que cabría calificar como espíritus mentales tan malvados en las consecuencias que provocan, que quizá el concepto de demonio no sea tan disparatado.

Ella mató a un demonio

Podemos observar en la siguiente carta, que el principio positivo actúa en la mente como un efecto poderoso para eliminar el demonio o el temor, uno de los enemigos más devastadores de la felicidad y del bienestar personal.

Doctor Norman Peale:
He encontrado su libro *El poder del pensamiento positivo* en una gran caja de libros de un amigo. ¡Y ha cambiado mi vida!

Vivimos en un remoto campamento maderero, a unos treinta y cinco minutos de distancia en avioneta de una pequeña ciudad.

Las presiones para sentir miedo fueron terribles. Con cuatro hijos muy inquietos menores de nueve años, yo me sentía realmente muy asustada y la mayor parte del tiempo temerosa. Tanto que tenía que tomar tranquilizantes. No podía funcionar sin ellos, mientras que con su ayuda apenas podía seguir tirando. Sabía que el avión podía dejar de traernos alimentos o medicamentos, que los niños podían enfermar o ser heridos o que las nieves podían llegar antes de hora y los hombres se quedarían demasiado pronto sin trabajo.

Cuando empecé a leer su libro, llevaba más de una semana sin hacer nada en la casa. Ya puede imaginarse el aspecto que tenía. Lo único que me sentía capaz de hacer era andar de un lado a otro de la casa.

Podía perderme en la lectura de un libro si éste era lo bastante interesante y entonces no me sentía preocupada. Su libro era el último que encontré en la caja y distó mucho de parecerme interesante, pero resultó ser lo bastante fuerte como para domesticar la bestia salvaje que campaba libremente en mi interior.

Tardé tres días en leerlo. Lo que fue todo un récord porque habitualmente me leo un libro en una tarde. Probé todos los métodos de la gente que usted describe. Me sentía frenética. Ninguno de ellos parecía funcionar.

Así que volvía a leer y lo volvía a intentar. Tenía la sensación de que mi mente corría en círculos, cada vez más y más estrechos.

Una mañana, me levanté, tomé mis pastillas (por puro hábito) y me di cuenta de que había dormido durante toda la noche sin despertarme. Abrigué entonces una gran esperanza. Pero sabía que no podía desarrollar ninguna fe. Al final del día se me ocurrió pensar que la esperanza era la otra cara de la moneda de la fe y de esa idea obtuve paz y alegría.

Esa noche no me tomé ninguna pastilla para dormir. No por fe o por esperanza sino, sencillamente, porque se me olvidó.

Había esperado un milagro instantáneo. Ahora me doy cuenta de que se produjo, en efecto, un milagro. El milagro de la creación tardó siete días y el milagro de la vida tarda nueve meses. Así pues, aunque tardó algo más que un instante, no por ello deja de ser un poderoso trabajo de Dios.

¡Ahora ya no les pido nada a las pastillas, ya no dependo de ellas, gracias a Dios!

Por primera vez en seis meses mi casa está limpia, tengo el pelo arreglado y me he hecho la manicura en las uñas.

Mi esposo se siente muy orgulloso de mí y una noche, medio en broma, me preguntó si me había echado un novio. Le dije que sí. Se llama Jesús.

Hombres en el infierno

Voy a narrar otro incidente sobre uno de los escritores más destacados de Estados Unidos, amigo desde hace mucho tiempo, que me teléfoneó a mi oficina en el pueblo de Pawling, Nueva York, e inició bruscamente la conversación diciendo: «Estoy en el infierno».

—¿De qué me estás hablando? —le pregunté, sin estar muy convencido de que lo dijera en serio.

—En Danbury, Connecticut —replicó él.

—Vamos, no puedes describir de esa manera a Danbury [una ciudad cercana]. Es una ciudad muy agradable —repuse.

Algo exasperado, mi interlocutor declaró:

—El infierno no está en Danbury, sino en mí mismo, justo agazapado en mi mente y ya estoy harto de esto. ¿Puedo ir a verte?

Ante una petición así, no hay que negarse. Además, sentía una gran admiración por este hombre como genio de las letras que es, y un gran afecto como amigo.

Más tarde, recorrió de un lado a otro mi despacho, inquieto.

—Ya no puedo escribir —exclamó de pronto—. He perdido la capacidad. No me queda inspiración, ni ideas, ni habilidad para expresarlas aunque las tuviera. Me siento muerto. Es decir, completamente muerto.

Le dejé que explayara sus sentimientos a gusto y luego le recordé que poseía una mente superior y una habilidad extraordinaria como artesano de las ideas y de las palabras para expresarlas brillantemente.

Pero si ya no puedo pensar correctamente, mi mente está llena de una masa de pensamientos miserables que me agobian tanto que el pensamiento creativo, sencillamente, ya no es posible.

—Está bien —le dije—, saquemos fuera todo esto. Hagamos una verdadera catarsis y vaciado de la mente, para luego limpiarla. Acércate limpio a nuestra relación confidencial como un tipo pobre y confuso que se presenta ante un pastor. Y no te engañes, puesto que sabré si me estás contando una historia ficticia. La terapia no funcionará a menos que, con una honradez completa, descargues todos esos pensamientos enfermos que se han apoderado de tu mente y que están destruyendo tu felicidad y quizá incluso a ti mismo.

Mientras vertía una masa de pensamientos de temor y ansiedad, intercalados con fuertes reacciones de culpabilidad, todo ello en una corriente tan continua que evidenciaba una profunda psicosis, enraizada, no me cabía la menor duda, en el ámbito inconsciente de la personalidad. Ese proceso le produjo un alivio evidente. Pero le sugerí después que lo continuara con un período de asesoramiento en profundidad, con el resultado de que finalmente pudo desprenderse de aquellos pensamientos viejos, muertos y sombríos y alcanzar una calidad de viveza que no había experimentado desde hacía mucho meses. De hecho, estaba entusiasmado y decía que no se había sentido nunca tan vivo. Es más, pudo mantener en funcionamiento sus poderes mentales recientemente renovados. «Maté a ese demonio —declaró— y salí de aquel infierno, o quizá debería decir que saqué el infierno que había en mi interior. ¡Y me siento feliz por ello! Fue extraordinario ver cómo esos viejos pensamientos insanos me habían bloqueado la inspiración y detenido por completo la motivación. No lo habría creído posible.»

Esa renovación completa es, naturalmente, posible. En realidad, es cierto que la eliminación de pensamientos viejos, cansados, depresivos o temerosos deja en libertad un fuerte flujo de poder que recorre la mente. Y cuando se produce ese exorcismo, las fuerzas de la inspiración y la motivación vuelven a funcionar sin el menor obstáculo. Ese tratamiento proporciona a la persona una nueva comprensión de su potencial de control, de modo que a partir de entonces es más capaz de mantener en marcha el principio positivo, independientemente de lo adversas que puedan ser las circunstancias.

Así pues, cuando tenga el problema de unos pensamientos viejos, negativos y sombríos, ¿qué pasos puede dar para superar y corregir la situación?

1. Limpie vigorosamente la vieja y nada sana pauta de pensamiento y elimínela para su bien.
2. Hágase cargo de sus pensamientos, en lugar de permitirles que lo controlen.
3. Vacíe cada noche su mente de pensamientos infelices, del mismo modo que se vacía los bolsillos de los pantalones.
4. «Renuévese en el espíritu de su mente.»
5. Haga cosas amables por los demás, pues nada puede eliminar tan completamente el pesimismo como la práctica de la buena voluntad y la atención hacia los demás.
6. Mate a su demonio de temor, o de inferioridad, o de lo que sea. No lo soporte por más tiempo. Líbrese hoy mismo de él, de una vez y para siempre. Admítalo, afróntelo y, con la ayuda de Dios, actúe contra él. Ganará esa batalla.

*Sexta forma
de mantener en funcionamiento
el principio positivo*

DEJE QUE OCHO PALABRAS MÁGICAS CAMBIEN SU VIDA

Es realmente extraordinario el poder que tienen las palabras o una combinación de palabras para afectar a las situaciones y a las personas. William Lyon Phelps, famoso escritor y profesor de inglés, dijo que las diez palabras más grandes del idioma inglés se encuentran en un familiar texto de *Hamlet*: «To be or not to be, that is the question» («Ser o no ser, esa es la cuestión»). No se puede negar que esas palabras contienen un pensamiento solemne, de largo alcance, acerca del destino personal.

Un conocido actor shakesperiano declaró en cierta ocasión que la frase más grande es una línea de nueve palabras tomada de una vieja melodía espiritual: «Nadie conoce el problema que he visto, ¡gloria aleluya!». Ciertamente, vale la pena exclamar aleluya después de haber logrado una victoria sobre un problema, por muy gigantesco que éste sea.

En cierta ocasión hablé en una convención con un hombre que dio una atractiva conferencia en la que afirmó que el éxito de cualquier negocio o empresa puede explicarse mediante una sencilla fórmula de cinco palabras. Expuso la historia de una serie de empresas y mostró cómo debían su éxito al hecho de haber llevado a cabo la idea creativa de esta expresión de cinco palabras: «Descubra una necesidad y satisfágala».

Pero hay una combinación de ocho palabras que quizá haya afectado a más personas que cualquier otra afirmación que se haya hecho. Ha demostrado tener un gran poder para eliminar el fracaso, aumentar la fortaleza, eliminar el temor y superar las dudas sobre uno mismo. Ayudará a cualquier individuo a convertirse en un ser humano con mayor éxito en el máximo sentido de ese término. De hecho, estas ocho palabras tienen el increíble poder de hacer que sea usted todo aquello que deseaba ser, siempre y cuando las aplique en profundidad. Esa fórmula de ocho palabras es: «Todo lo puedo en Cristo que me fortalece» (Filipenses, 4, 13). Si no es usted de ascendencia cristiana, limítese a cambiar las palabras, para decir: «Todo lo puedo en Dios que me fortalece». En esas ocho palabras mágicas se encuentra su fórmula para la inspiración, el poder, la motivación y la habilidad para seguir adelante, siempre adelante. Aquí está el principio positivo en su fuerza superoperativa.

Cómo las ocho palabras mágicas cambiaron una vida

Si cree que estamos exagerando o si duda del poder de esas ocho palabras para cambiar vidas y motivar carreras profesionales, lea atentamente la espectacular historia verídica que sigue. Luego, reflexione sobre el hecho de que todo aquello que le puede suceder a una persona, también le puede suceder a otra.

Una noche, se estaba retransmitiendo por radio a una amplia zona de Virginia y Carolina del Norte un discurso que pronunciaba en Danville, Virginia. En Carolina del Norte, un joven, George Shinn, conducía su coche por las cercanías de Raleigh, la radio sintonizada con la emisora. El discurso pareció interesarle y más tarde pidió que nuestro representante acudiera a visitarlo. Después de esa entrevista con su ayudante ejecutivo, C. L. Jenkins, hizo una visita de inspección a nuestra Fundación para una Vida Cristiana, cuya sede central se halla situada en Pawling, Nueva York. El señor Jenkins presentó un informe favorable sobre los objetivos y las actividades de esta empresa religiosa sin ánimo de lucro, que distribuye anualmente unos treinta millones de artículos de literatura cristiana y de inspiración.

Esa fue la forma en que conocí a George Shinn, un hombre joven y atractivo, cuya historia vital constituye una espectacular ilustración de la forma en que el compromiso religioso, la fuerte motivación y el pensamiento innovador pueden hacer algo verdaderamente notable para un ser humano.

Pocos años antes, el señor Shinn y su madre lo pasaron mal para salir adelante. El padre había muerto y la familia estaba endeudada. Su madre, que evidentemente era una mujer muy notable, trabajó en una gasolinera, como administrativa en un supermercado y como telefonista en una empresa. George se dedicaba a limpiar coches, trabajaba en una panadería y más tarde en una empresa textil. En un período determinado tuvo que ponerse prendas de ropa que otros le habían regalado. Esos hechos se exponen aquí únicamente para indicar el grado de éxito alcanzado más tarde.

George se graduó en la escuela superior, aunque sus notas fueron «bastante bajas», según recuerda modestamente. Fue necesario asistir a la escuela de verano para asegurarse la obtención del diploma. Se dio cuenta de que, aun siendo financieramente pobre, necesitaría una educación, así que se matriculó en una escuela de ciencias empresariales en la que sirvió como conserje, en lugar de pagar los estudios.

El conserje asciende

Entonces se produjo una de esas cosas aparentemente sin importancia a partir de la cual crecen las cosas, y como él supo manejar bien la situación, estableció así el ritmo para que más tarde sucedieran otras cosas. Un sábado, mientras se dedicaba a limpiar, se le acercaron dos mujeres jóvenes de fuera de la ciudad para preguntarle por la escuela y George se ocupó de atender a estas dos estudiantes potenciales. A diferencia de lo que suelen hacer tantos empleados en su trabajo, no hizo ninguna de las preguntas habituales, como: «¿Es que no se dan cuenta de que las oficinas están cerradas? Ese no es mi trabajo, así que vengan el lunes y no me molesten». Esa clase de reacción, característica de tantas personas que nunca alcanzan el éxito, no cruzó en ningún momento por la mente de George. Se sentía orgulloso de la escuela, de modo que mostró a las muchachas las aulas, la biblioteca y todas las instalaciones y acabó por entregarles los formularios de inscripción como estudiantes, además de recibir los depósitos de sus matrículas. El lunes por la mañana, el jefe lo cambio de puesto y, de conserje, pasó a convertirse en reclutador de estudiantes.

George obtuvo tanto éxito en esta actividad que, después de su propia graduación, continuó desempeñándola. El propietario de la escuela de ciencias empresariales compró otras escuelas y, con el tiempo, le ofreció a George una participación en la sociedad. Se hallaba camino de alcanzar el éxito en el negocio, como socio en seis escuelas del mismo tipo.

El desastre golpea

Quizá la asociación se expandió demasiado rápidamente y surgieron problemas financieros. Las escuelas se dirigían hacia la bancarrota. George consultó con una empresa de abogados, asesores empresariales expertos y presentó la documentación de la empresa ante los jefes y ante un contable público acreditado. Durante varias horas, estudiaron sus cuentas y finalmente le dijeron: «Tenemos que decírselo directamente. Tendrá que abandonar. Ni rezando se salvaría la empresa».

«No, no —dijo George—, no puede ser, no tiene que ser así.»

Entumecido, se dirigió por la carretera Interestatal 85, conduciendo casi sin ver, con los ojos llenos de lágrimas. Las rayas de la carretera parecían repetir la catastrófica palabra: «¡Fracaso! ¡Fracaso! ¡Fracaso!». Abrumado por estas ideas de fracaso, aparcó en la cuneta y se desmoronó sobre el volante. «Ni rezando se salvaría la empresa. Las palabras del abogado le martilleaban en el cerebro. Y cuando el cerebro se siente martilleado, a menudo surge con alguna percepción nueva y poderosa, que fue precisamente lo que sucedió en este caso.

De repente, un magnífico pensamiento brotó en su mente: «¡Ni rezando se salva la empresa! Pues claro que se puede salvar rezando. La oración es mi única esperanza, ahí está la respuesta». Así pues, rezó una sencilla pero poderosa oración, poderosa porque creyó por completo en ella y eso activó unos resultados extraordinarios: «Querido Señor —dijo humildemente—, nunca fui muy brillante pero siento unos deseos intensos de ser una persona creativa. Quiero ser alguien y hacer cosas que puedan ayudar a la gente. Pongo mi vida en tus manos para que me guíes y me dirijas». Luego, añadió la siguiente y pertinente promesa que iba a cambiarlo por completo, desde el fracaso al éxito: «Querido Señor, si tú te ocupas de pensar, yo me ocupo de trabajar. Amén».

Afirmando cada día estas palabras mágicas, George abordó sus problemas imbuido de una nueva seguridad en sí mismo y de un pensamiento cada vez más constructivo. Empezó por reorganizar sus escuelas y expandir el currículum. La gente acudió en su ayuda con refinanciación cuando comprendieron que estaba haciendo un intento muy sincero por prestar un servicio constructivo. Además, poseía una habilidad incuestionable.

Recuperación espectacular

Ahora había desarrollado una extraña capacidad nueva de mente y espíritu. Se transformó en un líder inspirador y efectivo en la industria. Aumentaron las matriculaciones en sus escuelas, a las que se añadieron otras. A medida que aumentó la capacidad experta, otras escuelas de todo el país empezaron a acudir a él para solicitarle servicios de asesoría. En la actualidad, la organización que estuvo a punto de entrar en bancarrota cuenta con más de cinco mil estudiantes, seiscientos trabajadores y actúa como asesor de dirección para más de otras cuarenta universidades e instituciones educativas. Aunque las escuelas son rentables, sus ganancias son relativamente modestas en comparación con los beneficios obtenidos por otros negocios dirigidos por George Shinn & Associates: una agencia de asesoría, una empresa de *leasing* de automóviles, un negocio de seguros, un comercio de mobiliario y equipo, etcétera.

Shinn, que está convencido de la obligación de entregar el diezmo, dedica más del diez por ciento de sus ingresos a obras religiosas. Él, su esposa y sus hijos viven modestamente. Él es una persona muy práctica, que contempla con sencillez y humildad su rápido éxito a la edad de treinta y cuatro años. Receptor reciente del distinguido premio Horatio Alger, que se concede a personas que han alcanzado un éxito extraordinario a partir de unos inicios modestos, cedió sinceramente el crédito del mismo, al menos en su caso, al hecho de que «Dios actúa en mi vida». Habla con frecuencia en iglesias y en diversos tipos de organizaciones y en cada discurso habla de «los milagros realizados por Dios», según su propia experiencia, en una asociación en la que «el Señor se ocupa de pensar, y yo me ocupo de trabajar». Su fundación contribuye generosamente a la educación de pastores, mediante becas, así como a otras empresas religiosas, incluida la Fundación para una Vida Cristiana.

Quizá algunos consideren tan extraordinario compromiso religioso como admirable pero un tanto extraño para un hombre de negocios de éxito. Pero Shinn dista mucho de ser extraño. Es un joven estadounidense normal, que creció en circunstancias difíciles pero que tuvo la motivación para construirse una vida creativa. Esa motivación dinámica le llegó a través de una oración intensa, en unos momentos en que el fracaso asomaba por el horizonte. Como consecuencia de ello, «lo puso todo en manos del Señor» y depositó su fe en las ocho palabras mágicas. La experiencia del señor Shinn demuestra que todo aquel que se embarca plenamente en un programa de este tipo, puede lograr resultados extraordinarios.

No tenemos por qué ser fracasos. No nacimos para fracasar, sino para tener éxito. El secreto para conseguirlo es abandonar las ideas negativas y las excusas. Póngase en marcha, con un programa dirigido por Dios, adopte una política de generosidad, crea en el trabajo duro, más la aplicación consistente del principio positivo y cualquier persona puede convertirse en aquello que desee ser. Alcanzará su objetivo si realmente lo desea alcanzar con la fuerza suficiente.

Confíe en sí mismo

«La confianza en sí mismo es el primer secreto del éxito.» Ésta es una afirmación, citada con frecuencia y atribuida a Ralph Waldo Emerson. Mediante la práctica en profundidad de las ocho palabras mágicas, se descubre que uno puede hacer «todo tipo de cosas». Entonces, la persona va camino de desarrollar la más importante de todas las cualidades del éxito: la confianza en sí misma y la autoconvicción. De una cosa podemos estar seguros: el camino hacia el éxito nunca se logra a través de las dudas y de un acobardado complejo de inferioridad. El éxito exige un sentido humilde y, sin embargo, real de la adecuación, un autorrespeto normal y, con él, la convicción de que se puede lograr lo que se desea.

Virgilio, un hombre sabio de la Antigüedad, dijo: «Pueden porque creen que pueden» (La Eneida, Libro 5). Y Goethe estuvo de acuerdo con este principio vital al decir: «Mientras confíes en ti mismo, sabrás cómo vivir» (Fausto, I Parte, escena del aprendiz). La práctica de las ocho palabras mágicas conduce a una confianza normal y sana en uno mismo y a la fe en la calidad e integridad de la propia personalidad.

Un periódico australiano publicaba una historia fascinante acerca de un amigo mío, sir John Walton, de Sidney (*Sun Herald*, de Sidney). El artículo resaltaba el lugar que el pensamiento positivo y la fe ocupaban en la notable carrera de sir John, que en cierta ocasión me confesó que de niño se había sentido agobiado por sentimientos de inseguridad y que había sufrido a causa de una pauta de fracaso. El periódico, que describía la carrera de este ilustre líder empresarial al por menor, hacía referencia a una fórmula espiritual efectiva para desarrollar actitudes que le ayudaron a mantener la motivación para alcanzar un alto nivel de logro:

El magnate de las ventas al por menor, de 71 años de edad, anunció esta semana su jubilación después de 45 años de «trabajar sin descanso».

El hombre que empezó ganando un chelín a la semana como muchacho de los recados en una fábrica está convencido de que, para el hombre hecho a sí mismo, todavía hay lugar en lo más alto.

—No veo nada que impida a un hombre elevarse por su propio esfuerzo si está preparado para pagar el precio —dijo sir John.

»Creo que siempre hay oportunidades para conseguirlo, pero también estoy convencido de que la gran mayoría de gente ni siquiera lo intenta en serio y abandonan cuando las cosas se ponen duras.

»Uno tiene que estar dispuesto a trabajar muchas horas, a esforzarse duro y a aplicarse hasta el límite, antes de alcanzar su objetivo —dijo.

»En cierta ocasión leí un libro titulado *El poder del pensamiento positivo*, del doctor Normal Vincent Peale.

»Quedé tan impresionado que acudí a su iglesia en Nueva York sólo para oírle hablar.

»En aquella ocasión habló sobre la fe, utilizando para ello el texto bíblico: "Si tuviereis fe como un grano de mostaza, nada os será imposible" [ésa es la fórmula de sir John].

»Ésa ha sido, desde entonces, mi filosofía: se puede conseguir todo lo que se quiera, siempre y cuando se tenga fe en sí mismo.

»Por eso llevo siempre conmigo un grano de mostaza, para recordar que puedo hacer todo lo que desee.»

Pero las cosas no siempre han sido fáciles para sir John. Con su voz suave, recordó lo mal que le fue en la escuela, lo difícil que le resultó conservar un trabajo al preferir concentrarse en disfrutar.

—Hasta los veintiséis años, me dejé arrastrar por la marea —dijo—. Desempeñé una serie de trabajos, que no podía mantener por mucho tiempo. Entonces, un día, hice balance de mí mismo, dejé por completo la bebida y el tabaco e ingresé en la National Cash Register Company, como vendedor.

A partir de ahí, avanzó hasta convertirse en director para Nueva Gales del Sur y, más tarde, director gerente de la sucursal australiana.

«Lo que le voy a decir quizá suene terriblemente fatuo, pero lo cierto es que mi éxito no me sorprendió», dijo.

En 1951, con ayuda de otros dos directores anteriores de la NCR, sir John le compró a Murdoch la destartalada tienda de ropa de caballero que habría de convertirse en la primera de la mayor cadena de tiendas de ventas al por menor de Australia.

El gigante estadounidense de las ventas al por menor, Sears Roebuck, quedó impresionado por el rápido crecimiento de la empresa e invirtió en su futuro.

En 1970 John Walton fue nombrado caballero por la reina Isabel II.

Crea en sí mismo

Sir John Walton tuvo que aprender, como joven vacilante que daba un traspiés tras otro, agobiado por un obstaculizador complejo de inferioridad, que tenía que creer en sí mismo, confiar en sí mismo para poder realizar sus esperanzas y sus sueños. Se hizo a sí mismo, a través de la filosofía y la fe contenida en las enseñanzas positivas de las Escrituras. Su carrera ilustra la verdad de que en la medida en que una persona aprende a creer en Dios y a confiarle todo, plena y completamente, también aprende a creer y a confiar en sí mismo. Y ésa es una secuencia lógica, pues cada individuo creado por Dios posee algo de la cualidad divina que únicamente la fe puede liberar.

Algunas personas argumentan, en mi opinión falsamente, que creer en Dios y luego creer en uno mismo es de algún modo «utilizar a Dios» a favor de los propios intereses. No obstante, tal como yo lo veo, el Creador ha incluido en cada individuo una urgencia, impulso o motivación para hacer lo mejor de sí mismo en cada momento. Eso no quiere decir, claro está, que pretenda alcanzar sus objetivos a expensas de los demás. Significa, simplemente, que en la naturaleza humana actúa una fuerza fundamental propia de la naturaleza divina, lo que significa a su vez que estamos diseñados para poseer la autoconfianza necesaria para superar las pruebas y responsabilidades.

Puesto que un libro es, hasta cierto punto, una especie de documento sobre la experiencia de su autor, tengo que confesar que uno de los principales problemas que tuve que afrontar fue el desarrollo de confianza en mí mismo. A menudo he declarado que el mío fue el más enorme complejo de inferioridad conocido en el estado de Ohio, de donde procedo. Yo era una persona tímida, reticente, asustada, retraída y vergonzosa. El término *vergonzoso* apenas se utiliza en el lenguaje actual, pero es muy descriptivo ya que significa, literalmente, «sentirse avergonzado». Casi todo lo que me sucedía me dejaba confuso.

124

Curiosamente, y a pesar de estos patéticos sentimientos de inferioridad, siempre quise convertirme en un orador público. Me quedaba impresionado cuando escuchaba a alguno de los grandes oradores de aquella época, figuras políticas como Theodore Roosevelt y William Jennings Bryan y los más destacados predicadores, todos ellos grandes maestros de las concentraciones públicas. Deseaba ser como ellos. En aquella época había oradores muy notables, tanto en el púlpito como en el ámbito político. Quizá fue la era dorada de los grandes discursos públicos. Fue un período de la historia estadounidense en el que surgió una galaxia de hombres geniales para atraer a grandes públicos gracias a su elocuencia y que desde entonces no se ha vuelto a dar. Yo me sentía emocionado de escucharlos y, para un muchacho pequeño y asustado, con un complejo de inferioridad como yo, aquellos personajes eran héroes a los que admirar de lejos.

Una vez, en Greenville, Ohio, llegó a la ciudad William Jennings Bryan, uno de los más grandes oradores públicos que haya producido este país y que fue tres veces candidato para presidente. Habló desde una tarima improvisada montada en el patio de la escuela superior, rodeado por una enorme multitud que había acudido de los alrededores.

Otro muchacho, tan tímido como yo, se unió a mí en un esfuerzo por ser duros y aparentar lo que no éramos, una forma habitual de compensar la inferioridad. Compramos un gran puro, lo partimos en dos y nos introdujimos bajo la tarima del orador, para fumar nuestro primer cigarro puro clandestino. Después de unas pocas chupadas, sentí náuseas, verdaderas náuseas, hasta el punto de que no he vuelto a fumar desde entonces.

Incluso ahora recuerdo que estaba allí tumbado en el suelo, bajo la tarima, mientras el gran hombre tronaba y daba patadas en el suelo encima de mí. Mi bravuconería se desvaneció de inmediato y regresé al estado de timidez anterior, como un conejo asustado.

Aprendí el secreto de la seguridad en uno mismo

Mi padre era un orador extraordinario, ampliamente buscado en Ohio para toda clase de acontecimientos. En cierta ocasión, pronunció una oración en la convención republicana del estado, en Columbus y fue tan elocuente al describir los agitados acontecimientos de la historia estadounidense y de sus grandes líderes (todos ellos republicanos, por supuesto) que cuando dijo «Amén» el público estalló en atronadores aplausos. El presidente de la reunión dijo que había sido «el discurso más grande jamás pronunciado en una convención política en Ohio». Pero mi padre, humildemente, le recordó que el discurso había sido pronunciado para Dios, como una oración.

En cualquier caso, mi padre comprendió mi sueño de convertirme en orador público y sintió una fuerte empatía con mi nerviosismo y timidez, ya que él mismo había experimentado sentimientos similares en sus tiempos mozos. Me enseñó primero que un orador debe tener un mensaje en el que crea meticulosamente; tiene que ser completamente sincero, pues si hubiese algo falso en sus palabras, su falta de sinceridad se trasluciría con fuerza y claridad. También me enseñó que un verdadero gran orador tiene que amar a la gente y sentir verdaderos deseos de ayudarla. Para ser efectivo, tiene que hablar a la gente en sus propias formas de pensamiento y lenguaje y utilizar ilustraciones que los demás puedan identificar. Utilizó la imagen de que, del mismo modo que una montaña acumula la humedad y la devuelve sobre el valle en forma de lluvia, así el gran orador reúne las esperanzas, sueños y necesidades de la gente y se los devuelve en forma de inspiración que les ayude a realizar esos mismos valores que buscan.

Mi padre se dio cuenta de que tenía un problema en las agudas actitudes de inferioridad de su hijo y que de poco serviría sugerir que el muchacho empezara a creer en sí mismo y se irguiera como un hombre, en lugar de arrastrarse como un gusano. Puesto que había sido médico antes que predicador y había aprendido de ambas disciplinas una sutil comprensión del efecto de las actitudes conscientes para determinar las reacciones de la personalidad, mi padre sabía que únicamente una revisión en profundidad de tales actitudes podría inducir confianza en mí mismo. Manejó cuidadosamente y con suma habilidad las actitudes derrotistas de su joven hijo. Durante meses, no dejó de repetir que únicamente un cambio básico en la naturaleza del muchacho podía producir la liberación de aquello que mantenía sus sentimientos de inferioridad e inadecuación. Jamás empleó métodos tan superficiales como decirme: «Vamos, sé un hombre. No te arrastres por la vida como un cobarde». No, mi padre era demasiado inteligente como para hacer eso. Simplemente, me animó a tener esperanza en que encontraría una respuesta, una forma de cambiar, y luego, gradualmente, me condujo hacia ella.

Me enseñó las ocho palabras mágicas

Un hermoso domingo de verano, después del servicio religioso en la iglesia, mi padre me llevó a dar un largo paseo por el campo, cerca de Greenville, donde vivíamos. Recorrimos más de diez kilómetros a través de prados, por un camino rural tranquilo y a través de los bosques. Recuerdo con cariño que nos detuvimos en una granja para saludar a una familia, miembros de su iglesia. Nos sacaron vasos fríos de leche, pastas y uno de los helados caseros más deliciosos que haya probado jamás. Fue tan maravilloso, que ese momento permanece imborrable en mi memoria.

Atardecía cuando nos volvimos para regresar a casa. Todavía nos quedaban unos ocho kilómetros por recorrer. Mientras el sol descendía por el oeste y el cielo se iluminaba con la gloria de la puesta, nos sentamos para descansar un rato sobre dos tocones, contemplando los campos del condado Darke, uno de los terrenos agrícolas más ricos de Estados Unidos. Mi padre dijo: «Norman, quisiera decirte que únicamente Jesucristo puede cambiar tu vida. Si te pones en sus manos, eliminará de ti todo temor, todas las dudas sobre ti mismo y todos esos miserables sentimientos de inferioridad. Él te hará seguro de ti mismo y fuerte. Si quieres ser un orador público, capaz de llegar a las mentes y a los corazones de los hombres y las mujeres, y conmoverlos, deja que Jesús se haga cargo de tu propia mente y corazón. Y el momento para hacerlo es ahora, aquí mismo, con tu padre, que te quiere y cree en ti». Y tras decir esto, a la manera antigua, se hincó de rodillas junto al tocón en el que se había sentado. Yo también me arrodillé a su lado y entonces él me entregó a Cristo.

«Y ahora —dijo mientras caminábamos por el sendero, ya de regreso a casa—, recuerda siempre esta verdad: con Cristo ayudándote puedes tener seguridad en ti mismo, ser fuerte y llevar una vida grande. No tengas miedo y no olvides nunca esas ocho palabras mágicas: "Todo lo puedo en Cristo que me fortalece"» (Filipenses, 4, 13). Mi padre era un hombre maravilloso, con una personalidad grande e insólita. Hace ya muchos años que se ha marchado de este mundo, pero en realidad vive y siempre seguirá viviendo en mí, pues aquella tarde de verano me enseñó el significado de la paternidad fuerte y amorosa y luego me condujo hacia la fuente de la que emana la seguridad en uno mismo.

Han transcurrido muchos años desde aquel paseo de una tarde dominical, pero incluso ahora, cuando las dudas en mí mismo tienden a apoderarse de nuevo de mí, escucho, a través de la neblina del tiempo, la voz de mi padre y el viejo y querido acento familiar que dice: «No tengas miedo y no olvides nunca esas ocho palabras mágicas». En la actualidad, mis actividades hacen que tenga que hablar tres o cuatro veces a la semana ante grandes audiencias en todas partes de Estados Unidos y Canadá e incluso en Europa. Pero, de vez en cuando, hay un momento, justo antes de que me presenten, en el que surgen de nuevo los viejos temores, el temor de no poder hacerlo y las viejas dudas que tratan de apoderarse de mí. Entonces, recuerdo a mi padre, que sigue guiando a su hijo: «Todo lo puedo en Cristo que me fortalece». Así pues, deposito mi fe en Él y pronuncio el discurso lo mejor que puedo. Tengo contraída una enorme deuda de gratitud con esas ocho palabras mágicas que cambiaron mi vida y que la guían cada día.

Ocho palabras mágicas en tiempos de crisis

La gente tiene que afrontar a veces crisis y situaciones difíciles y, una vez más, las ocho palabras mágicas nos aportan la fortaleza requerida para tales circunstancias. La promesa de que «todo lo puedo en Cristo» ha permitido probablemente, quizá más que ninguna otra cosa, que más personas salgan de esas dificultades. Como el hombre al que encontré en la calle y con quien quizá hablé sólo cinco minutos. Me detuvo para decirme que había «pasado por aguas muy profundas y oscuras», por utilizar su propia y dramática frase. De pie junto al tráfico, tanto de vehículos como de peatones, me contó brevemente la gran cantidad de dificultades que le acuciaban: su esposa estaba en el hospital para ser sometida a una operación. Le acababan de recortar el salario. Un hijo adolescente tenía problemas con la ley. Le resultaba cada vez más difícil pagar las facturas. «Una cosa tras otra —dijo, y añadió—: ¿no le parece extraño cómo los problemas parecen acumularse todos al mismo tiempo?»

Empecé a perfilar métodos para manejar sus problemas, pero él me detuvo. «No se preocupe —me dijo—. Sólo he aprovechado esta oportunidad de encontrarme con usted para abrirle un poco mi corazón. Pero, en realidad, estoy por encima de todo lo que sucede. Nada puede acabar conmigo y todo se resolverá satisfactoriamente.» Allí, de pie en la acera, volví a escuchar aquellas ocho palabras y nunca parecieron sonar más dramáticas que entonces, nunca me parecieron más reales que cuando este hombre, duramente agobiado por las dificultades, añadió con una seguridad positiva: «Todo lo puedo en Cristo que me fortalece». Contaba con todo lo que necesitaba para seguir adelante.

Otra prueba del poder de estas magníficas ocho palabras me llegó durante una gira de charlas con los soldados estadounidenses en Vietnam, en el período más álgido del conflicto. Me encontraba en un puesto avanzado, para hablar en un servicio funerario por los caídos de una división de marines en Colina 44. Algunos hombres habían perdido la vida, y sus camaradas se habían reunido para un servicio solemne en su memoria. Fue una experiencia inolvidable dirigirme a unos setecientos hombres destacados en el frente, en una ocasión que nos conmovió a todos profundamente.

Antes de la reunión, pasé unos minutos con un grupo de capellanes. Uno de ellos, un sacerdote católico-romano, tenía que salir y viajar unos cuantos kilómetros para dar la comunión a hombres que ocupaban una avanzadilla extremadamente peligrosa. Para llegar hasta ellos, el capellán tendría que atravesar campos minados, siempre con el peligro de tropezarse con una mina que podía destruirlo.

—¿Se ha presentado voluntario para esta clase de misión, capellán? —le pregunté.

—Sí —me contestó.

—¿Y por qué? —le insistí.

—¿Por qué? —repitió—. Porque soy un siervo de nuestro Señor y esos hombres son sus hijos. Son su rebaño y yo soy su pastor.

Me sentí profundamente conmovido por la sencilla sinceridad de este hombre entregado, dispuesto a poner su vida en peligro por el «rebaño», es decir, por unos aislados muchachos estadounidenses en una avanzadilla mortalmente peligrosa.

—Debe de tener usted mucho valor —comenté, con verdadera admiración.

—Oh, no lo sé —replicó—. Dependo de la ayuda que siempre me llega. —Vaciló y, tras una pausa, añadió—: Nunca me ha fallado y nunca me fallará, pase lo que pase.

Y tras decir esto se dirigió hacia el peligro, posiblemente incluso la muerte. Me sentí profundamente afectado por este hombre y su fe. Todo lo tenía depositado en las ocho palabras mágicas. Poseía la inspiración y una motivación poderosa para ayudar a los hombres y servir a Dios. Y, con ello, también tenía el poder de seguir adelante. El principio positivo era su estilo de vida.

Y ahora, veamos una recapitulación de las ideas presentadas en este capítulo:

1. El poder de las palabras para cambiar su vida alcanza su máxima utilidad en las ocho palabras mágicas: «Todo lo puedo en Cristo que me fortalece».
2. Esas ocho palabras pueden ayudarlo a superar cualquier derrota.
3. No piense nunca que ni rezando puede salir de una situación. Al contrario, la oración es lo que le permitirá salir de cualquier situación.
4. El compromiso espiritual no es para los excéntricos, sino para quienes tienen lo que hay que tener.
5. La confianza y la seguridad en sí mismo son productos secundarios de las ocho palabras mágicas.
6. Deje que la seguridad en sí mismo derribe su complejo de inferioridad.
7. En momentos de crisis, deje que las ocho palabras mágicas se hagan cargo de todo. Ellas le permitirán salvar todas las dificultades.
8. En situaciones de peligro, siempre estará vigilado y protegido.
9. Viva por la fe, porque ésta nunca le abandonará.

*Séptima forma
de mantener en funcionamiento
el pensamiento positivo*

PUEDE OBRAR MARAVILLAS SI LO SIGUE INTENTANDO

¡Si realmente lo intenta, claro que puede! En efecto, aquellas cosas que ahora piensa y que lo han derrotado y abatido hasta ahora, se pueden manejar, afrontar y superar. ¿Cómo? Simplemente: intentándolo. Sólo un grupo minúsculo de quienes logran cosas en este mundo pueden ser considerados como superintelectos. Sin embargo, los que consiguen cosas tienen una cualidad extraordinaria que los mantiene en marcha: simplemente, lo siguen intentando. Nunca sabrá de lo que es capaz de hacer hasta que lo intente; simplemente, inténtelo. De hecho, ése es precisamente el juego.

La actitud adoptada ante los problemas y dificultades es, con mucha diferencia, el factor más importante para controlarlas y dominarlas. El escritor motivacional Kermit W. Lueck (*This is Your Life: One Small Step, One Giant-Leap-Goals,* distribuido por Self Image Products, Inc.) informa sobre un programa universitario de investigación establecido con el propósito de determinar los factores que constituyen la fórmula del éxito. Son cuatro factores: cociente de inteligencia, conocimiento, habilidades y actitud. Según Lueck, la actitud es la responsable de un asombroso 93 por ciento del éxito. De una importancia fundamental es la actitud de quien está dispuesto a seguir intentándolo, del que nunca abandona, del que se atiene a su objetivo, el que se queda allí, el que sigue adelante.

Mi madre nos hizo intentarlo

Mi madre era una mujer dulce y suave. Pero también podía ser muy disciplinaria y estricta pues había una cosa que jamás permitía hacer a sus hijos y eso era abandonar. Todavía escucho su voz fuerte, firme y clara, diciéndome: «Recuerda esto y no lo olvides nunca: los Peale nunca abandonamos». Intentó deliberadamente infundir en el tejido de las mentes de sus hijos tenacidad y perseverancia, una persistencia que no se desviara de su objetivo.

De todas las asignaturas que nos impartían en la escuela, la más difícil para mí eran las matemáticas. Me gustaba el inglés y la historia, que estudiaba fiel y entusiásticamente, pero tengo que admitir que trataba de haraganear cuando se trataba de matemáticas. ¿Acaso mi madre me lo permitía? ¡Nada de eso! «Lo comprenderás si lo sigues intentando una y otra vez y luego lo sigues intentando de nuevo —insistía, y añadía—: Y será mejor que te pongas a la tarea y la domines, porque yo, personalmente, me voy a ocupar de que lo sigas intentando todas las veces que sea necesario hasta que la domines.»

Los esfuerzos disciplinarios de mi madre dieron buenos resultados, ¡cómo no! Cierto, nunca me han ofrecido una cátedra en matemáticas, pero aprendí una lección vital: si uno se limita a intentarlo, ha aprendido uno de los grandes secretos del éxito.

En realidad, quienes perfeccionan la técnica de «intentarlo», quizá no estén dotados de un brillante talento, pero alcanzan muchas cosas en la vida, llegando a veces, incluso, a logros estelares, precisamente porque fueron competidores indomables a los que nada ni nadie podía derrotar. Llega un momento en sus vidas, en el que les resulta imposible aceptar la mediocridad o dejar de esforzarse por alcanzar una perfección aparentemente elusiva.

Ty Cobb, siempre el competidor

El magnífico documental de Branch Rickey sobre nuestro juego nacional (*The American Diamond*, Nueva York, Simon and Schuster), es un clásico en su especie, sobre todo por lo que se refiere a la valoración que hace de los grandes atletas en la historia del béisbol y a las cualidades que configuran a los mejores jugadores de dicho deporte.

Rickey eligió como los dos mejores jugadores de todos los tiempos, al menos hasta entonces, a Honus Wagner, famoso jugador del equipo de Pittsburgh, y a Ty Cobb, el inmortal «Melocotón» Georgia del club de Detroit. Dice de Cobb que es «la elección de ese único jugador, para ese único juego que se tiene que ganar». Rickey dice que Cobb no poseía un gran brazo para los lanzamientos, así que, para compensar, practicaba casi todo el día lanzando desde el campo. Su objetivo consistía en hacer girar la pelota de tal modo que ésta resbalara al tocar el suelo por primera vez, sin rebotar con una velocidad retardada. Eso suponía tener un control definitivo del giro y de la trayectoria adecuada. «¿Oyó alguien hablar de un jugador de béisbol que se haya impuesto voluntariamente y por sí solo una práctica tan ardua? La consecuencia de ello fue que desarrolló exactitud, elevación del lanzamiento y una rotación adecuada de la pelota, lo que le convirtió en el mejor jugador de todos los tiempos.»

Cobb nunca daba un paso en falso en su lanzamiento desde el jardín. Lanzaba justo allí donde él decidía. Previamente, había imaginado que «el corredor se mueve a toda velocidad y será capaz de correr quince pasos mientras yo sólo doy cinco». Se convirtió en el terror de los corredores de base porque siempre intentaba ser una máquina de béisbol lo más perfecta posible. Rickey dice de él que es «el aprendiz de béisbol más serio y asiduo, el mayor perfeccionista, tanto en el ataque como en la defensa». Alcanzó una media de bateo de 0,367 y el casi increíble récord de 892 bases ganadas.

Zig Ziglar es un popular orador motivacional en convenciones de ventas. En su fascinante libro *See You at the Top* (Te veré en lo alto, We Believe, Inc., Dallas, Tex., 75251) cuenta una historia de Ty Cobb que todavía ilustra más el principio de «intentarlo siempre», que tanta importancia tuvo para convertirlo en una figura inmortal del béisbol. Cuando Cobb llegaba a la primera base, tenía el hábito, aparentemente nervioso de darle una patada al saco. No fue hasta después de retirarse del juego cuando descubrió el secreto. Al darle una patada suficientemente fuerte al saco, lograba acercarlo unos pocos centímetros más a la segunda base. Calculaba que eso le permitiría mejorar sus oportunidades de ganar o de llegar con seguridad a la segunda base. Competir, competir, competir..., ése es el espíritu permanente mediante el que una persona que lo intenta logrará finalmente alcanzar récords.

Intentarlo, claro está, no significa una sola vez, sino que es más bien un proceso continuo, mantenido de forma constante a un nivel elevado. Cuando se hace eso, a su debido tiempo se habrá alcanzado el objetivo. Continuar, continuar, continuar..., ésa es la fórmula del éxito. La pena estriba, sin embargo, en que son demasiadas las personas que no continúan durante el tiempo suficiente, sino que se cansan o se desaniman o se dejan abrumar por una sensación de inutilidad.

Entonces, simplemente ahogan el esfuerzo y dejan de intentarlo. «No sirve de nada. Lo voy a dejar.» Al decir esto, admiten el fracaso definitivo. Simplemente, abandonan. Pero, a menudo, si hubiesen mantenido el esfuerzo un poco más, habrían alcanzado aquello a lo que dedicaron tanto esfuerzo previo. Es patético ver cómo alguien asciende y abandona precisamente cuando, sin saberlo, estaba a punto de conseguir sus propósitos. El doctor V. Raymond Edman cita a William J. Cameron, quien dijo: «El último esfuerzo desanimado se convierte a menudo en el golpe ganador» (de V. Raymond Edman, «The Disciplines of Life»).

En alguna parte escuché la historia de un buscador de oro, en los viejos tiempos de la fiebre del oro, en el Oeste. Durante días había cavado la tierra con su pico, en busca de una veta de oro que, estaba seguro, se encontraba allí. Día tras día hundía el pico y sudaba por el esfuerzo. Finalmente, el virus del desaliento se apoderó de él. Entonces, con un gesto colérico e inútil, hundió el pico en la tierra, recogió sus cosas y se marchó. Muchos años más tarde, el pico, ahora oxidado, con el mango podrido, fue encontrado a sólo metro y medio de una rica veta de oro. Persista, continúe, siga intentándolo..., ésa es la respuesta. Ése es el principio positivo que obtiene resultados, que alcanza objetivos.

Pero ¿cómo seguir funcionando?

Para dominar el problema de un esfuerzo prolongado y arduo sostenido, es importante haber dominado antes el poder de la imaginación, la técnica de la formación de imágenes mentales. Hágase una imagen mental del objetivo que desea alcanzar y otra del objetivo tal como está ahora, en proceso de ser alcanzado, y habrá puesto alas bajo la dura herramienta del intento.

Por ejemplo, desea tener un hogar hermoso. ¿Cómo lo hará para conseguirlo? Mediante el ahorro y el trabajo duro, desde luego. Pero eso puede constituir un proceso prolongado y duro que quizá le arrebate el entusiasmo a su esfuerzo. En consecuencia, hágase una imagen de sus pensamientos sobre esa casa, como si ya la tuviera construida. Ahí está, rodeada por sus prados, árboles y flores. Casi puede escuchar la llave al introducirla en la cerradura cuando se prepara para entrar en ella. Los objetivos realizables siempre se forman mentalmente antes de que se hagan realidad.

Hubo un hombre en Nueva York que se sintió motivado por una de mis charlas para seguir adelante con un negocio que hacía tiempo deseaba emprender, pero que siempre había aplazado debido a la vacilante sensación de que no podría hacerlo funcionar. Una vez animado a empezar, se encontró con que el avance era lento y difícil. Era, sin embargo, una persona persistente y trabajó mucho y duro, a pesar de lo cual era cada vez más evidente que empezaba a sentirse cansado y que le faltaba el entusiasmo. Entonces, mantuvimos una charla en la que perfilé lo que Maxwell Maltz solía llamar «el principio de la formación de imágenes». Le sugerí que empezara a activar inmediatamente la imaginación y se imaginara resultados fructíferos, hasta ver cómo su negocio alcanzaba un éxito tras otro y lograba buenos resultados. Este hombre demostró ser un excelente alumno de los principios científicos de la verdad, pues empezó a afirmar lo mejor, a visualizar lo mejor y pronto se encontró con una mejor cosa tras otra en su empresa.

Rezar, visualizar, energizar y realizar

Fue muy interesante e incluso inspirador, observar cómo este hombre empleó las técnicas de visualización dinámica que, junto con la dedicación asidua al negocio y largas horas de trabajo, más la concentración, empezaron a producir resultados definitivos. A partir de unos inicios humildes, avanzó continuamente hacia la creación de una empresa de éxito. Una vez que hubo sacado la empresa adelante, como un logro bien establecido, explicó que su éxito se basaba en una fórmula de cuatro puntos. Esa fórmula era: 1) rezar, 2) visualizar, 3) energizar y 4) realizar. Mediante esta curiosa explicación se refería, claro está, a que recibía guía y fortaleza mediante la oración. Luego, se hacía una imagen mental de lo que iba a emprender, como si ya fuese un éxito alcanzado. A continuación, le dedicaba una sostenida actividad energética. Y, finalmente, su experiencia demostraba una vez más que las imágenes mantenidas fuertemente en la conciencia, terminarán por realizarse en forma de resultados sólidos cuando estén apoyadas por el principio del intento continuo, vigorosamente aplicado. Así, no sólo pudo desarrollar motivación dinámica, sino también mantener esa motivación en funcionamiento para superar las diversas dificultades que se le presentaron.

El procedimiento de «rezar, visualizar, energizar y realizar» ejerce una profunda y poderosa fuerza en la experiencia del individuo que tiene el valor de emplearlo. Roy Burkhart vivió de acuerdo con este principio creativo, que fue aparentemente responsable de increíbles éxitos. Una experiencia puede servirnos como ejemplo del asombroso sistema de pensamiento que caracterizó su vida extraordinariamente fructífera. En una ocasión, en su ciudad natal de Columbus, Ohio, lanzó una campaña para una organización llamada Vecinos Mundiales, de la que ahora es jefe mi amigo John Peters. La función de esta organización consiste en desarrollar una atenta preocupación por los menos afortunados. Roy Burkhart organizó una enorme reunión en el viejo Memorial Hall de Columbus y me invitó como orador. Declaró, lleno de entusiasmo, que imaginaba notables donaciones de buena vecindad en esta reunión.

La sala se llena

Llegué a Columbus hacia las dos de la tarde del día en que se iba a celebrar el acto y encontré la ciudad bajo una fuerte lluvia. El acto debía empezar a las ocho de la noche. Los cielos encapotados prometían lluvia continua, que caía en cortinas mientras avanzaba corriendo desde el avión hasta el edificio de la terminal. Allí me salió a recibir Roy, con su sonrisa más entusiasmada.

—¡Qué magnífico verte! —exclamó, tomándome de la mano—. Qué bueno tenerte por Columbus. La sala está llena, llena.

—¿Qué quieres decir con que la sala está llena? —le pregunté, desconcertado—. ¿Quieres decirme que un auditorio de tres mil asientos se ha llenado ya a las dos de la tarde, de un día de lluvia, para un acto programado para empezar dentro de seis horas?

—La sala está llena —repitió—, llena hasta los topes y todo está preparado para un magnífico acto.

Entonces lo comprendí todo. La sala estaba llena en su mente. Se había formado una imagen mental de una sala llena a rebosar y de una multitud entusiasta.

Llegué a la sala, en Broad Street, a las ocho menos cuarto de la noche, bajo una tormenta de agua y viento. Medio empapado, subí al escenario y, ¿qué vi? Una multitud lo abarrotaba todo. No quedaba un solo asiento vacío y había gente de pie. Miré el aspecto de Roy, que estaba radiante. ¿Acaso estaba sorprendido? En lo más mínimo. Él ya se lo había imaginado, se lo había representado mentalmente, lo había visto con antelación. Entonces me di cuenta de que antes de que se llenara la sala, eso ya había sucedido en la mente de un hombre que había rezado, se había formado una imagen mental del acto, había empleado su energía para que así fuese y, finalmente, tras ímprobos esfuerzos por su parte, se había convertido en una realidad. Quedé tan impresionado que, incluso ahora, no dejo de asombrarme ante el extraño y maravilloso poder de «la formación mental de imágenes», que pone alas, verdaderas y poderosas alas bajo el principio de intentarlo y volverlo a intentar. Después de aquello, cada vez que surgía alguna dificultad, recordaba a Roy y su frase: «La sala está llena», y eso era suficiente para mantener en funcionamiento el principio positivo.

La técnica de la visualización depende para su validez de un estudio cuidadoso y meticuloso, de la aplicación de una actividad y un esfuerzo diligentes. Pero siempre debe haber implicada una actitud mental de fe inteligente y positiva para que las fuerzas del éxito se activen hacia un proceso de logro. De todas

140

esas fuerzas, la más básica y poderosa es la de la imaginación o el ejercicio de configurarnos una imagen viable y efectiva.

Se visualiza a sí mismo como ganador

Ocurrió en el Club Campestre Bellerive, en St. Louis, en el campeonato de golf Open de Estados Unidos, en 1965. Anunciados en el gran tablero aparecían los nombres de los grandes jugadores de golf, todos ellos ganadores de los Open anteriores.

Un hombre estaba de pie ante el tablero con su lista de ganadores destacados. El último nombre de la lista era Ken Venturi, que había ganado el codiciado premio el año anterior. Había un espacio en blanco, reservado para el campeón de 1965, todavía desconocido. Pero el hombre que contemplaba el tablero, un golfista de Sudáfrica, vio un nombre en ese espacio en blanco. Y ese nombre era el suyo: Gary Player.

Ya había ganado el Open británico de 1959, el prestigioso Masters en 1961 y la codiciada copa PGA en 1962. Pero hasta ahora no había conseguido ganar el elusivo Open de Estados Unidos. Cuando Gary Player ganara esa competición estelar, se convertiría en el tercer hombre que ganara el Grand Slam de golf. Los otros dos eran Gene Sarazen y Ben Hogan, figuras inmortales en el ámbito del golf.

En su emocionante libro titulado *Gary Player, golfista mundial*, de Gary Player, con Floyd Thatcher (copyright © 1974, usado con permiso de Word Books, Publisher, Waco, Texas) y en su primer capítulo, titulado «Visualizar la victoria», Gary dice: «Vi algo que nadie más pudo ver». En ese texto escribe:

Durante toda la semana había estado leyendo y estudiando *El poder del pensamiento positivo*, de Norman Vincent Peale, y lo que en él decía tenía mucho sentido para mí. Sus palabras sobre «visualizar la victoria» estaban profundamente grabadas en mi mente. Ésa había sido mi pauta durante muchos años, pero ahora resultaba que las técnicas para visualizar un objetivo surgían de forma concreta.

Jugué muy bien, a pesar del intenso calor. Después de quince hoyos, la ventaja sobre Kel Nagle se había ampliado a tres golpes. Recuerdo que caminé por la calle 15 acompañado por el señor Hardin, de la Asociación de Golf de Estados Unidos y él dijo: «Bueno, parece que lo tienes todo bien amarrado». Recuerdo que le respondí: «No, eso nunca se puede decir hasta que se haya jugado la última bola». ¡Y tenía mucha razón!

En el 16, mi palo de madera 4 dio justo en un búnker. De algún modo, eso pareció desencadenar el desastre y antes de terminar el hoyo había cometido un doble *bogey*. Para empeorar las cosas, mientras salía a la calle, llegó la noticia por el *walkie-talkie*: Nagle había conseguido un *birdie* en el 17. Mi ventaja de tres golpes se había disuelto y ahora estábamos empatados. Aquel era el momento culminante y lo sabía.

Pero, mientras me concentraba, la parte positiva de mi mente empezó a hacerse cargo de todo. Tenía que conseguir cuando menos un par en el 18 para seguir empatado con Kel, pero un *birdie* me daría la ventaja de un golpe que necesitaba para ganar. ¿Por qué no intentarlo?

El 18 en Bellerive es un par 4 bastante duro, con árboles a la izquierda y montículos a la derecha. Mi pelota cayó en excelente posición, en el lado derecho de la calle y un segundo golpe con el hierro del 5 la dejó sobre el césped, a sólo cinco metros del hoyo. Entonces, llegó ese gran momento de la verdad. Después de estudiar el césped, estudié atentamente el golpe y, al aplicarlo... la pelota se movió justo a lo largo de una línea que iba directa hacia el hoyo, pero vaciló y se detuvo justo un poco antes. Es cierto que el golf es un juego de centímetros, pero esto era irreal.

El fácil golpe final me aseguró un empate con Nagle a 282 golpes, dos sobre par y nos preparamos para un desempate a 18 hoyos, que jugaríamos al día siguiente. ¿Visualizar la victoria? Seguía haciéndolo, pero aún tendría que esperar.

Al día siguiente, acudí al desempate sintiéndome bien y golpeando bien. Después de cuatro hoyos, me adelantaba a Nagle por un golpe. La presión que sintió al lanzar hacia el número 5 debió de haber sido tremenda, pues el desastre se abalanzó sobre él. El *drive* de Kel se arqueó mal y golpeó a una espectadora directamente en la cabeza. La sangre manó del golpe y la mujer cayó al suelo, inconsciente. Intenté tranquilizar a Kel: «No te dejes afectar por esto», le dije. Pero, evidentemente conmocionado y enervado golpeó la pelota arrancando la hierba y esta vez le dio a otra mujer en el tobillo. Los trece hoyos restantes se deslizaron sin gran emoción, al menos en comparación con lo sucedido en el quinto.

Los resultados después de dieciocho hoyos: Player, 71; Nagle, 74. El Open de Estados Unidos, el principal campeonato de golf del país, era mío..., todo mío. No había sido ganado por un jugador extranjero desde que Ted Ray ganó el título en 1920, es decir, cuarenta y cinco años antes.

Con esta victoria me había situado a la altura de Gene Sarazen y Ben Hogan. Ahora había tres miembros en el exclusivo club del Grand Slam... y yo era uno de ellos. Seguramente, ése fue uno de los momentos más felices de mi vida.

Así pues, finalmente, el nombre de Gary Player quedó inscrito en aquel tablero donde el campeón lo había visualizado. Lo que visualizó se había hecho realidad. Naturalmente, ninguno de estos grandes logros había quedado limitado a la práctica mental. Player trabaja. Siempre ha trabajado, esforzándose continuamente por mejorar sus golpes, su postura y todo su rendimiento. Hace unos pocos años, en una ocasión en que estuve en su país, quise ponerme en contacto con él, que estaba por esa misma época en su casa, pero mi llamada telefónica no consiguió encontrarlo. A la mañana siguiente, muy temprano, quizá a las siete y media, volví a llamarlo desde el aeropuerto, para descubrir que había salido de casa una hora antes. ¿Qué había ido a hacer? Se había marchado al campo de golf, a practicar. Al trabajar siempre para mejorar, al esforzarse siempre por alcanzar mejores resultados, el gran golfista del Grand Slam poseía un historial deportivo realista en el que apoyarse para realizar el extraordinario poder de la visualización.

En la experiencia de este gran atleta también actúa un poder que ha obrado maravillas en su larga y extraordinaria carrera. «La fe —dice— es la fuerza más dinámica y vitalizadora que hay en mi vida..., fe en Dios, fe en los demás y fe en mí mismo. Esas tres cosas son inseparables, al menos para mí.» A lo largo de todos los esfuerzos y las vicisitudes de una competición intensa, Gary Player nunca ha perdido la inspiración, la motivación y la habilidad y siempre ha mantenido en funcionamiento el pensamiento positivo.

El método del esfuerzo relajado

El tipo de intento que obra maravillas también debe implicar el mantenimiento de una actitud relajada respecto del esfuerzo, cuando eso sea lo más indicado. Son muchas las personas sinceras y conscientes que emplean mucha energía en esforzarse cada vez más duro para alcanzar sus objetivos, pero que finalmente llevan sus energías hasta un punto de ruptura, sin alcanzar aquellos objetivos a los que han dedicado hasta el último gramo de su fortaleza. Se transforman así en víctimas de la sobrepresión y, en consecuencia, del estrés excesivo. En tales circunstancias, el problema consiste en emplear un probado método de relajación, lo que se llama el enfoque de «hacerlo fácilmente».

Dicho método consiste en romper deliberadamente la tensión que produce un esfuerzo constante y tenaz, que no se desvía de su propósito, la obstinada fuerza de la voluntad, la persistencia impulsora, dejando escapar para ello un poco de tensión. En la presión o en la insistencia excesiva y rígida acecha el peligro de esforzarse demasiado duramente, de pasarse en el esfuerzo; el flujo creativo, vital para hacer cualquier cosa bien hecha y de un modo competente, puede quedar entonces subordinado a lo anterior. La consecuencia de ello es que se deja de trabajar o de rendir con eficiencia.

Recuerdo un hermoso día de invierno en el campo, en nuestra granja de Quaker Hill, en el que trabajaba duro en la redacción de un artículo, cuya fecha de conclusión se acercaba con exigente inmediatez. Empecé a trabajar al amanecer, mucho antes de tomar el desayuno, con la decidida actitud de terminarlo al mediodía y enviarlo en el correo de la tarde. Ése fue el programa de impulso duro, en el que no estaba dispuesto a tolerar ninguna desviación de mi propósito.

«Se puede hacer cualquier cosa si se trabaja y se sigue trabajando, si se intenta y no se deja de intentarlo», me dije a mí mismo al ponerme a trabajar. Todo fue bien durante un tiempo y, en efecto, hice un gran progreso. Las palabras parecían salir como soldados, ya ordenadas para expresar mi pensamiento. Había un flujo rítmico en las ideas y todo parecía estar cobrando forma para dar como resultado un bonito artículo. «¡Vaya! —exclamé para mis adentros—. Esto lo voy a terminar muy rápidamente.» Pero, como suele suceder, el orgullo aparece antes de la caída. De pronto, se me acabó la inspiración y, para mantenerla, tuve que redoblar mis esfuerzos. Apliqué mis ya vacilantes energías a la tarea, pero finalmente tuve que admitir que había llegado a un punto muerto. Las ideas habían dejado de fluir, las palabras parecían confusas, las frases apenas me salían después de grandes esfuerzos y, en realidad, no eran tan fluidas como antes.

Finalmente, dejé el lápiz sobre la mesa, me levanté, caminé de un lado a otro de la habitación y luego me volví a sentar, firmemente decidido. «Voy a seguir con esto hasta terminarlo. Le dedicaré todo el día si fuese necesario, pero voy a terminar este trabajo y punto.» Pero no encontraba la forma de seguir adelante. La inspiración había huido y lo que había iniciado con tan magníficos auspicios quedó finalmente detenido, sin inspiración y con abatimiento.

Al mirar por la ventana, hacia el nevado paisaje, vi las blancas colinas silueteadas contra el claro cielo azul. Copetes de nieve colgaban de los pinos, como torundas de algodón. Por todas partes, la nieve relucía como una miríada de diamantes desperdigados por una invisible mano gigantesca. Era uno de esos perfectos días de invierno, fríos y claros como el cristal. «¿Qué estoy haciendo encerrado en esta casa —me pregunté—, esclavizando mi vida, cuando podría estar ahí fuera, disfrutando?»

Caigo en el río

Dejé los papeles a un lado con un gesto de exasperación, me puse el anorak para protegerme del viento, un gorro de piel, unos guantes cálidos y me dirigí a la puerta de la cocina. Allí estaba esperándome pacientemente mi enorme perro Tonka, preparado para dar un paseo. Tonka y yo nos dirigimos a través del prado, cubierto ahora por más de treinta centímetros de nieve; descendimos por un valle y cruzamos otro prado, con un esfuerzo que me hizo sudar a pesar de los quince grados bajo cero. En los bosques, los oscuros troncos de los árboles resaltaban con fuerza contra el brillante blanco. Tonka y yo nos detuvimos para escuchar el canto del viento, que extrañamente no pareció interferir con la profunda quietud. Con la lengua fuera, el perro miró y escuchó. Yo hice lo mismo, casi con la lengua colgando.

Continuamos la marcha y pasamos junto al enorme y viejo cobertizo rojo, uno de los más antiguos y grandes del condado de Dutchess, hasta que finalmente nos encontramos junto al pequeño río que desciende las cascadas en cuatro saltos, desde su fuente, en lo alto de las colinas de Connecticut. Quizá fuese más un riachuelo que un río; en realidad era un «riacho», como lo llamábamos cuando era un muchacho, en Ohio. En cualquier caso, estaba cubierto de hielo hasta las orillas. Observé cómo Tonka cruzaba con facilidad el hielo, hasta un lugar situado en la otra orilla donde había un remanso de agua fría del que bebió con evidente placer. Lo envidié, pues aquel agua parecía fresca y buena, pero al haber leído numerosas y recientes historias sobre aguas contaminadas, me aguanté la sed.

Tonka, que debía de pesar sus buenos 75 kilos, había cruzado el hielo con tanta facilidad, que decidí seguirlo. Descubrí, sin embargo, que tiene que haber una diferencia notable entre cuatro patas y dos pies pues, a mitad de camino, el hielo se partió y caí en el agua helada, que en aquel lugar sólo debía de tener un metro de profundidad. Me esforcé de regreso hacia la orilla y luego me debatí a lo largo de dos kilómetros y medio, cruzando la pesada nieve y subiendo la colina, seguido por el comprensivo y leal Tonka. Aunque el ejercicio me había mantenido caliente, tuve la precaución de envolverme en un cálido batín ante la chimenea encendida, mientras me tomaba una copiosa bebida de limonada hirviente. «Te vas a resfriar de veras», me advirtió Ruth y a mi mente acudieron visiones de la neumonía que ponía punto final a mi carrera «literaria».

Pero, de repente, como una luz que se hubiese encendido en mi cabeza, surgió la idea que tanto y tan inútilmente me había esforzado por encontrar antes. Los pensamientos empezaron a fluir de mi mente como aquella corriente helada en la que me había caído.

Regresé de inmediato al despacho y empecé a escribir tan rápidamente, que el artículo quedó terminado, efectivamente, antes del almuerzo y a las cuatro ya estaba mecanografiado y enviado por correo.

No quiero decir con ello que uno tenga que salir al campo nevado y caerse en un río cuando falla el intento por hacer algo, sobre todo si el agua está helada. Pero es bien cierto que la sabiduría indica tomarse un respiro cuando uno se siente sometido a una presión excesiva, dar un rodeo y disminuir o detener el esfuerzo excesivo. El intentarlo relajadamente, lo que supone una combinación de esfuerzo y ruptura de la tensión, restaura el equilibrio de pensamiento y eso permite que los conceptos y la expresión fluyan de nuevo libremente. De hecho, puede tener el efecto de restaurar la correlación mental y física de una persona y, de ese modo, volver a captar la efectividad que el esfuerzo intenso puede haber obstaculizado.

Drama en una serie mundial

Un viejo amigo era un famoso *pitcher* hace unos pocos años, cuando los Dodgers todavía estaban en Brooklyn. Carl Erskine alcanzó un récord al haber logrado la mayor cantidad de *strikeouts* en una serie mundial, un récord que se mantuvo durante muchos años.

A menudo, hablé con Carl acerca de la relación entre la tenacidad en los intentos y el peligro de sobrepasarse, como tiende uno a hacer cuando se encuentra bajo presión. Él me indicó la importancia de la habilidad mental para «alejarse en el pensamiento» momentáneamente, hacia un ambiente de serenidad, incluso en medio de un juego duramente disputado.

Me habló de una ocasión, en un día extremadamente caluroso, en el que aumentó la presión y él se sintió muy cansado. Mientras caminaba alrededor del puesto de *pitcher*, frotándose las manos y limpiándoselas en los pantalones, regresó mentalmente a una mañana de niebla en la que él y otro *pitcher* estaban pescando y a través del agua llegó hasta ellos el canto de una congregación matinal de fieles que rezaban. Cantaban un viejo himno de paz y quietud. En los pocos segundos transcurridos en este «viaje del recuerdo», Carl recuperó la fortaleza y la postura y volvió a rendir con efectividad, incluso sobrándole energía para ello.

En otra ocasión, se encontraban en el quinto tiempo del quinto juego de una serie mundial y Carl Erskine estaba en el montículo por los Brooklyn Dodgers. Resultó que ese día también era el quinto aniversario de boda de Carl y Betty. Carl lo había hecho bien y había acumulado una ventaja de cuatro a cero a favor de los Dodgers. Quizá el *pitcher* se estaba esforzando demasiado y se sentía excesivamente presionado, con el resultado de que a menudo perdía el ritmo. Fuera cual fuese la causa, lo cierto es que el equipo contrario empezó a conectar con la pelota y logró hacer dos carreras con dos hombres en la base. Tenso, Carl lanzó una bola rápida hasta el siguiente jugador contrario, que no tardó en atraparla y devolverla. Eso situó a los Yankees por delante, con un cinco a cuatro.

En la ruidosa confusión que siguió, el director del Brooklyn, Charlie Dressen, uno de los mejores directores y estudiosos de la naturaleza humana, se acercó lentamente a donde Carl esperaba, abatido. Dressen le tomó la pelota a Carl, la lanzó un par de veces a lo alto, dio una patada al polvo y luego dijo, sorprendentemente: «Carl, ¿no es hoy tu quinto aniversario de boda?». Asombrado, Carl contestó: «Sí, señor Dressen, es nuestro quinto aniversario de boda».

«Bueno, entonces, ¿no vas a invitar a Betty a cenar esta noche?», preguntó Dressen.

Creo que todos nos hemos preguntado alguna vez qué es lo que se dice en esas dramáticas conferencias celebradas entre el *pitcher* y el director en los momentos de crisis de un partido de béisbol. El propio Carl se sintió extrañado. Miró a su alrededor y observó el gran estadio, repleto con setenta mil enfervorizados seguidores, y allí estaba su director hablándole tranquilamente de llevar a su esposa a cenar en el aniversario de su boda. «Sí, señor Dressen, esta noche invitaré a Betty a cenar para celebrar nuestros cinco años de matrimonio».

Entonces, Dressen le devolvió la pelota a Erskine. «Tú eres mi hombre, Carl. Termina este juego antes de que anochezca». En los seis tiempos que siguieron de aquel partido de la serie mundial, salieron a batear diecinueve jugadores contrarios, pero ninguno de ellos llegó a la primera base. Los Dodgers completaron dos carreras más y el partido terminó con una victoria para Erskine por seis a cinco.

Dressen sabía muy bien lo que estaba haciendo. Con una consumada comprensión, fe y psicología, distrajo a un *pitcher* que se estaba esforzando demasiado y que, en consecuencia, se sentía presionado. Este capaz director sabía que su hombre tenía la habilidad y el control necesarios para ganar aquel juego siempre y cuando consiguiera relajarlo. Y eso fue lo que hizo mediante un sencillo método de diversión, humano pero extraordinariamente hábil. Utilizó las simplicidades y la nostalgia de una relación amorosa de tal modo que distrajo al jugador, lo alejó por un instante de la tensión y restauró en él un control relajado y poderoso. De ese modo, renovó en Carl el poder para mantenerse en funcionamiento bajo presión.

Que Dios te ayude a intentarlo

Recibí de Dorothy Sheckels, una de mis lectoras, un hermoso colgante de pared hecho en punto de aguja. Es un trabajo exquisito, hecho por una mujer que ha pasado por muchos problemas, incluida una mala salud. Siempre intentó encontrar un estilo de vida mejor y más útil. Después de un largo período de circunstancias frustrantes, se volvió hacia Dios, diciéndole: «Dios mío, si no puedes cambiarme, entonces utilízame tal como soy».

Se le ocurrió entonces la idea de empezar a hacer bordados para la familia y los amigos y, con el tiempo, se convirtió en toda una experta. Luego, alguien le pidió que le hiciera un trabajo de bordado, pero su primera reacción fue la de que no podía hacer algo tan exigente. No obstante, estudió y lo intentó una y otra vez. Había aprendido a permitir que Dios la ayudara y, en consecuencia, mejoró asombrosamente en su quehacer. Y, con ello, mejoró todo su estilo y su forma de vida.

Cito este incidente porque el trabajo de bordado que me envió expresa un atractivo pensamiento de sutil sabiduría: no trates de hacerlo todo por ti mismo, y permite que Dios lo haga a través tuyo. La obra, dice en letras bordadas de modo muy hermoso:

> Fíate de Jehová de todo corazón,
> y no te apoyes en tu propia prudencia.
> Reconócelo en todos tus caminos,
> y Él enderezará tus veredas.
>
> (Proverbios, 3, 5-6)

Esta mujer, en circunstancias menos dramáticas en las que se encontraron las figuras deportivas antes descritas y en un ambiente cotidiano, como aquel en el que nos hallamos situados la mayoría de nosotros, aprendió un gran secreto: no intentar nada demasiado intensamente y dejar que Dios nos ayude. Al seguir esta práctica, el resultado es, inevitablemente, una guía inesperada en forma de percepciones renovadas. Edison tenía un cartel en su laboratorio en el que se leía: «Hay una forma mejor de hacerlo: encuéntrala». Esa mejor forma se ve bloqueada a menudo por las actitudes tensas y estiradas. En un caso así, las percepciones requeridas no llegan. En la conciencia siempre hay ideas capaces de cambiar su vida y de mejorar mucho su rendimiento. La mejor forma que he encontrado para permitir que esas mejores ideas fluyan es a través de la fe, permitiendo así a Dios, que le hizo a usted, que ahora lo rehaga mediante la normalización de toda su personalidad. Luego es cuando realmente empiezan a suceder cosas creativas.

Según dijo un hombre: «Descubrí que no podía hacerlo muy bien, pero en cuanto me asocié con Dios, Él y yo conseguimos hacerlo verdaderamente bien».

Se pueden obrar maravillas si sólo lo intenta, lo cree y continúa adelante.

Este capítulo ha resaltado los siguientes e importantes puntos:

1. Nunca sabrá qué grandes cosas puede hacer hasta que lo intente de veras.
2. Quédese ahí, continúe lo que hace, repítalo, siga adelante.
3. Intentar algo en un proceso continuo, mantenido a un alto nivel, es una forma muy viable de lograr un objetivo.
4. Utilice el extraordinario poder de la imaginación, la técnica creativa de hacerse imágenes mentales, para que el intento sea más efectivo.
5. Rezar, visualizar, energizar y realizar.
6. Imagínese su objetivo: «véalo» claramente en proceso de formación, convirtiéndose ya en un hecho.
7. Practique hasta lograr el principio del intentarlo relajadamente.
8. Cuando al intentarlo se encuentre en un punto muerto, distraiga la mente, rompa la tensión. Las ideas volverán a fluir de nuevo.
9. Permita que Dios le ayude a intentarlo. Los expertos se hacen gracias a este procedimiento.
10. Mantenga siempre en funcionamiento el principio positivo.

Octava forma
de mantener en funcionamiento
el pensamiento positivo

CÓMO REACCIONAR
CREATIVAMENTE
ANTE SITUACIONES INQUIETANTES

«Todo el mundo tiene en su interior..., ¿cómo podría llamarlo?...,
una buena noticia.» (Hermana Mary Corida.) Observé esta notable y reflexiva afirmación enmarcada y colgada en la pared de
una hermosa casa en Bermudas. Discutí el significado de estas
provocativas palabras con el comandante Geoffrey Kitson, el
propietario de la casa. Llegamos a la conclusión de que, en efecto, cada uno de nosotros tiene una gran noticia en lo más profundo de su ser. Esa gran noticia es el hecho de que, con ayuda
de Dios, poseemos lo que necesitamos para afrontar todas las
situaciones inquietantes y para reaccionar creativamente ante
ellas.

Así, mientras lee este libro, si se encontrara ante una situación inquietante, el mensaje que le transmito, bien alto y claro,
es que puede manejar esa situación con efectividad. Y si esa
situación inquietante le ha agotado y quizá le ha privado de su
fe, vuelva a echar mano del principio positivo y, esta vez, manténgalo en funcionamiento. Un reaprovisionamiento de fe en sí
mismo y en Dios le permitirá seguir adelante con un creciente
valor. Se le ocurrirán nuevas percepciones y una fuerte captación
de la situación, por muy compleja y difícil que ésta pueda parecer. Y utilizamos el término «que pueda parecer» porque, general-
mente, la solución a cualquier problema, buena o de cualquier
otro tipo, depende de cómo nos planteamos el problema. La ma-

153

yoría de soluciones vienen determinadas, en primer lugar, por la perspectiva mental. Así pues, adopte una perspectiva fuerte y positiva ante una situación hasta ahora inquietante y aplique el principio positivo, para reaccionar creativamente ante ella.

Consideremos primero una situación que parece surgir periódicamente, una situación en la que pueden encontrarse muchas personas durante las recesiones económicas o los reajustes empresariales: la de quedarse sin trabajo remunerado. Ésta es una situación que puede ser terriblemente inquietante. Difícilmente expresó nadie este problema con un mayor patetismo, durante el último período de recesión, que un padre de nueve hijos que escribió la siguiente nota para el periódico (Edward B. Furey, Poughkeepsie, N. Y., *Journal*, reimpreso de *Moneysworth*):

SIN TRABAJO Y ASUSTADO

Permítanme que les cuente lo que significa para un hombre tener cincuenta y dos años y quedarse sin trabajo.

Como mando intermedio recientemente despedido de una división de una de las primeras 500 empresas estadounidenses, he enviado más de 150 currículos, de los que menos del diez por ciento se han molestado en contestar y, de ellos, el cinco por ciento solicitaban información adicional, mientras que menos del cuatro por ciento tuvieron como resultado el concertar una entrevista personal. En ninguno de los casos obtuve un puesto de trabajo.

Como veterano de infantería de la Segunda Guerra Mundial en el Pacífico sur, poseo alguna experiencia por lo que se refiere al temor y cómo lo afrontan los hombres. Me gusta tener la sensación de que no me asusto ni más ni menos fácilmente que el vecino, pero en estos tiempos tener cincuenta y dos años y no tener un puesto de trabajo es para estar muy asustado, hasta la médula de los huesos. Cada día empieza con lo mismo y acaba con lo mismo. Esa situación lo invade todo. Es algo entumecedor, capaz de nublar la mente.

Las cosas que antes se daban por sentadas, ahora se desmoronan. Ya no se puede pagar el seguro de hospitalización y, por primera vez en 28 años, uno y su familia se encuentra desprotegido contra cualquier emergencia médica. Es incapaz de efectuar los pagos del seguro de vida. El banco con el que tienes contratada la hipoteca te advierte que está considerando extinguir tu derecho a redimirla. Las facturas de los servicios no se pueden pagar y uno tiene que mantener los vitales sólo mediante pagos parciales, consciente en cada momento de que el tiempo se te acaba.

Supone decirle a un magnífico hijo de catorce años, que no tienes los cinco dólares que le debes por las magníficas notas que ha traído a casa.

Supone pasar junto a los comerciantes locales en la calle y tener una sensación de azoramiento, al preguntarte en cada ocasión cuándo podrás pagarles lo que les debes.

Supone sentir la desintegración de la propia confianza en uno mismo como hombre y en la propia capacidad para proteger a tu familia del desastre económico.

Supone envidiar prácticamente a todo el mundo que tiene un puesto de trabajo, cualquier trabajo.

Supone observar la duda en las caras de tus hijos acerca de qué está sucediendo en su hogar, cuando hay tantos otros amigos suyos que no se están viendo afectados.

Supone añadir una dimensión aplastante a las naturales dudas sobre uno mismo, que forman parte del proceso de envejecer.

Supone aguardar en silencio en las colas de desempleados, junto con otros miembros de la fuerza laboral sobrante, a la espera de firmar para cobrar tu cheque de desempleo.

Supone ver qué aspecto tiene el barrio a las diez y media de una mañana del martes.

Supone sentirse avergonzado de contestar al timbre de la puerta o del teléfono a esa misma hora.

Y a últimas horas de la noche, cuando el hogar ha quedado en silencio y apagas la luz del dormitorio, supone sentirse solo, más solo de lo que jamás te habías sentido nunca. Supone quedarse allí, mirando la oscuridad, preguntándote si vas a perder la casa por la que has trabajado toda tu vida, el hogar que representa la única posesión que has podido acumular en treinta años de trabajo y de creación de una familia.

Y, finalmente, supone quedarse despierto en la cama, a la espera del amanecer de un nuevo día.

Aparte de la cuestión de las condiciones económicas que permiten que en nuestra sociedad sucedan tragedias como ésta, nuestro análisis aquí se limita al problema de cómo una persona puede reaccionar creativamente para afrontar una situación tan inquietante. Quizá el primer paso sea recordarle a esta persona que todavía posee, dentro de sí misma, «una buena noticia» y que, en consecuencia, hay una respuesta, que se puede encontrar una solución. En consecuencia, un procedimiento básico consiste en empezar y continuar con toda resolución una afirmación de que la situación no es, en modo alguno, desesperada. Esa afirmación debe contener una declaración positiva, repetida constantemente. Quizá la siguiente fórmula pueda servir como guía: «Con la ayuda y la guía de Dios puedo encontrar una solución creativa a esta situación y ahora voy a conseguir esa solución».

Repita esta afirmación hasta que, por un proceso de ósmosis intelectual, la idea se instale en el inconsciente y sea aceptada como un hecho. Luego, inmediatamente, se pondrán en marcha fuerzas positivas, que producirán la realización de esa misma afirmación.

Recuerde que una afirmación negativa también es extremadamente poderosa, de modo que si afirmara y continuara afirmando resultados de fracaso, la mente funcionará de una manera similar para realizar así una pauta de fracaso.

En consecuencia, el primer paso consiste en desarrollar una conciencia de su propio e inherente poder creativo que tiene incorporado; el segundo paso es afirmar positivamente que no sólo es posible alcanzar resultados fructíferos, sino que ahora mismo están actuando poderosa y creativamente en su conciencia y ya se están materializando.

Véalo con serenidad, sin pánico

Un tercer paso para afrontar una situación inquietante consiste en quitarle vapor y enfriarla, calmarse y resistirse a dejarse arrastrar por cualquier tipo de pánico. Este procedimiento es tan importante que podríamos situarlo adecuadamente como el primer paso. Pero tanto si es el primero, como el segundo como el tercer paso, cuando se enfrente con una situación inquietante es absolutamente vital no dejarse arrastrar nunca, nunca, por el pánico. Soy muy consciente de que evitar el pánico dista mucho de ser fácil. En momentos de dificultad y crisis, la tendencia consiste en reaccionar siempre emocionalmente y el proceso de serenidad mental exige disciplina, algo que no se puede aplicar fácilmente cuando la mente se siente agitada o alarmada, amargada o colérica o condicionada emocionalmente de cualquier otro modo.

No obstante, necesitamos ser sensiblemente conscientes en todo momento de que la mente humana no puede funcionar de la mejor forma cuando está abrumada por una emoción ardiente y excesivamente tensa. Sólo cuando la mente logra un estado de fría serenidad, podrá funcionar de una manera suave y bien organizada. Sólo entonces producirá esas percepciones desapasionadas, racionales y objetivas capaces de conducir al encuentro de las soluciones. Al afrontar una situación inquietante, el objetivo es mantenerse mentalmente sereno, pues para enfrentarse con una situación así, uno tiene que pensar, y el pensamiento es algo que únicamente se logra de una forma efectiva cuando mantenemos las emociones bajo un control estricto.

Un hombre que pasó por una difícil experiencia de desempleo (y pensé en él cuando leí la nota publicada en el periódico que se ha reproducido antes), me habló de una fórmula fructífera que utilizó para serenar la mente y doblegar la emoción, que le ayudó inconmensurablemente a aumentar al máximo su capacidad para pensar y, en consecuencia, para actuar de forma constructiva. Su fórmula o método consistió en «revisar mentalmente» afirmaciones como las siguientes: «Tú guardarás en completa paz a aquel cuyo pensamiento en ti persevera» (Isaías, 26, 3). «Venid a mí... y yo os haré descansar» (Mateo, 11, 28). «En quietud y en confianza será vuestra fortaleza» (Isaías, 30, 15).

Era un hombre bastante ingenioso desde el punto de vista de la cultura mental, en la medida en que era capaz de reconstruir o recordar mentalmente las escenas más serenas y pacíficas que hubiese experimentado en su vida. Ejemplos de ello fueron un puente cubierto en Vermont, en un hermoso día de otoño lleno de colorido; una remota playa en la costa de Maine, donde de muchacho pasaba los veranos en campamentos. Esta práctica de «serenidad memorizada», según él mismo la describía, parecía ejercer un efecto saludable que le permitía enfriar sus pensamientos y, en consecuencia, ser más capaz de considerar las cuestiones pertinentes de una forma más objetiva y desapasionada. Cuando somos capaces de pensar de esa manera equilibrada, contamos con mejores oportunidades de captar percepciones e ideas creativas que nos ayuden a salir de nuestros problemas.

Una persona que se deja arrastrar por el pánico debido a lo que considera como una situación desesperada, es muy probable que se muestre impaciente con una metodología científica antipánico como la que se acaba de describir. «Pero es que usted no conoce mi situación; no puede comprenderla realmente», quizá declare acaloradamente. Es una reacción comprensible que, además, merece nuestra simpatía. No obstante, y teniéndolo todo en cuenta, esa clase de actitudes no son válidas, pues muchas de las personas que han desarrollado el principio positivo y que cuentan con él en situaciones inquietantes, no se dejan arrastrar por el pánico sino que, antes al contrario, actúan de una manera inteligente y controlada.

El brazo del piloto, cortado

Acude a mi mente la horrorosa experiencia de Brian Steed (tomada de una historia publicada en *Guideposts*). Si alguien tuvo que afrontar una situación verdaderamente inquietante fue este piloto que pilotaba una avioneta ligera en las zonas aisladas de Canadá. Una empresa lo había enviado a explorar un lago silvestre que quería utilizar como posible base de aprovisionamiento. Había amerizado en el lago sin dificultades, pero cuando se dispuso a despegar contra el viento, el sombrero salió volando y cayó al agua. Era su sombrero favorito y no quería perderlo, de modo que hizo girar la avioneta hacia donde estaba flotando el sombrero y se acercó rateando lentamente. Descendió al pontón para recoger el sombrero, que sobresalía del agua y un ligero cabeceo le hizo perder el equilibrio. Los pies le resbalaron y salió disparado hacia delante, en dirección a la hélice.

Brian Steed sintió un fuerte golpe en el hombro y luego se encontró chapoteando en el agua. No sintió un dolor particularmente grande y llegó a la conclusión de que probablemente se había golpeado con algo. Pero notaba que el brazo derecho no estaba del todo bien, de modo que nadó con el izquierdo. Entonces, al intentar subir a la avioneta descubrió horrorizado que el brazo derecho había quedado completamente cortado por la hélice en marcha y que sangraba abundantemente a la altura del hombro. Se dio cuenta inmediatamente de que, a menos que pudiera hacer algo con rapidez, se iba a desangrar hasta morir. Se le ocurrió por un momento que quizá la muerte fuese deseable, pues ¿cómo iba a vivir sin su brazo derecho? Pero ese pensamiento desapareció rápidamente al recordar a su esposa y a sus hijos pequeños. Estaba claro que cada vez se sentía más débil y la sangre seguía brotando por el muñón del hombro. Se hallaba, verdaderamente, en una situación propicia para sentir pánico: el brazo derecho amputado, una grave e intensa hemorragia, a solas en una zona salvaje y lejos de cualquier ayuda.

¿Por qué no experimentó pánico en esta crisis? Resultó que el piloto era un hombre de poderosa fe, de verdadera fe. Sabía dónde encontrar una ayuda mejor que toda la humana. Encontró la fortaleza suficiente para subir a la carlinga. Ese ayudante le mostró cómo aplicar, con una sola mano, un torniquete improvisado que detuviera el flujo de sangre del hombro. Pilotó la avioneta para despegar y voló sin sentirse desfallecer en ningún momento hasta un campamento base, donde recibió ayuda de dos amigos que lo llevaron en otra avioneta hasta un hospital, donde le aplicaron el tratamiento adecuado.

El piloto Brian Steed dice de esta increíble experiencia, que podría haber sido completamente aplastante: «Muchas personas me han dicho que la mayoría de los pilotos se habrían dejado arrastrar por el pánico en las mismas circunstancias en las que yo me encontré. Quizá a mí me hubiera pasado lo mismo de no haber sabido la verdad que encierran las palabras: "Dios es nuestro amparo y fortaleza, nuestro pronto auxilio en las tribulaciones"». (Salmos, 46, 1)

Evidentemente, ese amparo estuvo mucho más presente cuando surgieron sus dificultades. Cualquiera puede sentir pánico, pero la gente que posee la calidad de fe que tuvo este piloto, es capaz de manejarlo y, por lo tanto, de afrontar creativamente cualquier situación inquietante, por muy aterradora que ésta pueda ser.

Resolvió un problema de desempleo

Al pensar en el hombre de cincuenta y dos años cuyo conmovedor artículo se incluye al principio de este capítulo, recuerdo un caso similar ocurrido hace años. Estoy escribiendo este capítulo en el Mountain View House, en las Montañas Blancas, un hermoso hotel propiedad de Schuyler Dodge, amigo desde hace tiempo, al que nuestra familia viene acudiendo desde hace años. El hotel da a la espectacular cadena Presidential, en New Hampshire. Aquí mismo, hace unos veinte años, recibí una llamada telefónica de larga distancia hecha por un hombre muy apesadumbrado. Eso sucedió poco después de que se publicara *El poder del pensamiento positivo* y ese hombre, que acababa de leer el libro, se sintió poderosamente impulsado a localizarme y llamarme. No lo conocía, de modo que, naturalmente, tampoco sabía nada sobre él.

Mientras escuchaba la historia de un empleo perdido y de los inútiles esfuerzos por encontrar un nuevo puesto de trabajo, sin resultado alguno, se me ocurrió pensar que quizá permitiéndole expresar el problema, tal vez él mismo desarrollara su propia solución, como sucede tan a menudo. Este hombre tenía la muy deseada capacidad de explicar un problema de forma organizada, algo que, indudablemente, indicaba que poseía la calidad de la exactitud. En ningún momento fue negativo, ni se quejó, ni me pareció amargado aunque, comprensiblemente, parecía inquietarle el no haber podido conectar con ninguna empresa, sobre todo desde que sus ahorros estaban prácticamente agotados. La sensación de ansiedad se puso de manifiesto en su forma de hablar, pero era controlada aunque, evidentemente, no sin esfuerzo.

Finalmente, le dije: «Mire, no sabe usted la respuesta a su problema y tampoco la sé yo, de modo que le sugiero que hagamos intervenir a un asesor, cuyos conocimientos son de la máxima calidad, y dejemos las cosas directamente en sus manos. Dejemos entonces que sea Él quien indique el camino».

161

El hombre comprendió de inmediato el significado de la sugerencia y dijo: «Está bien, hable usted con Él, en nombre de los dos».

Así pues, allí mismo, por teléfono, separado de mi interlocutor por dos mil kilómetros de distancia, envié una solicitud pidiendo la necesaria guía. En el supuesto de que en alguna parte hubiese un trabajo para este hombre, pedí que el hombre y el trabajo se encontraran. «Hágame saber lo que sucede», le dije y me sorprendió bastante su respuesta: «Tengo la extraña pero fuerte sensación de que va a suceder algo y pronto. Muchas gracias».

Luego, el principio positivo empezó a trabajar para producir un resultado inteligente.

Quizá unas tres semanas más tarde, recibí una llamada telefónica del mismo hombre, esta vez en mi despacho de Nueva York. Por lo visto, había encontrado trabajo en un restaurante, un tipo de trabajo completamente distinto al que había contemplado. No le permitía ganar ni mucho menos tanto como en su puesto anterior, pero era lo suficiente para seguir adelante. Y tuvo que haberlo hecho muy bien en este nuevo negocio porque más tarde adquirió dos restaurantes propios, que hizo funcionar con éxito hasta su muerte, unos diecisiete años más tarde.

Al preguntarle cómo le había surgido la oportunidad de trabajo, me contestó: «Fue todo muy extraño. Mire, yo estaba comiendo en ese restaurante y se me ocurrió pensar que parecía un local bien dirigido. Era de los baratos, pero todo estaba limpio y ordenado y, evidentemente, tenía que estar dirigido por alguien con imaginación. De repente, tuve la fuerte sensación de que me gustaría trabajar para ese alguien. —Vaciló un momento, antes de continuar—: Fue casi como si estuviese en casa, como si yo estuviera destinado a trabajar allí. El caso es que, al pagar la cuenta, pregunté si podía hablar con el dueño.

»Era un hombre afable y me di cuenta en seguida de que me estaba valorando. Fue algo más que una conversación superficial. Finalmente, el dueño me dijo: "Resulta curioso, pero el caso es que quizá haya llegado usted en el momento más oportuno. Acabo de perder a mi hombre de confianza, que murió hace diez días. Desde entonces no hago más que esforzarme por llevarlo todo yo solo, pero me siento perdido sin Ralph. Él siempre parecía saber qué era lo que tenía que hacerse en cada momento y siempre andaba por delante de los acontecimientos. ¿Sabe usted algo sobre este negocio?", me preguntó.

»Tuve que estar a la misma altura que él. "Nada, excepto principios empresariales generales —le contesté—. Pero su restaurante parece tener un cierto..., ¿cómo lo llamaría?, espíritu propio. Es diferente e imaginativo. Supongo que la mejor forma de dirigir un restaurante consiste en ofrecerle a la gente buena comida, en un ambiente agradable, a precios razonables y obtener un beneficio razonable por la inversión."

»El dueño sonrió al oírme decir aquello. "No está mal, no está nada mal. —Luego, siguió diciendo—: Estaba esperando a encontrar a la persona adecuada. [Mucho más tarde, cuando se hicieron amigos, confesó que había rezado para encontrar a esa persona.] Está bien, deme algunas referencias. ¿Está dispuesto a trabajar las muchas horas que exige este negocio?"

»"Estaré a su lado en todo momento —contestó mi hombre y luego añadió—: Tengo la sensación de que este trabajo estaba destinado para mí."»

Y, en efecto, así demostró ser, pues más tarde se convirtió en socio y luego, tras la jubilación del dueño, le compró su parte del negocio y, finalmente, adquirió un segundo restaurante. La explicación que daba de toda esta experiencia fue muy breve y, para él, representaba los hechos tal como sucedieron: «Alguien estaba de mi lado», dijo. Y nosotros podríamos añadir que también hay siempre alguien de su lado. No lo dude.

La gente que está en el meollo

Las personas que reaccionan creativamente ante las experiencias inquietantes demuestran siempre ciertas cualidades impresionantes. No sienten pánico, no se dejan emocionar, piensan con frialdad, desapasionada y objetivamente. Este tipo de personas adoptan un punto de vista positivo, rechazan los aspectos negativos, por poco propicia que parezca la situación y, sin excepción, tienen una fe que las sostiene y que las ayuda a mantenerse firmes al mismo tiempo que a activar el principio positivo.

Éste es el vigesimocuarto libro que he escrito, y en cada uno de ellos he resaltado fuertemente la fe espiritual como un factor necesario para vivir con éxito. Pero, de vez en cuando, alguien me escribe o me dice algo en el siguiente sentido: «Sigo sus sugerencias prácticas, pero paso por alto la cuestión religiosa». Esas objeciones únicamente las plantea una minúscula minoría, pero todavía quedan unos pocos que parecen abrigar la idea de que las técnicas espirituales son como una especie de aberración que se ha de diferenciar de todo lo que sea práctico.

Desde su anticuada perspectiva, quienes practican los principios de la verdad religiosa tienen una especie de rasgo «anacrónico». Antes al contrario, la gente que está en el meollo de las cosas, considera los conceptos espirituales como una forma verdaderamente científica de vivir. La ciencia, claro está, es una pauta de pensamiento basada en técnicas demostrables. En el campo del pensamiento, la ciencia no es menos válida que la ciencia en el laboratorio, pues en ambos casos se basa en fórmulas funcionales, demostradas y repetibles.

De hecho, actualmente se está cumpliendo la profecía hecha hace años por uno de los más grandes genios de la ciencia estadounidense, hasta el punto de que las personas expertas reconocen ahora la validez de los principios espirituales como procedimiento científico verificable. Esos principios funcionan cuando se trabaja para seguirlos. La fe produce resultados. La energía opera a través de la mente con la misma seguridad con que opera a través de los hilos. La comunicación llega directamente a la conciencia con no menos seguridad con que las imágenes de televisión se transmiten vía satélite.

El científico antes mencionado fue el famoso doctor Charles Steinmetz quien, cuando se le preguntó qué línea de investigación tendría el mayor desarrollo durante los siguientes cincuenta años, contestó:

Creo que los más grandes descubrimientos se harán en el campo espiritual. Algún día, la gente aprenderá que las cosas materiales no traen consigo la felicidad y que sirven de poco para hacer que los hombres y las mujeres sean creativos y poderosos. Entonces, los científicos de todo el mundo dedicarán sus laboratorios al estudio de Dios, de la oración y de las fuerzas espirituales, algo que apenas se ha empezado a hacer. Cuando llegue ese día, el mundo experimentará más avances en una sola generación de lo que ha experimentado en las últimas cuatro. (Reader's Digest)

Yo también he pasado por situaciones inquietantes

Al analizar la reacción a las situaciones inquietantes y cómo seguir adelante en circunstancias difíciles, no estoy tratando con una cuestión teórica, pues a mí también me han afectado problemas de ese tipo. Uno de ellos surgió después de que *El poder del pensamiento positivo* se convirtiera en un éxito de ventas, como se dice hoy en día, creo que un poco exageradamente, un best seller. El libro tuvo y sigue teniendo unas enormes ventas. Por alguna razón, eso provocó la ira de algunos clérigos de izquierdas y muy liberales. De hecho, su actitud violentamente hostil fue descrita por una revista como «la rabia de los intelectuales». En cualquier caso, la tenían tomada contra mí y me censuraron de frente y a mis espaldas, incluso hasta el punto de predicar sermones contra lo que coléricamente describían como «pealismo».

Antes de esta experiencia, yo siempre había creído que todos los ministros eran personas uniformemente caballerosas que, aun cuando estuviesen en desacuerdo con las ideas de uno y tuviesen opiniones fuertemente divergentes, no atacarían a un individuo como persona ni utilizarían un lenguaje duro e intemperado para fustigarlo. Y me apresuro a añadir que la gran mayoría de los clérigos son gente amable y considerada que, si tienen un punto de vista diferente, lo expresan con cortesía. Pero en los pocos que utilizan un lenguaje violento y amargado he encontrado lo que literalmente me ha parecido una asombrosa psicosis de odio que me parece realmente chocante.

¿Por qué se alteran tanto?

La justificación racional de toda esta reacción violenta era, cabe suponer, que el libro fue escrito en un estilo directo y simple y con formas de pensamiento realmente comprensibles por parte del hombre medio de la calle. De hecho, el libro se escribió para esa clase de persona y no para eruditos intelectuales supersofisticados, aunque quizá cualquier persona pueda utilizar sus principios en provecho propio.

Puesto que el punto de vista del libro era que, por medio de las actitudes positivas se pueden lograr mejores cosas en la vida y hacer un trabajo más constructivo sobre uno mismo, los críticos, que a veces bien parecen constitucionalmente negativos, pusieron el grito en el cielo ante la simple mención de la palabra «éxito», a pesar de que no tenía la intención de significar un montón de dinero o de conseguir que el propio nombre saliera en los periódicos. Puesto que si las cosas fuesen mejor, tanto para los individuos como para la sociedad, habría mucho menos que criticar, los negativistas suelen adoptar una visión prejuiciosa ante el concepto del pensamiento positivo. Y, finalmente, al haber alcanzado el libro tanto éxito desde el punto de vista editorial, en cuanto a ejemplares vendidos, ese elemento de fastidiosos celos que surgen cuando un colega es lo bastante afortunado como para que un proyecto le salga bien, puede afectar a veces a las actitudes, lo racionalicemos como queramos.

El caso es que, fueran cuales fuesen las razones y aunque quizá algunas críticas estuvieran bien fundamentadas, la barrera de oposición que se levantó contra mí fue formidable. Mis detractores me vapulearon por todos lados y crearon para mí una situación potencialmente inquietante. De hecho, me sentí desconcertado, algo herido y con dificultades para entender este maltrato de que era objeto, pues mi sencillo libro únicamente tenía el propósito de ayudar a la gente. Naturalmente, miles de personas amables acudieron en mi apoyo y me sentí sostenido y fortalecido por su confianza. A pesar de todo, nadie puede ser atacado, a menudo cruelmente como lo fui yo, especialmente por hombres de su misma profesión, sin sentirse muy inquieto.

Encontré el camino para superar la situación

La tendencia natural en una situación así es la de contestar, devolver lo mismo que se ha recibido. Algunos amigos me sugirieron: «Díselo con palabras que no puedan dejar de entender». Pero eso no me pareció aconsejable y, además, constituiría una negación de los principios de verdad que yo mismo creía y enseñaba. En consecuencia, aunque no sin cierta lucha personal, decidí seguir la política de poner en práctica activa los principios de la verdad científica que había sugerido como viales a los demás ante situaciones inquietantes.

1. Decidí no contestar las críticas ni ofrecer ninguna explicación, ni defenderme, sino asumirlo todo en silencio.

2. Decidí examinar cada crítica para valorar si era válida y, en tal caso, tratar de corregir mi propia postura. Por ejemplo, una vez, en Chicago, unos periodistas me mostraron un violento ataque que me dirigió el decano de la escuela de teología de Yale. Uno de los periodistas me lo leyó y me pidió que hiciera un comentario. Le contesté: «El decano es un hombre distinguido y si piensa de mí lo que ha afirmado, será mi deber volver a examinarme a mí mismo y mis enseñanzas». Al quedarse sin más leña que echar al fuego, se sintieron evidentemente desilusionados. Así pues, no hubo historia alguna en eso, al menos desde su punto de vista periodístico.

3. Hice todo lo posible por ser amable con mis enemigos. De vez en cuando publicaba una lista de libros recomendados y daba las más altas calificaciones a un libro escrito por uno de mis principales detractores. Eso lo hacía únicamente porque lo consideraba como un trabajo excelente. El libro era considerado desde una base objetiva y no emocional.

4. Seguí enseñando tranquilamente que el cristianismo es un estilo de vida científico, práctico y funcional, una filosofía de pensamiento y acción que puede ayudar a cualquiera, en cualesquiera circunstancias. Cada día, miles de personas aceptaban esas enseñanzas, en provecho propio, según indica la enorme cantidad de cartas de aprecio que recibo.

En cualquier caso, sobreviví a mis enemigos, o bien éstos terminaron por ver las cosas bajo una luz diferente o bien los puntos de vista que expresé obtuvieron una más amplia aceptación. El caso es que la oposición fue remitiendo poco a poco y muchos de los que en otro tiempo se opusieron violentamente a mis ideas escribieron que habían cambiado de opinión, no sólo sobre mis ideas, sino también sobre mí, personalmente. No necesariamente deseo o espero siquiera que la gente admita que estaba equivocada y que yo tenía razón. Lo que sí deseaba era demostrarme a mí mismo y quizá a los demás, que los principios de la verdad espiritual son viables y funcionarán cuando se trabaja verdaderamente en ellos. Era mi deseo demostrar de forma concluyente, sobre todo para mi propia satisfacción, que podía reaccionar de una forma creativa ante una situación inquietante. Y descubrí que, en efecto, podía, con ayuda de Dios, mantener operativo el principio positivo. El entusiasmo por el mensaje que me hallaba entregado a comunicar no se vio disminuido en lo más mínimo.

Cuando llega el dolor por la pérdida

Sucede que, debido a que mis escritos tienen que ver principalmente con problemas de naturaleza muy personal que afectan a las personas, recibo miles de cartas de individuos de todas partes, en las que me cuentan situaciones inquietantes a las que se enfrentan. Sentarse a leer, por ejemplo, cien cartas de esas, es algo profundamente conmovedor y puede ser incluso una experiencia desgarradora, pues esas cartas revelan el amplio panorama del sufrimiento humano. Cada Viernes Santo, por ejemplo, nuestra Fundación para una Vida Cristiana lleva a cabo una vigilia de oración de veinticuatro horas, que atiende de 25.000 a 40.000 peticiones de oraciones que nos llegan para ese día. Si uno deseara saber lo que perturba o inquieta a estas personas, tomar una muestra de esas comunicaciones le asombraría por la extensión y profundidad del sufrimiento y la ansiedad que prevalecen diariamente en todas partes. Al contemplar a una multitud de gente reunida en una iglesia, en un teatro o un estadio deportivo, no se observa evidencia alguna sobre la existencia de tales problemas. Una de las características de la persona sofisticada es la de disimular, la de no revelar los temores interiores y los problemas que la afligen. Pero para alguien cuyo trabajo consiste en abordar esas cuestiones de una manera comprensiva, se encuentra con toda la amplitud de la carga, vertida sin reservas. (Si puedo serle útil a cualquier lector, me pueden escribir a c/o Foundation for Christian Living, Pawling, N. Y., 12564.)

Una de las más agudas de todas las situaciones de inquietud es el dolor ocasionado por la muerte de algún ser querido. Apenas si hay otra forma de dolor mental que equivalga a esta intensa experiencia humana. Es un golpe, una conmoción, una devastación que penetra aguda e intensamente en la mente de la persona afectada. Esta experiencia, que es inevitable para todo el mundo, tiene que ser afrontada, cuando llega, con dignidad, fortaleza y comprensión. Pero eso, claro está, no es nada fácil de hacer. De hecho, es una situación inquietante de la que la recuperación y la curación de la mente puede constituir un proceso extraordinariamente difícil.

Para apoyar a una persona que sufre la conmoción del dolor por la pérdida de un ser querido, la forma más efectiva de ayuda es, sin lugar a dudas, una genuina transferencia de amor. Pero muchas personas admiten sentirse inadecuadas para expresar la preocupación y la simpatía que sienten realmente en circunstancias tan dolorosas. En realidad, las palabras no son vitalmente importantes; lo importante es transmitir el afecto que se siente mediante la actitud; eso es lo que contribuye a la curación.

Cuando era joven me llamaron para dirigir el funeral de una niña pequeña en Brooklyn, Nueva York. Era, por aquel entonces, el segundo funeral de mi todavía breve carrera como ministro y el primero que oficiaba para un niño. El cuerpo de la dulce niña yacía en un ataúd blanco. Recuerdo que iba vestida de blanco y tenía cintas rosadas en el pelo rubio. Realmente, me conmovió el corazón. Permanecí vacilante, tratando de decir algo que pudiera consolar a los abatidos padres jóvenes, pero no me salieron las palabras. Finalmente, crucé la sala dirigiéndome hacia la madre, que tenía veintiún años, y el padre, que tenía veintitrés. Impulsivamente, los rodeé con mis brazos y les dije, con voz entrecortada: «Escuchad, Jim y Helen... Escuchad y nunca lo olvidéis: Dios os ama». Eso fue todo lo que pude decir. Unos cuarenta años más tarde, el padre me dijo: «Cuando nos rodeó con sus brazos en aquel día tan terrible, supimos que nos amaba y también nos hizo saber, realmente nos hizo saber que el amor de Dios es real. Y, desde entonces, he amado a Dios y a usted». El amor que se transmitió entre nosotros aquel día enseñó a estos padres tristes y abatidos cómo seguir adelante en medio del dolor traumático de su pérdida.

El amor, el gran curativo

Las buenas palabras, la facilidad de discurso, un argumento sano e incluso las expresiones convincentes de fe..., nada de todo eso tiene tanto poder para transmitir calor como la expresión de una genuina y amorosa amistad. De hecho, he tenido a menudo la sensación de que el poder que tienen las palabras de las Escrituras para consolar las penas se debe, en buena medida, al hecho de que nos aseguran el amor de Dios. Por esa razón, nunca dejan de proporcionarnos consuelo y serenidad. Son innumerables las miles de personas que, ante una situación de pena y soledad por la muerte de un ser querido, han encontrado paz y consuelo en unas palabras tan curativas como: «Yo soy la resurrección y la vida; el que cree en mí, aunque esté muerto, vivirá. Y todo aquel que vive y cree en mí, no morirá eternamente» (Juan, 11, 25-26). O en estas otras palabras: «En la casa de mi Padre muchas moradas hay... voy, pues, a preparar lugar para vosotros... para que donde yo estoy, vosotros también estéis» (Juan, 14, 2-3). Y en estas otras que transmiten la incomparable imagen de un padre amoroso: «Ya no tendrán hambre ni sed, y el sol no caerá más sobre ellos, ni calor alguno; porque el Cordero que está en medio del trono los pastoreará, y los guiará a fuentes de aguas de vida; y Dios enjugará toda lágrima de los ojos de ellos». (Apocalipsis, 7, 16-17)

Un líder de la industria, que en tiempos fue presidente de la General Motors Corporation, perdió a su esposa después de más de cincuenta años de matrimonio. Poco después, amigos mutuos me indicaron que Alfred P. Sloan deseaba hablar conmigo, ya que se sentía inconsolable. Fijó sus ojos penetrantes en mí y, con su característica franqueza, dijo:

—Quiero hacerle una pregunta directa y deseo una respuesta directa. Nada de vagas generalizaciones o de especulaciones de comadreja.

—De acuerdo —asentí—, usted hace la pregunta y yo le doy una respuesta directa.

—Lo que quiero saber es esto: ¿volveré a estar alguna vez con mi esposa o la he perdido para siempre?

—Si vive usted en la fe, como ella vivió, la encontrará en el más allá, donde no hay separación. Mientras tanto, percibirá su cercanía, incluso en esta tierra —le respondí.

Él me miró inquisitivamente a los ojos.

—¿Hasta qué punto está seguro? —insistió.

—Estoy absolutamente seguro —le contesté.

Aquel hombre tenía una mentalidad demasiado grande como para exigir pruebas filosóficas. Lo único que deseaba era un principio positivo en el que descansar su propia fe, momentáneamente vacilante. Pasó a contarme después lo mucho que dependía de su esposa, lo mucho que valoraba su buen juicio, incluso en decisiones empresariales. Conmovedoramente, me di cuenta de cómo incluso un hombre fuerte, aparentemente autosuficiente, tiene un sentido de la dependencia de su compañera de tantos años. Mientras estaba allí sentado, observando a este hombre tan corpulento, inteligente, pero herido y solitario, experimenté un arrebato de amor hacia él. Pero no podía decirle a un hombre duro como él que lo amaba, de modo que, sin pensarlo, me acerqué a él y suavemente le puse la mano sobre la cabeza. Levantó la mirada, como un niño con lágrimas en los ojos. Al acompañarme hasta la puerta y despedirme con un fuerte apretón de manos, lo único que dijo fue: «Gracias. Ahora estoy bien. Puedo seguir adelante».

Nunca olvidaré a Myron Robinson

Tengo razones personales para saber cómo el amor sin palabras puede ayudar a superar los sentimientos de inquietud causados por el dolor por la pérdida de un ser querido, y ello gracias a que conocí al coronel Myron Robinson. Era un hombre robusto y rudo, que fue un destacado político de Nueva Jersey en sus tiempos. Tenía un corazón tan grande como el campo y era miembro de mi iglesia, en Nueva York.

Un viernes por la noche, hace ya algunos años, después de pasar una velada memorable con mi madre y toda la familia, tomé un tren nocturno para regresar a la ciudad de Nueva York, donde en la mañana del domingo siguiente tenía un compromiso para hablar en una iglesia en Elberton, en la costa de Jersey.

Pero el sábado por la mañana, a primeras horas, poco después de llegar a la ciudad, recibí una llamada telefónica de Ruth, mi esposa, comunicándome que mi madre acababa de fallecer de una trombosis. Abrumado y dolido, le dije a Ruth que regresaría inmediatamente a Canisteo, en Nueva York, donde estaba la casa familiar, pero al hablarlo decidimos que a mi madre le habría gustado que siguiera adelante y cumpliese mi compromiso de predicar el Evangelio, en el que ella creía tan profundamente. Yo me sentía, sin embargo, muy triste, apenado y conmocionado. Era tan increíble. Mi madre, a la que tanto adoraba, estaba muerta.

A primeras horas de la mañana del domingo tomé un tren en la estación Penn y me senté en el vagón, desconsolado, mirando por la ventana, cuando vi a Myron Robinson que avanzaba por el pasillo. Se sentó a mi lado.

—¿A dónde va, Myron? —le pregunté.

—A una gran reunión republicana en Ocean City. Hoy es un gran día. Todos estarán allí y no me lo perdería por nada del mundo —respondió.

—Espero que se lo pase bien —le comenté.

De repente, me miró fijamente.

—¿Qué le ocurre, Norman? No parece usted el de siempre. ¿Le preocupa algo?

Así pues, le conté en pocas palabras lo ocurrido, pues me costaba hablar sobre ello. Todo lo que hizo Myron fue darme unas palmaditas con su manaza sobre la rodilla.

Al llegar a mi estación, en Elberton y, ante mi sorpresa, Myron también se bajó del tren.

—¿Por qué se baja aquí? Para seguir hasta Ocean City no debe bajarse.

—Oh, he decidido ir con usted a la iglesia, en lugar de acudir a esa reunión. De todos modos, no me gustan tanto —contestó evasivamente.

Me acompañó hasta la iglesia, se sentó justo delante de mi, en el primer banco y después me acompañó a almorzar. Volvimos después a la estación y tomamos el tren de regreso a Nueva York, sin conversar apenas. Al llegar a la estación Penn, desde donde él iba hacia un lado y yo hacia el otro, se detuvo un momento y su rostro se iluminó entonces con una expresión realmente hermosa. Me propinó un ligero golpe en el pecho con el puño y dijo: «Lo entiendo, muchacho, lo entiendo. Usted me ha ayudado a pasar algunas situaciones duras; sólo espero haberle servido hoy de un poco de ayuda». Luego, para ocultar las lágrimas, se dio la vuelta, despidiéndose con un ademán de la mano y se marchó.

Myron Robinson también se ha marchado ahora al otro lado, pero nunca olvidaré a este hombre amable, que tenía un corazón lleno de amor, buena parte del cual se derramó sobre mí aquel triste día, hace ya tanto tiempo. Me ayudó a reaccionar creativamente ante una de las situaciones más dolorosas por las que haya tenido que pasar y a seguir adelante sobre la base del principio positivo.

En este capítulo sobre la importante cuestión de reaccionar creativamente ante situaciones inquietantes, se han establecido los siguientes puntos:

1. Todo el mundo guarda dentro de sí una buena noticia.
2. Afirme diariamente: «Con la ayuda y la guía de Dios estoy obteniendo soluciones creativas a situaciones inquietantes».
3. En las situaciones duras, no se deje arrastrar nunca por el pánico y serénese.
4. Recuerde que siempre hay alguien a su lado.
5. Nunca haga juicios emocionalmente. Piense desapasionada y objetivamente.
6. No reaccione nunca emocionalmente a las críticas hasta el punto de permitir que afecten a su sano juicio. Analícese a sí mismo para determinar si están justificadas. Si lo están, corríjase. En caso contrario, siga imperturbable con sus asuntos.
7. Afirme siempre que hay una respuesta y una solución a cualquier problema y que puede encontrarlas; de hecho, ya está encontrando esa respuesta.
8. Cuando sienta el dolor por la pérdida de un ser querido, recuerde que Dios lo ama, y no lo olvide nunca. Él siempre se ocupará de que usted lo supere.

Novena forma
de mantener en funcionamiento
el principio positivo

PUEDE AFRONTAR CUALQUIER COSA: REALMENTE, PUEDE

Puede afrontar cualquier cosa: realmente, puede. Y puede estar seguro de algo: la única forma de manejar esta vida con éxito es aprender a afrontar las cosas. *Afrontar* significa manejar, confrontar, estar a la altura de las situaciones, tratar de arreglarlas.

Dos niñas pequeñas

A menudo, descubrir que uno tiene que afrontar cualquier cosa es algo que se descubre bastante temprano en la vida. Sólo a medida que desarrollamos esta habilidad, se alcanza la victoria personal final y definitiva. Un día me hallaba en un tren que se dirigía a Florida, aunque mi destino era la estación de la Calle Treinta, en Filadelfia. En Filadelfia Norte subieron dos pequeñas niñas al tren. Juzgué que deberían de tener diez y doce años de edad. Las vi primero por la ventanilla, despidiéndose en el andén, llorosas, de dos personas adultas de edad mediana.

Había un asiento vacío a mi lado y la niña de mayor edad se sentó allí; la otra, más pequeña, se sentó enfrente, al otro lado del pasillo. El aspecto de las dos era muy dulce, recatado e iban bien vestidas, como dos damitas. Llevaban puestos unos guantes blancos e inmaculados. La que estaba sentada junto a mí adoptaba una actitud bastante solemne. Entonces pude observar

177

una lágrima, como una perla, en su mejilla. Entre sus pequeñas manos aferraba una cámara fotográfica, así que le pregunté:

—¿Vas a tomar fotos?

Me contestó en un tono de voz tan bajo que apenas si pude escucharlo.

—Los queremos tanto y ahora tenemos que dejarlos. Los queremos mucho.

—¿A quiénes habéis dejado, a vuestros padres? —dije.

—No, a nuestros abuelos —respondió.

—¿Y a dónde vais? —pregunté.

—A San Petersburgo, a ver a nuestro padre, para vivir con él. No lo hemos visto desde hace tres años. Casi no lo conocemos. [Al parecer, se trataba de una familia rota.] Pero a nuestros abuelos..., no queremos dejarlos. Los queremos mucho —añadió.

—Oh —dije—, os gustará San Petersburgo con sus resplandecientes aguas azules, su dorada luz del sol, sus playas de arena blanca y su gente tan amable. Y vuestro padre se sentirá muy contento de tener a sus dos hijas. Sólo tenéis que ir a verlo y quererlo.

Ella guardó silencio. Finalmente, como si hablara consigo misma, dijo: «Pero Dios cuidará de nosotras». Para entonces ya habíamos llegado a la estación de la Calle Treinta, en Filadelfia, de modo que me levanté para marcharme. La niña también se levantó. Muy amable y seriamente, extendió su mano hacia mí, un extraño.

«Sí, cariño —asentí—, no lo olvides nunca: Dios cuidará de vosotras.» Mientras el largo convoy salía de la estación para dirigirse hacia el sur, reflexioné sobre el pequeño drama humano al que acababa de asistir. Dos niñas asustadas y solitarias, dirigiéndose hacia lo desconocido, tenían que aprender muy pronto en su vida que es necesario afrontar cualquier cosa. Pero también habían aprendido una filosofía básica: con ayuda de Dios uno puede afrontar cualquier cosa; claro que se puede decir que «puede usted afrontar cualquier cosa» supone hacer una afirmación casi increíble. Pero resulta que tenemos un Dios increíble que nos apoya y que es capaz de permitirnos superar cualquier crisis, cualquier dificultad que se nos presente en este mundo. Se nos ha dicho: «Porque nada hay imposible para Dios» (Lucas, 1, 37). Eso no quiere decir que con Dios no haya algunas cosas imposibles, pero sí afirma que «nada» hay imposible. Una vez más, las Escrituras dicen: «Cosas que ojo no vio, ni oído oyó, ni han subido en corazón de hombre, son las que Dios ha preparado para los que le aman» (1 Corintios, 2, 9). Y una de esas magníficas cosas es la habilidad para afrontar cualquier dificultad, frustración o temor que pueda asaltarnos. Otra afirmación nos da seguridad: «Todo lo puedo en Cristo que me fortalece» (Filipenses, 4, 13).

Nunca es muy inteligente negar la posibilidad de un gran logro, incluso increíble. Theodore N. Vail, un destacado industrial, dijo: «Las dificultades reales se pueden superar; las verdaderamente inconquistables son las imaginarias». Cierto, en la mayoría de los casos, porque incluso las imaginarias se pueden superar mediante un pensamiento correcto. Ninguna dificultad es inexpugnable, ya sea real o imaginaria. Pero al hacer la afirmación de que se puede afrontar todo, le recuerdo un comentario sutil y muy sano hecho por el escritor William Feather: «El éxito raras veces es alcanzado por personas que contemplan la posibilidad del fracaso». Así pues, mantenga vivo ese pensamiento; guarde tenazmente la idea de que puede afrontar cualquier cosa, especialmente cuando permite que Dios le ayude.

Tome un cardo

¿Y cómo se consigue esta increíble hazaña? En primer lugar, nunca tontee de forma vaga e indecisa con una dificultad; afróntela y ocúpese de ella directamente. No tenga miedo, ni sea timorato o dubitativo. Simplemente, afronte el problema y trátelo con maestría.

En la oficina de John Bowles, un hombre de negocios, supe de una serie de dificultades que él había superado. Pensé que, a pesar de todo, él parecía muy relajado e incólume, así que le dije:

—John, ¿cómo pudiste afrontar todo eso que me acabas de contar? Esos problemas serían suficientes para abrumar a mucha gente.

Me señaló un jarrón en el que había un gran cardo.

—¿Por qué un cardo —le pregunté—. ¿No podías haber encontrado una flor más exótica?

—Oh —exclamó—, puesto que experimenté todas esas dificultades, el cardo representa cualidades que la mayoría de la gente no reconoce.

—Seguro que tras ese comentario hay algo que quieres decir —admití.

—Desde luego que lo hay. Te diré una cosa, toma ese cardo —me pidió.

—No me gusta el aspecto que tiene; es espinoso, pinchará y dolerá —le dije.

—Adelante, tómalo —me animó.

Vacilante, extendí la mano y lo toqué cautelosamente. —Pincha —le dije.

—Tienes que ser más filósofo —me dijo—. Mira, el cardo representa las dificultades de la vida. Y, si sabes cómo manejar un cardo, has aprendido el paso principal para manejar las dificultades. Así que toma todo el cardo, pero tómalo con fuerza —concluyó.

Así lo hice y, lo crea o no, lo cierto es que no me causó el menor daño. Antes al contrario, se aplastó en mi mano.

Naturalmente, este incidente no quiere decir que las dificultades no produzcan dolor cuando uno se enfrenta a ellas. Pero dolerán mucho menos si se las afronta directamente. Cuando tenga una dificultad que tenga que afrontar, no se retraiga, abórdela, afróntela.

Ella toma la vida en sus manos

Es como la dama que conocí en el estudio de una emisora de radio. Estaba entrevistando a varios de nosotros y la conversación giró en torno a temas bastante profundos. Al entrar ella en el estudio, observé que cojeaba, tenía una pierna más corta que la otra. Tampoco es que fuese una belleza de mujer, ya que, además, estaba entrada en años. Pero tenía un rostro hermoso; en realidad, parecía rodeado por una especie de aura.

Durante el programa nos pusimos a hablar sobre las dificultades humanas y ella dijo: «Realmente, sólo hay una forma de manejar las dificultades. Simplemente, confiar en Dios y creer que está contigo y que te ayudará en todo momento. Al utilizar ese principio, me limito a tomar la vida en mis manos y afrontar lo que llegue».

Miré sus manos y observé que eran muy pequeñas, e incluso delicadas. «No hay mucha fuerza en esas manos, pero sí en la mujer —dije en voz alta—. Sus manos son pequeñas, pero me dice que vive a manos llenas con ellas.»

»Oh —añadió—, claro que tengo un secreto—. Sé que mis manos son pequeñas, pero si las pongo en las grandes manos de Dios, eso hacen cuatro manos. Y recuerde que, con Dios, nada es imposible.»

Así pues, cuando se encuentre con algo muy duro que tenga que afrontar, el mejor procedimiento consiste en abordarlo directamente, de inmediato.

Maneje su dificultad visualizando sus dos manos colocadas en las manos de Dios. Ese concepto de las «cuatro manos» significa que nada es imposible. Recuerde a esta dinámica mujer de la radio. Causó en mí una impresión duradera debido a su percepción sobre el problema de afrontar las situaciones. Subrayó el hecho de que se puede afrontar cualquier cosa si se hace con fuerza e inteligencia y se mantiene en funcionamiento el principio positivo.

Así pues, cuando se encuentre con una gran dificultad, la primera técnica a utilizar es decirse a sí mismo: «Con Dios nada es imposible». Dígalo afirmativamente y siempre con fe. Continúe haciendo esa afirmación. Luego relájese, serénese física y mentalmente, tome distancia y crea que está recibiendo el poder necesario que le ayudará a manejar la situación. De esta manera, aprenderá a mantener siempre operativo el poder para afrontar cualquier cosa. Sea en todo momento filosófico, relajado y serenamente reflexivo. Hágalo así y el proceso de afrontar una situación le resultará más fácil y más seguro.

Encuentro un viejo diario

En nuestra granja, en el campo, mi esposa experimentó recientemente un «urgente afán» por limpiar la casa. Insistió en que necesitábamos desprendernos de algunas cosas y empezó por revisar el contenido de un armario. Es asombrosa la gran cantidad de cosas que acumulamos en un armario, y éste era bien grande. En un rincón encontré una caja con un diario escrito por mi padre. Empezaba en la primavera del año 1888.

Mi padre fue a una escuela en la que enseñaban caligrafía, y su escritura era hermosa. La tinta también era buena, pues seguía muy clara después de tantos años. Fue una experiencia conmovedora leer este diario de mi padre, que tanto significó para mí. Afirmaba que había sido el encargado de pronunciar el discurso de despedida de su clase de la escuela superior. El diario empezaba la noche de la graduación que, por extraño que parezca, fue a mediados de abril de 1888. Presumiblemente, tenían que pasar por la escuela antes de que llegara la época de la cosecha. En la clase había seis estudiantes, cuatro chicos y dos chicas. Los citaba a todos y los recuerdo de cuando yo era pequeño. El diario decía muchas cosas sobre el joven muchacho que más tarde fue mi padre. Estas son algunas de las anotaciones:

Jueves, 31 de mayo de 1888

Hoy trabajé moviendo gravilla con pala. Me pagan 1,25 $ al día.

Esta noche fui a la reunión de oración de los jóvenes.

Miércoles, 6 de junio de 1888

Grover Cleveland fue nominado de nuevo para presentarse a la presidencia de Estados Unidos en la convención demócrata celebrada en St. Louis.

Esta noche fui a la reunión de oración de los jóvenes.

Fui a nadar por primera vez este año.

Jueves, 7 de junio de 1888

Allen G. Thurman fue nominado para vicepresidente de Estados Unidos.

Esta noche fui a la reunión misionera del doctor Garner.

Fui a nadar.

Miércoles, 25 de junio de 1888

El general Benjamin Harrison fue nominado para la presidencia por el partido republicano, con Morton, de Nueva York, para la vicepresidencia.

Hoy masqué tabaco por última vez. También fumé mi último puro. Quiero decir con ello que lo he dejado.

Jamás supe que había masticado o fumado tabaco. Pero eso indica que ya en aquellos tiempos tuvo que enfrentarse con un hábito que le molestaba. Sin embargo, aprendió a hacerlo; acudía a las reuniones de oración de los jóvenes y a la reunión misionera, de modo que se estaba desarrollando en él una fe capaz de afrontarlo todo.

Ese otoño ingresó en el Colegio Médico de Ohio, como se llamaba entonces.

Estudió duro y se convirtió en médico. Más tarde, fue predicador, pues no pudo resistirse a la «llamada». Pero siempre fue un predicador médico que trataba la salud del cuerpo, la mente y el alma.

El diario enumera algo más con lo que tuvo que enfrentarse: no tenía mucho dinero. Su padre, Samuel Peale, dirigía una tienda en la pequeña ciudad de Lynchburg, Ohio, donde vivían y de él aprendió a ser cuidadoso con el poco dinero que tenía. Llevaba un registro exacto de todo lo que gastaba. Obsérvense los precios de aquel entonces:

10 de septiembre de 1888 (en el colegio)

Pensión de una semana	2,00$
Renta de habitación por una semana	1,25
Afeitado	0,10
Cocido de ostras	0,20
1 docena de plátanos	0,05
Almuerzo	0,15
Cena	0,10
Sello de correos	0,02
Dulce para mi hermano	0,05
Una carga de carbón	2,00
Donativo en la iglesia	0,05
Limosna a una pobre mujer	0,10

Esas cifras indican cómo estaban las cosas financieramente en Estados Unidos en aquellos tiempos. La persona media no era adinerada, pero todo hace pensar que él era fuerte y recio, con una profunda fe que le ayudaba en la vida cotidiana.

Hacia el final del diario, mi padre expresó la sabiduría que había aprendido para afrontar cualquier situación, el principio positivo que había dominado:

De muchacho y según mis últimas experiencias, descubrí una gran verdad, que es la siguiente: si uno se mantiene cerca de Jesús y tiene fe en Él, se ocupará de ayudarte a pasar por cualquier cosa. Siempre lo ha hecho y siempre lo hará.

Mi querido padre escribió esas palabras el 10 de septiembre de 1888, cuando tenía dieciocho años de edad. Jamás supo que uno de sus hijos las citaría en un libro, toda una vida más tarde. Pero los principios que a mi padre le parecieron funcionales hace tantos años, lo ayudaron a afrontar los problemas de su tiempo. En la actualidad, siguen siendo funcionales de modo que, como dijo él mismo, hay que mantenerse «cerca de Jesús». Esté siempre convencido de que, con Dios, nada es imposible. Gracias a estos sanos principios, puede afrontarlo todo, realmente puede.

Una cosa es segura: todos vamos a tener que afrontar dificultades en esta vida. De hecho, se nos plantearán muchas, y algunas serán inevitablemente agudas y graves, incluso dolorosas. Lo que hagamos con esas dificultades será lo que determine si las circunstancias nos dominan o si somos nosotros los que dominamos las circunstancias. Marco Aurelio, el gran filósofo romano hizo una afirmación pintoresca, que seguramente está rebosante de verdad: «El hombre tiene que abovedarse y reforzarse desde dentro, para que el templo no se derrumbe sobre el polvo».

Al afrontar sus dificultades, es de vital importancia desarrollar una actitud filosófica. No se ponga tenso; no trabaje nunca en exceso y permanezca siempre imperturbable. Recuerde que con serenidad se consigue mucho, y no permita nunca sentirse perturbado. Sea filosófico. Mantenga siempre el equilibrio emocional. Procure mantener la mente operativa y en constante control de las emociones.

Visita a un santuario shintoísta

En cierta ocasión, en Tokio, visité un santuario shintoísta. Se llega hasta él después de recorrer una larga avenida de pequeñas tiendas o tenderetes. En el centro de la plaza, frente al templo, hay una enorme urna de estilo japonés de la que emanan vapores de incienso. La tradición dice que si se sufre de una enfermedad o de cualquier debilidad física y se dirige el incienso sobre la parte afectada, uno se cura. Observé que la gente utilizaba un movimiento circular que hacía con las manos y los brazos para dirigir el incienso hacia diversas partes del cuerpo. Un hombre, al que inmediatamente catalogué como estadounidense, hacía mover el humo del incienso hacia su corazón. En su rostro había una expresión de fe inquebrantable.

—¿Cree que este incienso le curará? —le pregunté.

—¿Por qué no? Dicen que sí —respondió.

—Continúe creyéndolo así —le dije—. Pero ¿cómo es que dirige el humo del incienso hacia su corazón?

—Porque ésa es precisamente la parte más débil de mi cuerpo —murmuró.

Así, después de que él se hiciera a un lado, hice mover el humo del incienso hacia mi cabeza.

Créame, la cabeza es lo más importante, pues cuando se afronta una dificultad siempre es terriblemente necesario mantener la mente serena para que pueda estar controlada y funcionar eficientemente. Naturalmente, eso no siempre será fácil de conseguir. Pero para afrontar sus dificultades, es importante cultivar las cualidades de un filósofo. Sea sereno y reflexivo, tome las cosas según vengan y dependa siempre del tranquilo conocimiento de que puede dominar cualquier cosa que le suceda.

Un jugador de béisbol filosófico

Cuando el club de béisbol de la liga nacional Brooklyn Dodgers jugaba en Brooklyn, en el viejo estadio Ebbets, conocía casi a todos los componentes de los Dodger. Uno de los jugadores era poderoso y duro bateador, con una media regular de más de 0,300, que es muy buena.

Una noche vino a nuestra casa a cenar con algunos de sus compañeros de equipo. Ese día, a principios de abril, no había podido ir al partido, pero escuché por la radio parte de su desarrollo, mientras conducía el coche de un lado a otro para cumplir mis compromisos.

Este bateador tuvo que batear en el segundo tiempo e ignominiosamente, fue eliminado. Apagué la radio.

Esa noche, cuando los jugadores acudieron a casa, este hombre en concreto parecía sentirse muy feliz y relajado, ante mi sorpresa.

—Lamenté mucho que quedaras eliminado hoy en el segundo tiempo —le dije.

—Oh —exclamó él—. Eso no fue todo. También me eliminaron en el cuarto.

—¿Quieres decir que no te preocupa haber sido eliminado dos veces en uno de los primeros juegos de la temporada? —le pregunté, asombrado.

—¿Y por qué habría de preocuparme? —replicó él—. Según la media regular que tengo, acertaré unas noventa veces a lo largo de toda la temporada y siempre me consuelo con la ley de las medias estadísticas. —Aquello me pareció una fanfarronada por parte de un jugador de béisbol. Él siguió diciendo—: Sí, esa ley de las medias estadísticas es un gran consuelo. Así que hoy, una vez terminado el partido y ya en el club, les dije a los chicos: "¿Qué os parece? ¿No es magnífico? Ahora sólo dispongo de ochenta y ocho veces para lograr un *strike out* en esta temporada".

Eso es lo que cabría calificar como una actitud razonablemente relajada y filosófica ante una dificultad.

La mayoría de las dificultades son manejadas con efectividad, en proporción con el grado en el que nos relajamos. Aunque en el capítulo anterior ya hemos destacado este hecho, debo resaltarlo aquí una vez más, pues la serenidad mental es vital para afrontar los problemas. Un individuo tenso y nervioso no es muy probable que conecte con el flujo fácil de la personalidad en el que el proceso de pensamiento se pueda abordar eficientemente; al verse agobiada por el pánico y las sensaciones de recelo, la mente no puede funcionar con la actitud fría y filosófica del bateador que se consolaba con la ley de las medias estadísticas.

Nueve guías para afrontar situaciones difíciles

Hace algunos años, elaboré nueve guías efectivas para afrontar las situaciones difíciles. Estas guías me han sido personalmente útiles y en ellas se incluye el principio positivo que hemos venido analizando.

1. No sienta pánico. Mantenga la calma. Use su cabeza. Piense.
2. No se deje abrumar nunca. No dramatice la dificultad. Afirme con seguridad: «Dios y yo podemos manejar esta situación».
3. Practique el método de la «des-confusión». Para ello, anote en un papel cada elemento de la dificultad, clarificando así mentalmente cada parte.
4. No espere a después. Aborde el problema desde donde está en estos momentos.
5. Busque una respuesta para el paso siguiente, no para todo el problema.
6. Practique la habilidad de escuchar creativamente. Serénese, para que las percepciones puedan pasar por su mente.
7. Pregúntese siempre qué es lo más correcto que debería hacer, pues nada incorrecto puede terminar en algo correcto.
8. Siga pensando, siga creyendo, trabajando y rezando.
9. Continúe empleando de modo activo el principio positivo.

Ésas son las nueve guías funcionales. Practíquelas con diligencia y habrá desarrollado la habilidad para afrontar sus dificultades de una forma efectiva y segura. Le sugiero anotarlas en una tarjeta lo bastante pequeña como para llevarla en el bolsillo. Léalas cada día, hasta que pasen a convertirse en una parte definitiva de su equipo mental.

Ayude a otros a afrontar situaciones difíciles
y ayúdese a sí mismo

Otra forma funcional y efectiva de afrontar y superar las dificultades consiste en asumir los problemas de otro. Es un hecho extraño, pero a menudo se pueden manejar dos dificultades (la propia y la de otra persona) mejor que una sola. Esa verdad se basa en una ley sutil del desprendimiento o la extraversión, en cuyo proceso se desarrolla autofortalecimiento. Si tiene una dura dificultad, mire a su alrededor hasta encontrar a alguien que tenga una dificultad peor que la suya y luego empiece a ayudar a esa persona.

Al hacerlo así, descubrirá que, una vez que haya ayudado a esa otra persona a resolver su problema, el propio le resultará mucho más sencillo, claro y fácil de manejar.

A menudo pienso en una historia contada por Arthur Gordon sobre el editor del semanario de una pequeña ciudad, un hombre que pasaba por ciertos problemas difíciles. Un día, el vecino del editor, un hombre llamado Bill, salió a dar un paseo en canoa por el río, en compañía de su esposa y de su hijo. De repente, la canoa volcó. Tanto la esposa como el marido eran buenos nadadores. Hicieron desesperados esfuerzos por salvar a su hijo pero, trágicamente, fue arrastrado por la corriente y se ahogó. El padre estaba desconsolado. «¿Por qué hice esto? ¿Por qué hice aquello? ¿Por qué no hice aquello otro?», se censuraba continuamente. Así pues, no hacía más que discutir inútil y desesperadamente. Recorría las calles sin cesar. La gente lo veía a solas por los caminos, caminando, siempre caminando.

Una noche, Jack, el editor, estaba trabajando hasta altas horas en su despacho. Hacia la medianoche oyó unos golpes en la puerta y, al abrirla, encontró a su vecino Bill, desconsolado.

—Ya es muy tarde, Bill. ¿Qué haces? —le dijo.

—Sólo camino, Jack. Sólo camino. Mira, no puedo olvidar. ¿Por qué tuvo que ocurrir lo que ocurrió? ¿Por qué sacar al muchacho a dar un paseo en la canoa? ¿Por qué no pude rescatarlo? No logro comprenderlo, Jack —se quejaba.

—Entra, Bill. Siéntate y charlemos un rato. Bill se dejó caer en una silla.

—No puedo hablar. No me siento con ganas de hablar —respondió él.

—Está bien —le dijo el editor—. Entonces, quédate ahí sentado mientras yo continúo con mi trabajo. Cuando estés preparado para hablar, me lo dices. —Al cabo de un rato, le preguntó—: Bill, ¿te apetece una taza de café? Eso te calentará un poco.

—Sí, me gustaría tomar una —contestó Bill—. Pero todavía no estoy preparado para hablar.

Deberían de ser como las dos de la madrugada cuando, de pronto, Bill dijo: «Ahora, Jack. Ahora estoy preparado para hablar». Durante una hora habló y habló, razonando todo lo sucedido, volviéndolo a vivir mientras lo explicaba. Jack se limitó a escucharlo.

Hay ocasiones en las que una de las cosas más útiles que puede hacer una persona por otra es, simplemente, escucharla y permitir que esa persona sepa que todo aquello que le está contando le importa. Ésta fue una de esas ocasiones. Finalmente, agotado, Bill dejó de hablar.

—Creo que eso es todo lo que tengo que decir esta noche, Jack. —Luego, se levantó y se dispuso a marcharse.

Jack le pasó una mano por el hombro.

—Todos te queremos —le dijo amablemente—. Sólo desearía poder ayudarte.

—Pero… si me has ayudado —le aseguró Bill—, mucho más de lo que jamás pueda agradecerte. Me has ayudado porque me has escuchado y no has discutido conmigo. Sé que eres mi amigo y no lo olvidaré nunca. Buenas noches, Jack. —Luego, se marchó.

Jack se quedó allí, perdido en sus propios pensamientos. De repente, su mente retrocedió a sus propios problemas y, ante su asombro, aquello que hasta entonces no había estado claro, apareció con toda claridad; aquello que antes no podía ver, lo veía ahora objetivamente; lo que parecía abrumarlo tanto, le pareció ahora algo fácil de afrontar. Tuvo la sensación de que ahora tenía más poder para manejar sus propios problemas.

Cuando uno se desvincula mentalmente de sí mismo y se concentra en ayudar a los demás con sus dificultades, es bien cierto que será más capaz de afrontar las propias con una mayor efectividad. De algún modo, el acto de generosidad hacia otro es un factor que libera el poder personal.

Descubrió que podía afrontar cualquier cosa

Una gran historia humana de afrontar lo que quizá sean los problemas humanos definitivos, es la de Orville E. Kelly, un periodista de Burlington, Iowa. Siempre lo consideraré como uno de mis personajes inolvidables. Orville Kelly ha demostrado profundamente que una persona puede afrontarlo todo y con éxito.

Tuve noticia de lo que le sucedió a Kelly a través de una historia periodística en la que se narraba cómo había desarrollado la filosofía de que «la muerte forma parte de la vida», cuando ya se le había calificado como un caso terminal. Fue él quien dio lugar al programa «Haga que el día de hoy cuente», ahora tan conocido, de la organización con este mismo nombre, «Make Today Count». Impresionado por su sana forma de pensar, escribí al señor Kelly, expresándole mi admiración por su actitud, tan valerosa y racional.

Posteriormente, él visitó nuestra Foundation for Christian Living (Fundación para una Vida Cristiana), donde, con su forma sincera de hablar, conmovió e inspiró profundamente a todos. Cuando terminó de hablar, cada uno de nosotros tenía la sensación de que, con el mismo poder espiritual demostrado por Orville, también nosotros podíamos afrontar cualquier cosa que se nos presentara.

Haga que el día de hoy cuente

Debido a los difundidos efectos del cáncer, que afecta no sólo a miles de personas que sufren la enfermedad, sino también a otros muchos miles de seres queridos que se ven afectados, reproduzco parte de la historia de Orville Kelly, tal como la escribió para nuestra publicación *Ayuda creativa para la vida cotidiana* (para obtener una copia de la historia de Orville Kelly, «Haga que el día de hoy cuente», escribir a Foundation for Christian Living, Pawling, N. Y., 12564). Lea atentamente este drama humano y estoy seguro de que se lo pensará dos veces antes de poner en duda la capacidad de una persona para, con la ayuda de Dios, enfrentarse a cualquier cosa. Aquí tenemos a un hombre que vive y afronta la vida sobre la base del principio positivo y que lo hace, además, gloriosa y victoriosamente.

«Cáncer terminal», dijeron los médicos.

Mi primera reacción ante esta sentencia de muerte fue de incredulidad. Una cosa así no podía sucederme a mí, me dije. Los médicos debían de haber cometido un terrible error. Pero en el fondo sabía que no se habían equivocado. Era cierto. Iba a morir antes de tiempo.

Mi siguiente reacción fue de una profunda depresión, un estado que me absorbió durante días. Por mi mente llegaron a cruzar incluso ideas de suicidio. Además, arrastré a mi esposa y a mis hijos a un estado de abatimiento. ¿Cómo podía Dios haber permitido que esto me sucediera a mí, cuando todo nos iba tan bien a mí y mi familia? Sólo tenía cuarenta y dos años, contaba con un buen trabajo como periodista y ante mí se abría un brillante futuro. Teníamos un bonito hogar. Todos nosotros éramos personas activas y ocupadas y también éramos buenos cristianos que íbamos a la iglesia. ¿Por qué a mí?

Todavía estaría hundido en esta clase de desesperación si finalmente no hubiese visto la luz, aceptado la voluntad del

Señor y adoptado una acción positiva no sólo para ayudarme a mí mismo, sino también a otros cuyo camino los lleva hacia el valle de la muerte antes de hora.

Mi reacción interior fue de temor. Vivir con un cáncer era una experiencia aterradora, no sólo para mí, como víctima, sino también para mi familia, mis parientes y amigos. Mi esposa, Wanda y yo no lo habíamos hablado abiertamente porque no quería preocuparla y ella también había permanecido en silencio por temor a perturbarme. La gente dejó de venir a vernos porque era demasiado deprimente para ellos.

Empecé a comprender que era la perspectiva de la muerte lo que me aterraba y no la idea de tener cáncer. Fue entonces cuando la depresión, la desesperación, se apoderaron de mi vida. Wanda estaba siendo tratada por un caso grave de nervios. La situación llegó a su punto más bajo cuando un día regresábamos en el coche a casa desde Iowa City, después de una sesión de quimioterapia. Hacía un día hermoso pero, al mirar a mi esposa, observé en su rostro una expresión de completo abatimiento. Viajamos en silencio, cruzando la pradera.

Adopta una acción positiva

Finalmente, decidí que había que hacer algo y rápido para ayudar a Wanda a aceptar mi destino. Fue entonces cuando me encontré buscando de nuevo la guía de Dios, pidiéndole ayuda. Entonces, me volví a mirar a Wanda.

«Hablemos de lo que ocurre —le dije—. Voy a morir de cáncer a menos que me mate alguna otra cosa, pero lo cierto es que todavía no estoy muerto. Así que empecemos a disfrutar de nuevo de la vida.» Le dije que le explicaríamos la situación a los niños, puesto que ya sabían que algo andaba mal y que deberíamos afrontar mi enfermedad terminal como una familia y de una forma positiva. Llegamos a casa y hablamos con los niños. No fue nada fácil, pero les dije lo que pasaba.

Quizá haya quienes se admiren ante este enfoque con respecto a la muerte. Yo tuve la sensación de que no había nada que perder y que podíamos ganarlo todo tratando de aplicar la sencilla idea de lograr que cada día contase. Después de todo, ninguno de nosotros sabe realmente cuándo va a morir. En cierto sentido, todos nos hallamos en una fase «terminal».

Poco a poco, la vida familiar recuperó la normalidad, no perfecta, pero sí una cierta normalidad. Nos dimos cuenta de que las cosas ya no volverían a estar del todo bien, como antes, pero aprendimos que es posible vivir con el cáncer, en lugar de, simplemente, abandonar. Mi nueva filosofía podía sintetizarse de una forma muy sencilla: «Aceptaré cada día no como un día más cercano a la muerte, sino como un regalo de Dios que debía apreciar, disfrutar y vivir plenamente».

Esta nueva actitud me proporcionó un renovado interés por la vida y empecé a escribir de nuevo. Empecé por hacer un artículo para nuestro periódico local, en el que propugnaba la formación de una organización de pacientes terminalmente enfermos que se reunieran informalmente para ayudarse entre sí a resolver sus problemas y hacerlo de una forma positiva.

El teléfono empezó a sonar en cuanto se publicó el artículo. La gente llamaba para decirme que habían pasado por la misma crisis emocional que yo afrontaba. Llamaron tantos, que los invité a lo que se convirtió en la primera reunión de una organización llamada «Make Today Count» («Haga que el día de hoy cuente»). Asistieron dieciocho personas, entre ellas víctimas del cáncer, parientes de pacientes terminales, ministros, enfermeras y estudiantes de enfermería. Dejé bien claro que nadie iba a llorar sobre el hombro de nadie ni a tratar de lograr simpatía por su propio sufrimiento. Estábamos allí para buscar formas positivas de lograr que el resto de nuestras vidas fuese más significativo.

A nuestra tercera reunión asistieron casi cincuenta personas. «Make Today Count» fue descrita en un artículo de una agencia de noticias, que se emitió por radio y televisión. Eso nos hizo llegar cartas de gentes que deseaban iniciar capítulos en sus lugares de residencia. Algunos de los que escribieron no estaban físicamente enfermos, sino simplemente, deprimidos; veían en «Make Today Count» la posibilidad de mejorar sus vidas. Desde entonces, se han establecido capítulos en muchos estados e incluso en el extranjero.

Las reuniones son informales, no están estructuradas y no hay funcionarios que las dirijan. El simple hecho de reunir a la gente para hablar y compartir sus problemas, mientras se toma un café, es capaz de conseguir muchas cosas. A través de nuestras conversaciones, estamos aprendiendo a aceptar la idea de que la muerte forma parte de la vida.

Viva para hoy

Durante el período en el que me sentí gravemente deprimido, fui tratado con eficiencia, amabilidad y simpatía por los médicos que habían pronunciado su sentencia de muerte. Los clérigos discuten sobre la vida después de la muerte, pero nadie parecía acordarse de hablar sobre cómo vivir para hoy.

Tendré que admitir que aun cuando posiblemente esté ayudando a otros a través de «Make Today Count», también me estoy ayudando a mí mismo. He dejado de medir el tiempo en meses y años. Los segundos son la estructura en la que funciono. El rastro de una sonrisa en la cara de mi esposa, la risa de mis hijos, el resplandor de la luz del sol. Esas son cosas que se aprecian en el momento y que constituyen toda una vida.

Naturalmente, mi esposa y yo soñamos con envejecer juntos, pero hemos aprendido que la vida es frágil e impredecible para todos. Claro que no deseaba tener cáncer, pero no tuve alternativa. Así que me dije a mí mismo: «¿Qué tengo que perder si intento ser feliz?».

Algunas personas han alcanzado la inmortalidad a través de su arte o mediante actos de heroísmo o nobleza. Puesto que yo no poseo ningún talento especial ni soy heroico, afrontar la muerte ha sido algo especialmente difícil para mí. El temor y la incertidumbre que experimenté al saber que tenía cáncer terminal fueron peor que la idea misma de la muerte. Al mirar atrás y recordar aquellos primeros días de conmoción, sé ahora que mi familia y yo nos sentimos apenados por una muerte que no se había producido aún. Pero al hablar de la muerte, al afrontar abiertamente el cáncer y sus problemas, veo que me he sentido mucho más preocupado por la vida que por la muerte.

En otras palabras, mientras no nos demos cuenta de que la muerte forma parte de la vida, no creo que podamos disfrutar realmente de la vida. Como yo siento de ese modo, cuando un hombre me dijo hace poco: «Tenemos algo en común: los dos nos estamos muriendo de cáncer», pude replicarle: «No, lo que tenemos en común es el hecho de que ambos estamos todavía con vida».

El otro día, una niña pequeña le comentó a mi hija de nueve años, en la escuela: «Vi a tu papá por la televisión y se está muriendo de cáncer, ¿verdad?».

«Sí —contestó mi hija—, pero no está muerto aún.»

Y lo que me queda todavía. Hoy es donde estoy hoy, y hoy estoy vivo. No me siento especialmente preocupado por el ayer o el mañana. Lo que me preocupa es el hoy..., ¡ahora mismo! Estoy tratando de conseguir que el tiempo cuente.

Nueva conciencia de vida

Al mirar hacia atrás, me resulta difícil creer que soy la misma persona que acusó a Dios de mi cáncer y que incluso dudó de su existencia. Quizá, en mi caso, la muerte me hizo ser consciente de la vida.

Una noche en que me resultaba difícil dormir, escribí una oración. Dice lo siguiente:

Nuestro padre celestial...
Dame la fortaleza para afrontar cada noche
antes del amanecer.
Dame el valor para contemplar el juego de mis hijos,
con mi esposa a mi lado,
sin rastros de pena en mi sonrisa.
Permíteme contar cada momento que pasa,
como en otros tiempos marcaba los días y noches
que pasaban volando,
y dame esperanza para cada mañana.
Permite que mis sueños sean sueños del futuro.
Pero cuando la vida sobre la tierra haya acabado,
no permitas que haya tristeza,
sino sólo alegría por los días dorados que he vivido.
Amén

Acaba de leer la profunda filosofía y fe de un hombre que está demostrando de una manera práctica que uno es capaz de afrontar cualquier cosa. Acaba de leer una descripción sana y en profundidad de lo que es la vida, en el punto más alto de victoria. Éste es el vibrante principio positivo en acción.

Mi esposa, Ruth, y yo almorzamos con Orville y Wanda y otros amigos, en un dorado día de otoño, cuando las colinas del condado de Dutchess, cubiertas de arces y robles, se hallaban en lo más intenso de su magnífico colorido. Estábamos en un restaurante situado al lado de la carretera, por la que pasaba un tráfico intenso. Pero más allá de la carretera había un prado y, a lo lejos, las colinas y, en el prado, pastaban las vacas.

Orville miró más allá del tráfico, hacia el ganado y el prado y las colinas, con sus vestiduras rojas y doradas, y con ojos neblinosos, dijo: «¿Qué es más hermoso que las vacas pastando pacíficamente en un paisaje otoñal?». Luego, permaneció en silencio durante un momento y después añadió en voz baja: «Esta mañana, cuando bajábamos desde Connecticut vi un pájaro rojo posado sobre una valla. Parecía tan brillante y tan feliz, que siempre recordaré ese pájaro sobre la valla de una reluciente mañana en Connecticut».

Los suyos no fueron los únicos ojos que se pusieron neblinosos. Todos los que estábamos sentados ante la mesa de aquel ajetreado restaurante fuimos plenamente conscientes de la vida triunfante de nuestro amigo. En realidad, fuimos conscientes de Dios en aquel momento, capaz de hacer que un ser humano se transforme en un espíritu victorioso. Créalo así, porque es cierto. Puede afrontar cualquier cosa, realmente puede.

¿Qué sugerencias se han presentado en este capítulo que le ayuden a afrontar situaciones difíciles?

1. Tome la vida y sus problemas con las dos manos.
2. Luego, ponga sus manos en manos de Dios.
3. Recuerde que Dios se ocupará de usted en cada momento, así que permanezca cerca de Él.
4. Manténgase imperturbable y no se deje arrastrar nunca por el pánico. Sea un filósofo. Piense, piense siempre. No reaccione emocionalmente. Utilice su cabeza: piense. Descubrirá que es capaz de afrontar cualquier cosa.
5. Crea siempre que puede y descubrirá que puede.
6. Ayude a otros a afrontar sus problemas y le resultará más fácil afrontar los propios.
7. Y, siempre…, haga que el día de hoy cuente.

Décima forma
de mantener en funcionamiento
el principio positivo

EL FABULOSO SECRETO DE LA ENERGÍA Y DEL PENSAMIENTO VITALISTA

«Si hiciéramos todas las cosas que somos capaces de hacer, nos asombraríamos literalmente a nosotros mismos.» Eso fue lo que dijo el gran genio inventor y pensador Thomas A. Edison.

¿Se ha asombrado alguna vez a sí mismo? ¿Lo he hecho yo? Pregunta embarazosa y provocadora, ¿verdad? Pero si poseemos potencialmente esa capacidad (y tiene que ser así para que lo haya dicho un genio investido de tanta autoridad como Edison), la cuestión es entonces: ¿cómo la podemos liberar? He descubierto que una forma de liberar el potencial de un individuo consiste en activar el fabuloso secreto de la energía y la vitalidad. Si a eso se añade el efecto del principio positivo, cualquier persona puede llegar a ser diferente y, de hecho, muy diferente.

Un médico me pidió en cierta ocasión que viese a un hombre al que, de forma poco elegante, describió como alguien que «nadaba en dinero», pero que se había quedado por completo sin energía ni vitalidad. «Puedo seguir mimándolo y dándole pastillas, pero esa clase de tratamiento no concuerda con mi idea de la medicina ética. En realidad, no está enfermo, pero cree estarlo. Es una persona dotada de verdadera habilidad, pero dista mucho de ser operativo. ¿Qué le parece si le echa una mano? Quizá su clase de medicina le haga algún bien.» Así acabó el breve informe sobre el caso por parte de un médico que, a pesar de todo, poseía percepciones muy intensas no sólo sobre la discapacidad humana, sino también sobre las reacciones psicológicas.

Veo al paciente desenergizado

Al llegar al suntuoso apartamento de este hombre, me explicó extensa y detalladamente el mal estado en que se encontraban sus sentimientos, tanto de su mente como de su cuerpo, y lo débil, agotado y absolutamente abatido que se sentía. «Yo solía tener mucho impulso y mucha marcha —declaró débilmente—, pero ahora no me queda más energía que a un gato.» Eso me pareció una comparación inexacta, en la medida en que todos los gatos que conozco, aunque parezcan actuar lenta y perezosamente, son capaces de saltar como una bala disparada por un cañón.

Mientras el hombre hablaba, recordé el sabio consejo de mi buen amigo el doctor Z. T. Bercovitz, en el sentido de que «para estar tonificado, hay que estar conectado». Así pues, le dije:

—Mire, como ya sabe, no soy médico, aunque intento servir como una especie de médico de la mente y quizá también del alma. Y son muchos los médicos convencidos de que más de una enfermedad física o estado de agotamiento tienen su origen en actitudes mentales y espirituales enfermas.

El hombre parpadeó al escuchar mis palabras y se lanzó a una prolongada descripción de su madre y de su padre, «siempre pobres en los bienes terrenales, pero grandes cristianos. Sí, señor, verdaderos cristianos. Iban todos los domingos a la iglesia», etcétera, etcétera.

—Muy bien —respondí—, lo que ellos fueron quizá no tenga nada que ver con lo que usted es, pero, ya que lo menciona, ¿tiene alguna prueba de que su piedad causó algún efecto en usted?

Empezó a comprender de qué iba la cosa, porque al responder a esa pregunta, dijo:

—Supongo que me ha pillado. Tengo que admitir que no soy muy disciplinado y que he cometido prácticamente todos los pecados que haya. Usted escribió un libro sobre el pensamiento positivo, pero se encuentra en realidad ante el mayor pensador negativo de esta ciudad. Dígame qué se dispone a hacer al respecto.

—No se trata de lo que yo vaya a hacer, sino de qué está usted dispuesto a hacer. ¿Se va a quedar aquí sentado, sumido en pensamientos negativos, como un hipocondríaco, durante el resto de su vida? Y a propósito, ¿cuántos años tiene? —le pregunté.

—Tengo cincuenta y dos años, y los he vivido todos.

A estas alturas, este hombre empezaba a caerme bien, pues en el fondo era un tipo básicamente honrado y directo. Y también tenía cerebro, eso no se podía negar. De hecho era un hombre realista, honesto, bondadoso y sano.

—Mire —le dije—, ¿qué le parece si eliminamos toda esa infección mental y espiritual que consume su energía y deja todo su sistema cansado y desvitalizado?

Quizá de un modo inconsciente, él ya había deseado recibir esta clase de tratamiento, pues inmediatamente empezó a abrirse y a limpiar su interior. Al principio, le resultó un tanto difícil hablar de cosas íntimas con un extraño, pero supongo que confió en mí como pastor, pues empezó a verter una masa de pensamientos enfermos y de acciones poco sanas que se remontaban a su juventud. Tenía un enorme sentido de culpabilidad y, a pesar de su actitud extravertida, estaba sorprendentemente lleno de muchas actitudes de inadecuación e inferioridad.

Finalmente, con una expresión bastante piadosa, me preguntó si creía que Dios lo perdonaría.

—¿Por qué no preguntárselo a él? —le sugerí.

—¿Quiere decir ahora mismo? Nunca he rezado en público —objetó.

—Oh, pero es que yo no soy el público, sino tan sólo su amigo. Así que adelante, pídale a Dios que le perdone —le animé.

Así lo hizo, con palabras lentas y vacilantes, pero con una gran sinceridad.

—¿Qué cree que le ha dicho el Señor? —le pregunté después.

—He sido perdonado. Realmente, me siento perdonado. Recuerdo que Él prometió que lo único que se tiene que hacer es pedirlo y que Él escuchará y perdonará. A pesar de todo, no me siento tan en paz conmigo mismo como había esperado —contestó maravillado y con una expresión de gran alivio.

—Todavía tiene una cosa que hacer, o quizá dos cosas —le dije—. La primera consiste en perdonarse a sí mismo. Todos tenemos incorporado un censor que nos dice que tenemos que ser castigados por los males que hemos cometido. Y es bastante difícil acallar a ese censor. Pero usted ya ha tenido su buena participación de castigo autoinfligido, de modo que ahora diga en voz alta: «Me perdono ahora a mí mismo, del mismo modo que Dios me ha perdonado».

—Eso tiene sentido..., mucho sentido —dijo después de repetir la frase.

—Está bien —seguí diciendo—, lo segundo que tiene que hacer es creer que se siente bien, en el nombre del Señor y de usted mismo [recordé el diagnóstico del médico]. Créalo realmente. Y ahora, levántese, salga de aquí y continúe su vida.

Me acompañó hasta la puerta, me dio un buen apretón de manos, muy diferente a la débil mano que me había extendido a mi llegada.

—Mantenga en funcionamiento ese viejo principio positivo —le advertí al despedirme.

—Desde luego que lo haré —asintió—. Sólo tendrá que mirar y verme.

Y, en efecto, miré y lo vi. Una semana más tarde, llamé por teléfono para preguntar por él y descubrí que había vuelto al trabajo con fuerza. Y siguió funcionando con vitalidad y entusiasmo.

No quiero dar a entender, a partir de esta historia contada brevemente, que soy curandero o que estos casos se pueden curar inmediatamente. En realidad, en cierto modo, el hombre se curó a sí mismo al entregarse por completo a Dios. Y continuó sintiéndose lleno de energía y revitalizado durante unos veinte años más, pues a partir de entonces lo vi con frecuencia en nuestra congregación en la iglesia colegiata Marble. Según me dijo él mismo: «Me he montado sobre el rayo mental y espiritual y ya no me voy a bajar de él». Mantuvo esa promesa hasta que murió en un accidente, a la edad de setenta y tres años.

El incidente también fue ilustrativo y educativo para mí, ya que demostró el poderoso efecto que una pauta de pensamiento enfermiza puede tener sobre las reacciones del cuerpo. En muchas ocasiones, después de aquella experiencia, he realizado un trabajo de rehabilitación sobre mis propios pensamientos cuando me siento cansado, agotado o de algún otro modo privado de mi energía habitual.

Inconscientemente, podemos ir creándonos una imagen mental de pensamiento enfermo que puede tener como resultado una enfermedad debilitadora e incluso grave. Ciertamente, eso reduce la eficiencia. El fabuloso secreto de la energía y del pensamiento vitalista debería ser utilizado para activar el principio positivo. El resultado será, invariablemente, una renovada fuerza de la personalidad.

Contacte con la fuerza vital

Fue en los escritos de Myrtle Fillmore, quien con su esposo fundó la Escuela de Unidad del Cristianismo, donde fui consciente por primera vez del importante concepto de la fuerza vital. Ese concepto se basa en el principio de que no fuimos creados y dotados de fuerza vital únicamente para que ésta empezara a declinar de inmediato. La verdad es que podemos estar constantemente en un proceso de recreación a través del cual la poderosa fuerza vital se transforma en vitalidad siempre renovada. He observado que quienes practican el fabuloso secreto de la energía y del pensamiento vitalista poseen un poder vibrante, que funciona extraordinariamente bien, a pesar de todos esos enemigos del bienestar que suelen agotar la fortaleza.

A lo largo de años de un programa extremadamente activo de escritura, conferencias, correcciones, ediciones y administración, he mantenido en funcionamiento mi propia energía y vitalidad, mediante la afirmación de la fuerza vital, al visualizarla como algo que fluye continuamente a través de la mente y el cuerpo. Esta práctica ha renovado constantemente mi fortaleza y ha mantenido en funcionamiento el flujo de la energía, sin obstáculos y sin disminuciones. Ciertamente, a veces me siento cansado, pero nunca es un cansancio que no se pueda reparar con una buena noche de descanso. Mi trabajo me exige tener siempre varias pelotas en el aire, por decirlo así, y ser convocado casi a diario para tomar decisiones en una diversidad de campos. Y siempre está la necesidad de seguir produciendo. Puesto que sin energía y vitalidad ninguna persona activa podría seguir un programa vigoroso, es una cuestión de máxima importancia aprender a mantenerla en funcionamiento.

La forma en que un médico la mantuvo en funcionamiento

En los primeros tiempos pasados en Nueva York, cuando me tenía que adaptar constantemente a un programa cada vez más intenso y experimentar la tensión que a menudo acompaña a tal actividad impulsora, me hice amigo del ya fallecido doctor William Seaman Bainbridge, que practicaba la medicina en Gramercy Park, en Manhattan. Era un hombre extraordinariamente ocupado, no sólo en su propia profesión, sino también en numerosas organizaciones, en las que inevitablemente era el líder.

Un día, pronuncié una vigorosa conferencia en el Club Rotario de Nueva York, de la que él era presidente y yo miembro. Estas reuniones se programan para que terminen pronto, a las dos menos cuarto, pues todos los rotarios son empresarios y profesionales con compromisos que atender. El doctor Bainbridge, que siempre tenía una consulta llena de pacientes que le esperaban, había programado su primera consulta para las dos de la tarde. «Vamos, Norman —me dijo apresuradamente—, tomemos un taxi y vayamos juntos al centro de la ciudad. Quiero que pases por mi consulta durante cinco minutos, antes de que vayas a tu despacho.» A las dos menos diez llegamos a su vieja casa de piedra en Gramercy Park y entramos en su despacho privado. Fuera, en la sala de espera, ya había una gran cantidad de pacientes.

«Fue una magnífica charla la que diste en el Rotario —me dijo—. Te entregaste por completo. Seguramente tienes un programa muy apretado, como lo tengo yo, y creo que tenemos que reducirlo un poco. Relajémonos y recuperemos la vieja energía y vitalidad para compensar el gran gasto de energía que hemos estado haciendo.» Tras decir eso, se dejó caer en un gran sillón y estiró las piernas, dejando caer limpiamente los brazos sobre los lados del sillón, con la cabeza apoyada hacia atrás, sobre el respaldo. «Haz lo mismo», me dijo. Así lo hice y me senté en otro sillón, de forma similar.

Después de un minuto de silencio, dijo: «La paz y la quietud llenan nuestras mentes. La renovación está teniendo lugar ahora en nuestros cuerpos físicos. Estamos siendo ahora recreados en cada parte de nuestro ser. Se nos está dando control de energía suficiente para nuestras necesidades». A ello siguió otro momento de silencio, hasta que finalmente hizo una afirmación impresionante: «Está bien, ahora ya estamos preparados para iniciar otra tarde ajetreada. Ésa es la receta que te doy, amigo mío», concluyó, con su tono habitual. Inmediatamente después, hizo pasar a su primer paciente y yo salí al frenético tráfico de Nueva

York, preparado para seguir funcionando. Desde que me enseñó este método, hace ya más de treinta años, lo he seguido fielmente para volver a recuperar la energía.

La forma en que un embajador seguía funcionando

Lawrence Townsend, que fue embajador en Austria y en otros países, fue un hombre alto, ágil y vigoroso hasta más allá de los noventa años. Su porte erguido indicaba el entrenamiento militar seguido de joven. Poseía toda la elegancia y el *savoir faire* que van asociados con los embajadores tradicionales y fue un íntimo amigo del rey Jorge V y de la reina María de Inglaterra. Lo conocí bastante bien en sus últimos años y lo visité un día en su hogar de Florida.

Lo encontré en su «lugar de meditación», en su espacioso jardín. Se trataba de un recinto hecho de madera, parecido a una cabaña de troncos, sin techo, completamente abierto al sol. Llevaba puesto el bañador y observé que su piel estaba tensa, que su cuerpo era musculoso, sin grasa y que estaba bronceado. Tenía los ojos brillantes y su rostro se arrugó en una gran sonrisa al saludarme. «Discúlpame esta bienvenida informal, pero realizo mi ritual diario de vitalidad y energía. Es una práctica que me ha permitido seguir funcionando a largo plazo —explicó—. Discúlpame un momento mientras me visto y luego charlaremos y almorzaremos.»

«No, Lawrence, no te interrumpas por mí. A mí también me vendría muy bien un ritual de vitalidad y energía. Permíteme que observe cómo lo haces.» Así animado y estando ávidamente convencido de los procesos afirmativos, el señor Townsend dijo: «Está bien, así es como lo hago». Se enderezó por completo «tratando de alcanzar el cielo con la coronilla», según dijo él mismo. Con ese movimiento, colocó cada órgano en su lugar y contrarrestó así la flacidez que afecta a la forma física de la mayoría de nosotros.

A continuación, elevó los brazos hacia lo alto, como si trata-ra de alcanzar el cielo con los dedos. Después siguió un tipo bas-tante habitual de ejercitamiento y pude observar los fuertes músculos ondulándose bajo la piel.

«Ésta es la parte física del procedimiento —dijo, respirando con facilidad, sin jadeos ni señal alguna de esfuerzo—. Y ahora viene el más importante ejercicio mental y espiritual.» Todavía de pie y erguido, dijo algo como lo siguiente, que copié en aquel momento palabra por palabra y que he practicado con tanta fre-cuencia que, aun cuando la fórmula escrita ha desaparecido desde hace tiempo, ha quedado guardaba en mi memoria: «Se-ñor Dios todopoderoso, mi creador y padre celestial, mientras el sol del cielo brilla sobre mí y renueva mi cuerpo, también el sol de tu gran espíritu calienta mi mente y mi alma, renovándome por el poder de tu maravillosa gracia. —Utilizaba de una forma impresionante palabras de corte antiguo—. Vacío ahora de mi mente todo pensamiento, idea y recuerdo que no esté en armo-nía con tu bondad. Desprendo de mi conciencia todo pensa-miento egoísta, malvado e indigno. Dejo ir todas las actitudes poco caritativas, todos los temores y todos los vestigios de mala voluntad y resentimiento. A medida que mi mente se vacía y se limpia de todo pensamiento insano, tú la estás llenando ahora con pensamientos de bondad, amor y fe. Gracias, querido Señor, pues siento en estos momentos tu poder refrescante y renova-dor y me siento maravillosamente bien. Gracias, gracias».

Fórmula para dar las gracias

A eso añadió lo que llamó «la fórmula para dar las gracias». Toda-vía de pie, dijo: «Gracias, oh, Creador, por mi maravilloso cuerpo que sólo tú puedes hacer; por mi fuerte corazón, mi buen estó-mago, mi hígado sano, por mis agudos ojos, mis oídos sensibles y mi cerebro, pues todas las partes de mi cuerpo me sirven tan bien como cuando era joven. También, padre celestial, gracias por esa parte inmortal de mí mismo, mi alma, que dejo una vez más a tu cuidado. Afirmo mi deseo de servirte todos los días de mi vida, hasta que cae la noche y me entrego al descanso y en la vida eterna, todavía contigo, a quien he amado siempre. Gracias por tu gracioso perdón y por la paz de mente que me concedes cada día».

Yo estaba allí de pie, extasiado, admirando a este hombre tan insólito. Quizá algunos consideren estrambótico lo que acabo de describir, pero le puedo asegurar que este hombre era tan agudo y estaba en tan buena forma como cualquiera y que era una personalidad muy innovadora y efectiva. Vivió como un hombre fuerte y sano hasta los noventa y cinco años, y una noche, se acostó a dormir y ya no se despertó en este mundo mortal.

Pero no me cabe la menor duda de que a la mañana siguiente, en algún otro lugar de meditación más brillante y hermoso, siguió practicando su ritual de energía y pensamiento vitalista. Muchas de las personas a las que he sugerido poner en práctica este procedimiento me han testificado su eficacia. A menudo, yo mismo lo hago y produce verdaderas maravillas en el proceso de renovación de la energía. Puede realizarlo incluso en su propio hogar, sin luz solar. Eso es algo que también se puede inducir mentalmente. Cada órgano del cuerpo responderá y usted se sentirá bien. Pruebe este aspecto del principio positivo y manténgalo para seguir en funcionamiento.

No se arrastre a través de la vida

Es un hecho patético que multitudes de personas se arrastran a través de la vida de una forma terrible, con muy poco o ningún celo o entusiasmo, que es lo que normalmente debería caracterizar a todo ser humano. Probablemente, la gran mayoría de esas personas no tienen realmente nada mal a nivel físico, pero manejan sus deberes y responsabilidades de la vida de una manera poco entusiasta y poco metódica, simplemente para ir tirando. Cuando una persona hace eso, lo cierto es que no funciona como debiera. En tales circunstancias, la vida no puede ser sino necesariamente parcial y, simplemente, no se produce ni lo bueno ni lo mejor.

Pero cuando una persona de este tipo tiene una verdadera experiencia energizante y revitalizadora, queda asombrada ante la poderosa y nueva calidad de vida que lo cambia todo para ella. Aquí se aplica espectacularmente la afirmación de Thomas A. Edison, antes mencionada: «Si hiciéramos todas las cosas que somos capaces de hacer, nos asombraríamos literalmente a nosotros mismos». Así pues, vale la pena encontrar y practicar el fabuloso secreto de la energía y el pensamiento vitalista. Esas sensaciones viejas, de cansancio y apatía, quedarán eliminados, gracias a la renovada infusión de nuevo interés, celo y entusiasmo.

Mujer profesional agotada

Un incidente de renovación de la energía personal que me gusta mucho contar, se refiere a una brillante y esforzada mujer profesional de la ciudad de Nueva York, amiga de la señora Peale y mía. Esta persona tan llena de energía se desmoronó finalmente bajo un ritmo irrazonable e incontrolado y sufrió un colapso nervioso que adoptó la forma de un completo agotamiento de energía y vitalidad. Hasta entonces dinámica, se quedó ahora débil y con dificultades para fijar la atención. Se sentaba y se quedaba mirando hacia delante, con la mirada fija, sin demostrar preocupación por nada, desinteresada, tristemente deteriorada en su espíritu y, de hecho, completamente cambiada respecto de la persona siempre animada y competente que había sido.

El médico le sugirió un cambio de ambiente y ella se marchó a un centro turístico junto al mar, por donde deambuló desconsoladamente o permaneció sentada, agotada y apática. Luego, se acostumbró a ir a la playa, no para nadar, sino para sentarse o tumbarse indolentemente sobre la arena. No era temporada alta y la playa estaba prácticamente vacía. Ella disfrutó de la soledad, pues esta persona, anteriormente gregaria, evitaba ahora a la gente; le producía demasiado cansancio tratar de hablar con alguien.

A pesar de que el tiempo empezaba a refrescar, pasó muchos días en la playa. Le gustaba el estimulante aire del mar. Un día, de repente, empezó a rezar en profundidad. Era una persona religiosa, con inclinación a buscar la verdad científica espiritual y estaba convencida de la realidad de la curación divina, que no tenía por qué ser inconsistente con el tratamiento médico. Empezó a rezar específicamente por la curación de su estado. Tuvo la sensación, extrañamente cierta, de que se le concedía lo que pedía en su oración.

Y ésta se produjo de una manera curiosa. Un día, mientras estaba echada sobre la playa, en medio de unas altas hierbas, se puso a escuchar con atención el sonido del oleaje y, mientras escuchaba intensamente, se dio cuenta de la regularidad del ritmo de las olas que rompían sobre la playa. Luego, su mirada captó una sola hoja de hierba, que se movía elegantemente, impulsada por una suave brisa. Mientras observaba, empezó a darse cuenta de que la hoja también se movía con un ritmo y que el viento que movía la hierba de la playa también era rítmico. Se le ocurrió entonces tomarse el pulso y, asombrosamente, también poseía un ritmo no muy diferente al del mar, la hierba y el viento.

Impresionada por este fenómeno, meditó sobre la fascinante realidad con la que acababa de tropezarse. ¿Era cierto que toda la naturaleza estaba sincronizada, incluido su propio ser? ¿Podía ser ésa la respuesta a su intensa oración en la que pedía curación?

Pensó entonces en aquellas palabras tan familiares: «Dios realiza sus milagros de una forma misteriosa» (Himnos Olney [1779], núm. 35, de William Cowper). De repente, un pensamiento curativo cruzó por su conciencia. Su problema consistía en que había perdido el ritmo en el pensamiento. Como consecuencia de ello, ya no podía trabajar con facilidad; había demasiado impulso tenso y no suficiente relajación emocional controlada. «Lo que necesito es esa cosa maravillosa llamada "la paz de Dios, que sobrepasa todo entendimiento"» (Filipenses, 4, 7). Ahora sí que estaba ya camino de la recuperación, dándose cuenta intuitivamente de que tras la renovación del cuerpo se produciría la renovación de la mente y del espíritu. Poco a poco, gracias a una práctica consistente del principio rítmico, descubrió el secreto de la energía y del pensamiento vitalista y experimentó una plena recuperación de la salud y el vigor.

Me gusta esta historia real, que he contado a menudo a personas que se hallaban en un estado similar, porque ilustra el principio positivo y una verdadera técnica de plenitud y de organización ordenada de la personalidad. Contiene un profundo y práctico principio de verdad: conéctese con el ritmo de la naturaleza, consigo mismo, con su trabajo, con otras personas y con Dios y experimentará verdaderamente el pleno gozo de la vida. No es necesario retirarse a una playa solitaria y tumbarse en la arena para alcanzar un resultado. Este proceso de renovación de la energía y la vitalidad se puede emplear allí donde esté y en cualquier momento, pues se trata de un ejercicio de terapia mental.

Nunca se deje impulsar o agitar hasta tal punto que se desequilibre el flujo rítmico de la personalidad. Un procedimiento importante para usted y para mí y para todos los que vivimos en este mundo moderno de gente tensa, consiste en trabajar en rítmica armonía con el fabuloso secreto de la energía y el pensamiento vitalista.

Dedique cada día unos momentos, sin prisas, a pensar en la energía, en la vitalidad, e incluso a «ver» la fuerza vital que actúa en usted. Al resaltar y subrayar esta experiencia creativa funcional, su energía y su vitalidad seguirán y se mantendrán. Conservará así el principio positivo, que seguirá trabajando para usted.

Sé que estos principios de energía funcionan

Le puedo asegurar que propugno estos principios de energía y de pensamiento vitalista entre mis lectores porque los he aplicado con éxito en mi propia experiencia personal. De hecho, en este libro no se presenta nada de carácter teórico, ya que todos los principios han sido comprobados por mí mismo, personalmente, y también por otras personas en cuya integridad y juicio honrado deposito mi mayor confianza.

Durante un período de seis meses emprendí un programa de reducción de peso y pude eliminar algunos kilos. Todo fue bien hasta que empecé a experimentar períodos de debilidad y una asombrosa disminución de mi nivel de energía, con una correspondiente reducción en la vitalidad. Puesto que hasta entonces había disfrutado de un suministro aparentemente ilimitado de energía y vitalidad, esta nueva sensación de debilidad fue perturbadora e incluso desconcertante para mí. Se me aconsejó que cambiara la dieta para incluir con moderación algunos alimentos que había eliminado antes con objeto de perder peso. Pero, después de haberme esforzado tanto por quitarme unos kilos, no quería correr el riesgo de recuperarlos.

Me recetaron medicamentos para elevar el nivel de energía. Tomé una pastilla productora de energía durante unas pocas mañanas y detecté que producía algún efecto. Pero entonces decidí que no quería aumentar mi nivel de energía mediante el consumo de medicamentos, aunque fuesen inocuos. En consecuencia, al suponer que mi problema era básicamente de naturaleza mental, inicié una rutina regular de visualización o de imaginarme a mí mismo con mi antiguo nivel de energía recuperado por completo. Practiqué diariamente afirmaciones de energía, declarando que la fuerza vital estaba revitalizando mi mente y mi cuerpo. Afirmé, en términos de salud, el valor de haber disminuido de peso y que todo mi sistema estaba respondiendo con renovado vigor. El efecto que tuvo este procedimiento no tardó en dejarse sentir a cada día que pasaba. Mantuve la dieta bastante reducida, continué bajando peso hasta un nuevo nivel, pero la sensación de debilidad desapareció por completo y recuperé plenamente mi nivel habitual de vitalidad y energía.

Naturalmente, hay casos de pérdida de energía en los que la causa es básicamente de naturaleza física, en los que está indicado el empleo de tratamientos médicos, incluida la medicación. Cuando se produce una pérdida de energía, uno debería consultar al médico y seguir fielmente el tratamiento prescrito. Pero incluso en tales casos, parecería que el tratamiento mental podría servir como una ayuda en el proceso de recuperación. Y, junto con el enfoque médico y mental, la aplicación de la terapia espiritual difícilmente podría dejar de tener un efecto saludable. De hecho, conozco a un médico que, en casos de pérdida de energía, añade a sus recetas habituales una «receta espiritual» de tipo verbal. Aconseja al paciente que pronuncie mentalmente las siguientes palabras que, según afirma, sabe que aceleran la recuperación: «Pero los que esperan a Jehová tendrán nuevas fuerzas; levantarán alas como las águilas; correrán, y no se cansarán; caminarán, y no se fatigarán» (Isaías, 40, 31). Esa afirmación del principio positivo es un agente viable para producir energía.

La motivación acabó con la inercia

En la reunión de una asociación comercial nacional en la que me dirigí a los delegados en su banquete de la convención anual, hablé sobre el tema de por qué los pensadores positivos obtienen resultados positivos. Después de mi charla, un hombre me preguntó si podía hablar conmigo acerca de un tema que parecía preocuparle considerablemente. Parecía tener unos cuarenta y cinco años pero, ante mi sorpresa, me dijo que sólo tenía treinta y cinco, es decir, que era diez años más joven de lo que yo había supuesto. La apariencia de mayor edad venía dada por una expresión de agotamiento en su rostro y por una pronunciada caída de sus hombros. Daba más bien la impresión de ser una persona que se estuviese recuperando lentamente de una enfermedad, y parecía estar muy bajo de ánimo.

Al sentarnos en el salón del hotel, me explicó que no lograba llegar a ninguna parte y que ya no disfrutaba realizando su trabajo. Por lo visto, ocupaba un puesto ejecutivo en una empresa, ni muy bajo ni muy alto, y comentó abatido:

—Una cosa es segura: ya no espero llegar a ningún lado en la empresa. He alcanzado mi techo.

—¿Por qué no? —le pregunté—. ¿Y cuál es su techo?

—Oh —exclamó con un tono débil y deprimido—, nadie me tiene en mucha consideración. Saben que no estoy en la vanguardia, que he sido tachado para posibles ascensos. En realidad, es un milagro que no me hayan despedido. No podría echárselo en cara si lo hicieran.

—¿Se le ha ocurrido alguna idea nueva, alguna sugerencia fresca e innovadora? ¿Pertenece realmente al equipo directivo de la empresa? ¿Muestra interés por lo que sucede? ¿Está remando con todas sus ganas? —le pregunté.

—Oh, no, nunca se me ocurren ideas y, siendo así, ¿cómo puedo ser innovador? Además, me cuesta encontrar el ritmo por la mañana y en ningún momento actúo con mucha fuerza —respondió.

Sospechando la posibilidad de que pudiera haber algún problema físico, le pregunté si se había efectuado un chequeo médico y, al parecer, había pasado los exámenes y análisis sin problemas, aunque el médico le había hecho un comentario acerca de una cierta inactividad general. Pero, aparte de eso, su estado de salud parecía aceptable.

Entonces, me tomó completamente por sorpresa.

—Detesto decírselo —dijo con bastante displicencia—, pero he leído su libro *El entusiasmo establece la diferencia* y realmente me impactó, me puso en marcha y durante un tiempo empecé a hacer cosas, pero luego, todo ese entusiasmo fue desapareciendo y ¡fíjese ahora en mí!

Al preguntarle qué había sucedido para que desapareciese aquel entusiasmo, empezó a hablarme de unos pocos golpes y reveses que había sufrido.

—Realmente, pudieron conmigo— admitió.

—Pero entonces, amigo mío —le expliqué— no debió de ser un entusiasmo de buena fe si no pudo soportar unos pocos golpes o incluso una conmoción. El entusiasmo no hay que aplicarlo únicamente cuando hace buen tiempo y todo resulta fácil. Casi cualquiera puede seguir adelante cuando las cosas van bien. El entusiasmo es para cuando se producen los reveses, y una de las particularidades que tienen los reveses es que no llegan aisladamente, sino a puñados. Es precisamente entonces cuando necesitamos que el entusiasmo se ponga a trabajar. Está diseñado para darle el ánimo que necesita cuando las cosas se ponen feas. Supongo que no leyó el libro tan perceptivamente, o quizá yo no logré transmitir esa idea con claridad. Necesita hacer otro intento con ese entusiasmo. Sabe lo que significa la palabra, ¿verdad? Procede de *entheos*, que en griego significa «Dios en ti». Le sugiero, pues, que quizá necesite algo más de Dios en usted.

—Pero ¿cómo se hace eso? Francamente, no lo entiendo. Yo soy de los que van a la iglesia de vez en cuando. Un creyente, aunque supongo que nunca lo fui intensamente, al menos en los términos que usted da a entender —me dijo.

Intenté explicarle que en el principio de la vida espiritual existe una poderosa fuerza que nos llena de energía. Toda la energía se inició con el Creador, que infundió con ella no sólo todos los procesos naturales, sino también la forma más elevada de la naturaleza, la humana. En consecuencia, cuanto más estrechamente se identifica una persona con el Creador, tanto más seguramente experimentará en su propia naturaleza el proceso de la recreación, que sigue funcionando en toda la creación. El individuo que ha permitido llegar hasta el agotamiento de su espíritu, puede renovarse al regresar mentalmente al Creador, cuya función consiste en recrear, así como en crear. Le cité un pasaje de la Biblia que contiene este tipo de razonamiento: «Porque en Él vivimos, y nos movemos, y somos» (Hechos, 17, 28). Ello quiere decir que en el Creador y Recreador vivimos, es decir, que tenemos vitalidad; que en Él nos movemos (tenemos energía) y tenemos nuestro ser (funcionamos como una persona bien organizada).

Eso fue todo lo que tuve que decirle. Nos estrechamos las manos y nos separamos. Él, sin embargo, se mantuvo en contacto conmigo. Regresó a su casa y, por lo visto, le contó a uno de sus amigos nuestra conversación, y quedó sorprendido al saber que él también se había encontrado en el mismo camino cuesta abajo, pero que había hallado la respuesta que cambió sus actitudes y que también lo cambió a él. Llevó a nuestro hombre a un desayuno semanal de empresarios, una reunión de orientación espiritual, donde fue cálidamente recibido. Según me comentó más tarde: «Esos hombres, todos ellos líderes en nuestra ciudad, tenían una calidad de vida como no había visto nunca antes. Gracias a su amable comprensión, después de varias semanas de asistir a estas reuniones, finalmente hice lo que usted me sugirió y, a mi manera, estoy seguro de haber encontrado el poder. Ese viejo entusiasmo está regresando realmente. Es sorprendente cómo esta nueva motivación me está librando de aquella inercia que me llevaba cuesta abajo, hacia el fracaso».

Este hombre cambió su pauta de pensamientos deprimidos mediante la utilización del fabuloso secreto de la energía y del pensamiento vitalista.

Descubrió el principio positivo y ahora ha aprendido a mantenerlo en funcionamiento.

Curó su actitud mental

Observé a Gary Nolan, lanzador estrella del equipo de béisbol de los Cincinnati Reds, de la liga nacional, mientras lanzaba brillantemente en el partido final decisivo de la temporada de 1975, contra los Pittsburgh Pirates. Pero, antes de que Gary Nolan pudiera asegurar esta victoria sobre un equipo potente y desafiante, tuvo que alcanzar primero una victoria personal sobre el pensamiento negativo. La siguiente historia, publicada en el periódico, que se reproduce aquí literalmente, describe muy bien el proceso de control mental que precedió al control del brazo de este gran lanzador. Descubrió así la aplicación secreta de la energía y del pensamiento vitalista contenida en el principio positivo. Pero lea el siguiente artículo (de Marty Gunther, publicado en el *The National Tattler*):

El potente lanzador Gary Nolan acredita la salvación de su carrera en el béisbol al doctor Norman Vincent Peale y su filosofía del «poder del pensamiento positivo».

Nolan admite que estaba dispuesto para abandonar el juego a la edad de veintiséis años, antes de que las palabras del doctor Peale le inspirasen para efectuar un espectacular regreso.

Nolan era un diestro lanzador estrella de los Cincinnati Reds antes de aquel partido de todas las estrellas de 1972, en el que se alcanzó un sensacional récord de 12-3.

Pero pronto le aparecieron problemas en el hombro, que lo han estado molestando desde entonces.

Se le desarrolló un espolón óseo insólitamente grande que le rozaba dolorosamente contra los músculos, exquisitamente entrenados. Las cosas se pusieron tan mal que Nolan anunció su retirada a mitad de la temporada de 1974.

Pero la operación quirúrgica a la que fue sometido durante el invierno y la ayuda de un libro escrito por el doctor Peale le han permitido regresar al campo.

—Me sentía más bajo que la panza de una serpiente —dijo Nolan—. Pero eso fue hasta que se me recordó la historia del tipo que tenía lástima de sí mismo porque no tenía zapatos y entonces se encontró con otro hombre que no tenía piernas.

Sintiéndose en las profundidades de la desesperación, pero confiando todavía en recuperar la buena forma que le había permitido ganarse el reconocimiento como uno de los mejores lanzadores de la liga nacional, se sometió al bisturí del cirujano.

Fue una decisión tomada de mala gana.

—Deseaba no haber tenido que hacerlo —dijo Nolan—. Es algo puramente psicológico. Mencionas la operación quirúrgica a cualquier lanzador y todo el mundo se alborota.

Pero la operación fue un éxito. Los médicos le extirparon el espolón óseo, pero no pudieron hacer lo mismo con la impresión de dos años de fracasos como lanzador, que aquel espolón había dejado en la mente de Nolan.

Fue entonces cuando entró en contacto con el libro escrito por Peale, uno de los más destacados exponentes de la habilidad del ser humano para superar hasta las mayores dificultades, gracias a una adecuada actitud mental.

—Me lo dejó Tony Cloninger, un antiguo compañero de equipo —dijo Nolan—, que lo consiguió cuando fue a ver a Peale en busca de ayuda. Me dio el libro en un momento en que me había desaparecido toda la seguridad que tenía en mí mismo.

»El libro resaltaba el poder del pensamiento positivo y de la fortaleza interior.

Nolan leyó cuidadosamente el libro y captó todo el impacto del mensaje de Peale. Recuperó así su confianza en sí mismo y eso se puso de manifiesto en su juego.

Cuando ya había transcurrido un tercio de la temporada, el lanzador, de veintisiete años de edad, se encuentra entre los quince primeros en la liga y ha permitido las menores carreras por tiempo de lanzamiento.

Y los Reds adelantan por un cómodo margen a los Dodgers de Los Ángeles, sus rivales de siempre y ganadores de la banderola de 1974.

Sparky Anderson, el director de los de Cincinnati, ha recibido una invisible ayuda de lanzamiento de manos de Norman Vincent Peale.

Resumamos la décima forma de mantener en funcionamiento el principio positivo:

1. Aprenda el fabuloso secreto de la energía y el pensamiento vitalista.
2. Vacíe la mente de todo tipo de pensamientos poco sanos y sustitúyalos por conceptos completos y creativos.
3. Visualice la fuerza vital que funciona continuamente dentro de usted, refrescando el cuerpo, la mente y el espíritu.
4. Afirme diariamente, más de una vez, que ahora está renovando la energía y la vitalidad.
5. Entre en armonía con el ritmo básico de la vida que el Creador puso en movimiento.
6. Recuerde el comentario de Edison: «Si hiciéramos todas las cosas que somos capaces de hacer, nos asombraríamos literalmente a nosotros mismos».
7. ¡Asómbrese a sí mismo!
8. Procure que sus actitudes mentales sean siempre saludables.
9. Relacione toda actividad con el principio positivo y manténgalo fuerte cada día.

Undécima forma
de mantener en funcionamiento
el principio positivo

LA FE PROFUNDA SIEMPRE
SUPERA LAS DIFICULTADES

Cuando la vagoneta de la montaña rusa alcanzó el punto más alto de la escarpada ascensión e inició el balanceo descendente con una velocidad que aumentaba rápidamente, el muchacho se sintió aterrorizado. Imaginó que la vagoneta se salía de la vía y mataba a todos sus ocupantes. Sumido en un agudo temor, se aferró a la barra que tenía delante. El padre, al percibir la reacción de su hijo, lo rodeó fuertemente con su brazo, atrayéndolo hacia sí. Tranquilizado ante aquella prueba de protección, el muchacho pudo controlar su terror.

Victoria sobre el temor

Muchos años después de este incidente en un parque de atracciones del Medio Oeste, el muchacho, convertido ahora en un hombre de veinticinco años, se vio expuesto a una experiencia de temor mucho más intensa. Esta vez encontró dentro de sí una fe profunda que no sólo lo sostuvo, sino que lo libró para siempre del temor. Jerry Adams me contó esta emocionante y conmovedora historia mientras me llevaba en su coche al aeropuerto, después de que hubiese pronunciado una conferencia en su ciudad. Habíamos hablado sobre la importancia que ocupa la fe en una vida vivida con éxito y surgió entonces el tema del temor destructivo. Afirmó, serenamente, que ya no se sentía afectado por el temor, que estaba seguro de que jamás volvería a tener miedo, ni en la vida ni en la muerte. Eso lo dijo con una serena tranquilidad y con una ausencia total de fanfarronería. Era evidente que Jerry Adams había alcanzado esa calidad de fe profunda que elimina todo temor. Había alcanzado la fe que vence todas las dificultades.

Al sentirme profundamente interesado por cualquier victoria humana sobre el temor, el más grande de todos los adversarios, le pregunté la razón de una afirmación expresada con tan absoluta convicción. Todo se desarrolló a partir de un incidente ocurrido en el *Oriskany*, un portaaviones, frente a la costa de Vietnam.

Como bombardero/navegante, Jerry realizaba diariamente dos misiones de vuelo de bombardeo sobre territorio enemigo. Dos veces al día, su avión era catapultado al aire. Ésa no es precisamente la más serena de las experiencias, como sé muy bien personalmente, después de haber sido catapultado desde la cubierta del *Kitty Hawk*. Sobre Vietnam del norte, Jerry y sus camaradas afrontaban el peligro del fuego antiaéreo. Y cada vez que regresaban, los hombres tenían que encontrar aquella pequeña mancha de la cubierta de aterrizaje en medio de la gran extensión del mar. Todo ello ofrecía muchas oportunidades para sentirse atemorizado. Pero el mayor terror de Jerry era el de ser derribados y capturados por un enemigo con fama de despiadado.

La experiencia más aterradora

Entonces, surgió la experiencia más aterradora de todas, pero con la que encontró el impulso necesario para librarse por completo del temor. El personal del bombardero de Jerry estaba compuesto por el teniente comandante Richard Walls y el teniente Ignatius Signorelli, además de un alférez que iba como pasajero hasta Saigón. El lanzamiento de un bombardero siempre es una experiencia que impone mucho respeto, y cuyo propósito consiste en lanzar al aire un avión de treinta y cinco toneladas desde una posición de reposo, para que alcance una velocidad de trescientos veinte kilómetros por hora en sólo cincuenta metros de cubierta.

La tripulación había sido comprobada y estaba dispuesta para partir. Con las cabezas colocadas contra los asientos, los hombres esperaban el potente impulso de la catapulta. El ruido aumentó hasta alcanzar un volumen terrorífico, la presión aumentó y el avión chirriaba contra los cables que lo sujetaban. El muchacho que había tenido miedo en aquella montaña rusa del Medio Oeste tanto tiempo atrás, estaba sentado ahora, a la espera del impulso de la catapulta que les permitiría despegar para cumplir otra misión. Pero, en lugar del despegue rutinario, se produjo una fuerte sacudida y un estruendo de metal que se desgarraba. El avión destrozado se deslizó por la cubierta, saltó sobre el borde y cayó desde una altura de más de treinta metros o el equivalente de diez pisos, hundiéndose en el océano, con los hombres atrapados dentro.

En esta trágica caída al océano, la certidumbre de la muerte cruzó por la mente de Jerry. Pero también brotó entonces la abrumadora convicción de que no estaba solo. Tuvo una conciencia de la presencia de Jesús, sintió esa presencia de una forma intensa y sin el menor género de duda. Supo instantáneamente que tanto si era la vida como la muerte, se ocuparían de él. Pareció sentir a su alrededor el brazo fuerte del padre celestial y no sintió el menor pánico. No hubo temor.

Tras caer desde la gran altura de la cubierta del portaaviones, él y sus compañeros se hundieron quizá unos veinte metros en el agua. Cuanto más se hundían, más oscuridad les rodeaba. Haciendo esfuerzos por localizar la escotilla de escape, se dio cuenta de que no había carlinga; no había quedado nada. Seguía sujeto por las correas a su asiento y algo tironeaba de sus pies, indudablemente una parte del avión desgarrado. Eso le hizo preguntarse si volvería a alcanzar la superficie del agua, puesto que no experimentaba ninguna sensación en ninguna pierna. Se dio cuenta entonces de que las tenía partidas. Respondiendo automáticamente a su entrenamiento de supervivencia, se liberó de las correas del vientre y los hombros, infló su salvavidas Mae West y, con los pulmones a punto de estallar por la falta de aire, salió bruscamente a la superficie. Vio la enorme masa del *Oriskany* a sólo unos pocos metros de distancia. Se deslizó tan cerca de él que se encontró bajo el alero del gran barco. El capitán había ordenado girar en redondo, protegiendo así a los hombres que habían caído al mar de las gigantescas hélices del barco.

Todos ellos fueron rescatados. Jerry fue izado por un helicóptero y perdió el conocimiento a causa de un increíble dolor. Después de pasar doce meses en el hospital y de sufrir varias operaciones, pudo caminar de nuevo. Pero, al terminar de narrar su dramática historia, repitió: «Ahora sé que el Señor siempre está cerca y no volveré a tener nunca miedo. Y cuando finalmente me llegue la muerte, no tendré miedo, pues Él estará allí, para cuidar de mí.

Este hombre se había encontrado con uno de los más grandes hechos de esta vida, quizá incluso el hecho supremo: que no estamos solos.

En esta experiencia tan cercana a la muerte, descubrió ese valor definitivo llamado fe profunda, la clase de fe capaz de vencer todas las dificultades.

Antes de esta experiencia, había acudido a la iglesia con regularidad y, siendo un muchacho, se había educado en la escuela dominical. Pero esto fue diferente, ésta era una nueva fe en profundidad. Le produjo la profunda e inconmovible seguridad y la más absoluta certeza, sin la menor duda de que en este mundo o en el siguiente no hay nada que temer, pues el Padre siempre nos protege rodeándonos con su brazo.

Más grande que sus dificultades

Esta experiencia del principio positivo conduce a la toma de conciencia de que uno es más grande que las propias dificultades. Usted posee el poder potencial para enfrentarse a las dificultades y superarlas, todas ellas, sin que importen lo amenazadoras, lo formidables o lo terriblemente impresionantes que parezcan. Y el potencial al que nos referimos es una fe en profundidad, el mayor poder que el ser humano tiene a su disposición, la fuerza mediante la cual podrá mover montañas de dificultad. ¿Recuerda lo que dice la Biblia sobre el tema? «De cierto os digo, que si tuviereis fe, y no dudareis, no sólo haréis esto de la higuera, sino que si a este monte dijereis: Quítate y échate en el mar, será hecho» (Mateo, 21, 21).

Pero la clase de fe capaz de lograr hazañas tan extraordinarias es un tipo de convicción extra, una actitud muy profunda que jamás acepta la derrota. Es una intensidad de la convicción, una intensidad de la actitud positiva, de la fe en Dios, de la fe en la vida y en uno mismo. Es un poderoso concepto integrado en la conciencia, realmente integrado en la esencia interior de la mente que, cuando se necesita, pondrá en marcha poderosas fuerzas creativas que acudirán en su ayuda. Y esta convicción es tan fuerte que no admitirá duda alguna, absolutamente ninguna duda. De hecho, la duda no ejerce el menor efecto sobre esta fe tan intensa, sobre esta fe de calidad profunda.

Esto no quiere decir, claro está, que jamás surja ninguna duda. Hay momentos en que todo el mundo experimenta dudas, y eso puede ser horrible, ya que oscurece la mente con descorazonadores aspectos negativos. Pero la diferencia entre no tener fe, tener una fe blanda y formal o una fe profunda, es que la duda bombardea inútilmente a esta última.

Esta clase de fe es impermeable a la duda, de tal modo que el ataque de ésta se agota en sí mismo, y el que tiene fe profunda continúa manejando victoriosamente sus dificultades.

Ejerce su poder para mantener en funcionamiento el principio positivo.

Indudablemente, surge de inmediato la cuestión de cómo el individuo medio puede cultivar una fe de esta calidad profunda. Y, naturalmente, la respuesta consiste en desarrollar actitudes condicionadas hacia Dios o, por decirlo de otro modo, aumentar la conciencia de Dios hasta tal punto que mentalmente y en todo momento, sean cuales fueren las condiciones, cualquier dificultad aterradora no le afecte ni tenga poder alguno sobre usted. Una vez más, esto puede parecerle increíble hasta que se decida a desarrollar la intensidad de la convicción mediante la práctica y la construcción mental de actitudes de fe.

En cierta ocasión, en Alberta, Canadá, pronuncié una conferencia en la cena anual organizada por la Cámara de Comercio. Había una gran multitud entusiasmada y, en el discurso, desarrollé mis conceptos del pensamiento positivo. Después, mientras estrechaba las manos de la gente que acudía a saludarme un hombre se me acercó jovialmente; ninguna otra expresión podría transmitir mejor su actitud de alegría, entusiasmo y evidente viveza. En apenas unas pocas frases, pronunciadas con rapidez y fuerza, me proporcionó una de las más valiosas fórmulas mentales de superación que haya escuchado. Había otras personas esperando para saludarme y el hombre habló con tal rapidez y brevedad que ya se había marchado antes de que pudiera captar su nombre. Pero aquel porte alegre y vivo y las potentes palabras que pronunció, todavía perduran en mi memoria.

Niegue la adversidad

«Hubo un tiempo en que todo podía conmigo —afirmó—. Cualquier dificultad me derribaba y, créame, surgían constantemente. Siempre esperaba nuevas y mayores dificultades y no me sentía decepcionado, pues parecían ser cada vez más grandes.

Entonces leí un artículo en una pequeña revista que alguien había dejado en el asiento de un autobús. Hablaba de la negación de la adversidad. Y yo pensé: "Es una locura decir que la negación de la adversidad será suficiente para que ésta desaparezca". Pero el artículo contenía una afirmación que me causó una profunda impresión. Era la siguiente: "Si Dios es por nosotros, ¿quién contra nosotros?" / Romanos, 8, 31). Mientras pensaba en ello, lo personalicé: "Si Dios está por mí, ¿quién o qué puede estar contra mí?"

»En cualquier caso, empecé a negar las cosas adversas que me abrumaban y, al mismo tiempo, practiqué la afirmación de que Dios está por mí y, en consecuencia, ¿qué puede estar contra mí? Debería usted probarlo —añadió triunfante—. Le situará en el camino que conduce a la victoria, como hizo conmigo.»

Y, tras decir esto, me estrechó la mano con fuerza y se perdió entre la multitud.

El caso es que quedé tan impresionado, que seguí su consejo. Empecé a negar la adversidad y a afirmar el apoyo espiritual y, asombrosamente, las dificultades parecieron menores en número y, ciertamente, menos formidables. No desaparecieron del todo, claro está. De hecho, periódicamente surgen algunas con las que tengo que enfrentarme y eso es algo que siempre sucederá. Pero su poder ha disminuido y mi dominio sobre ellas ha aumentado. Eso es un hecho, y muy maravilloso, por cierto.

En otra ocasión cité la afirmación atribuida a Sigmund Freud según la cual el principal deber de un ser humano es soportar la vida. Obviamente, es cierto que tenemos que soportar ciertas cosas, aprender a vivir con ciertos factores que son desagradables y ante los que no parece haber alternativa, al menos en nuestro estado actual de falta de iluminación. Pero si esa fuese toda la historia, la existencia sería bastante inexorable. Prefiero pensar que el principal deber de todo ser humano consiste en situarse en lo más alto de la vida y de las dificultades. Por ello, este capítulo trata sobre el poder de la fe profunda para ayudarnos a vencer esas dificultades. El hombre que me abordó en Canadá, en aquel encuentro tan breve como inolvidable, me transmitió el hecho de una intensa convicción como la fuente de su notable capacidad para negar la adversidad. Demostró ser una dinámica expresión nueva del principio positivo.

Organice sus dificultades

El famoso investigador y científico Charles F. Kettering, indicó en cierta ocasión que una buena exposición de un problema supone la mitad de la solución al mismo. Un paso importante para manejar las dificultades consiste en organizarlas de forma ordenada, de modo que pueda verlas tal como son y cada una de ellas en relación con las otras. Temístocles, un famoso estadista-soldado de la Antigüedad, llamó la atención sobre el valor de expresar con palabras un problema antes que pensar en él subjetivamente: «El discurso del hombre es como los tapices bordados puesto que, como ellos, éste también tiene que extenderse para mostrar sus matices, pero cuando se enrolla, los oculta y distorsiona» (de *Vidas, Temístocles*, de Plutarco, Sec. 29). De modo similar, cuando aparecen el temor o el pánico, los elementos de un problema suelen hacerlo parecer tan formidable que no se corresponde con los hechos. Lo que necesitamos es organizar bien esos hechos para poder solucionar con éxito cualquier problema que se nos presente.

Otra razón por la que la fe práctica tiene la máxima importancia y valor es que uno de sus productos secundarios es una reacción no emocionalizada ante cualquier problema. Quien está convencido de ello y ha reducido el elemento del temor, aun no habiéndolo eliminado por completo, podrá pensar con claridad y objetividad. Verá los hechos tal como son, sin que éstos aparezcan coloreados por suposiciones matizadas emocionalmente. Será capaz de afrontar una situación que, vista emocionalmente, podría parecer extremadamente difícil si no imposible y, en consecuencia, podrá alcanzar un buen resultado.

Con excesiva frecuencia se nos ha presentado la fe como un punto de vista eclesiástico ambiguo, como una especie de agradable actitud pero que, en realidad, poco tiene que ver con la dura realidad. Afortunadamente, la gente es ahora consciente de que la fe es mucho más que eso; la fe es un proceso mental dinámico, condicionado por fórmulas prácticas y científicas. Un número creciente de personas está aprendiendo que las enseñanzas espirituales contienen técnicas científicas y prácticas que funcionan cuando se trabaja en ellas. Un sencillo ejemplo de la vida cotidiana es aquella situación en la que se siente aversión por una persona, de la que se va a recibir aversión a cambio, algo que suele privarle de la alegría de la vida. Pero si se ama a la gente, tal como dicta la ley espiritual, inevitablemente se recibe amor a cambio y, con ello, se experimenta una alegría capaz de hacer de usted una persona feliz. Así pues, no sea una de esas llamadas personas prácticas que desean insistir en que la fe es algo teórico y nada práctico. ¿Cómo sacar algo en limpio de eso?

Una de las características principales de la fe es el sentido común. Un empresario muy astuto en el ámbito económico era también un extraordinario líder espiritual. Poseía esa rara combinación de espiritualidad y sentido práctico que demuestra que estas dos cualidades poseen una gran afinidad. Todavía recuerdo su ingeniosa versión de las palabras de san Pablo: «Y ahora permanecen la fe, la esperanza y el amor, estos tres; pero el mayor de ellos es el sentido común» (1 Corintios, 13, 13, parafraseado).

«Como un grano de mostaza»

La fe en profundidad y su sistema práctico de organizar la mente cuando se enfrenta con las dificultades, fueron señaladas por la experiencia de un entrevistador de televisión en cierta ocasión en que fui su invitado en su popular programa en una ciudad del Sudeste de Estados Unidos. Él quería hablar de lo que llamaba mis ideas sobre el pensamiento positivo y su relación con los conceptos espirituales. En la entrevista, perfilé mis técnicas espirituales positivas de pensamiento y acción e insistí en que eran prácticas, viables y muy funcionales. Recuerdo que dije que la mente espiritual es una mente organizada, que tiene el poder de manejar los problemas con una efectividad extra porque es capaz de poner en marcha todos los factores para adoptar un enfoque científico respecto de la solución del problema.

Este concepto alteró al entrevistador, quien tenía la noción tradicional de que lo espiritual es una especie de actitud idealizada y soñadora, que no está relacionada con los asuntos prácticos del mundo.

—¿Quiere decir que con eso que usted llama fe profunda puedo resolver un problema personal que me esté preocupando en la actualidad?

—Desde luego —le contesté.

—Pero de mi fe no puede decirse que sea profunda —indicó—, ni siquiera esforzándome mucho. De hecho, aunque creo, podría decirse que toda mi fe es bastante superficial e indefinida.

Le dije que no necesitaba tener tanta fe y cité las palabras: «Porque de cierto os digo, que si tuviereis fe como un grano de mostaza..., nada os será imposible» (Mateo, 17, 20) y añadí que la cuestión no estribaba en la extensión de la fe de uno, sino en la realidad y en la calidad profunda de aquello que se tiene. Incluso la esencia tiene el poder, siempre que sea honrada y real.

Cómo vendió su casa

Nuestra conversación tenía lugar en el estudio de televisión, delante de una gran multitud y, naturalmente, de una audiencia todavía mayor que sintonizaba ese canal. Como siempre, tuve cuidado de no hacer afirmaciones que luego no pudieran sustentarse en los hechos. En realidad, no creo haber hecho nunca conscientemente, en conferencias públicas, en libros o artículos o en conversaciones particulares, ninguna afirmación en la que no crea como una verdad absoluta, que no pueda ser comprobada por la experiencia, ya sea de mí mismo o de otros en cuya veracidad confío.

Así que, cuando el entrevistador expuso su problema personal, le aseguré que, mediante la aplicación de los principios científicos espirituales podría obtener una respuesta práctica que sería correcta y adecuada para todos los implicados en el problema.

El entrevistador me explicó que tenía casi todos sus ahorros invertidos en una casa situada en una ciudad de Michigan, adquirida pocos meses antes de que fuese trasladado al lugar en el que ahora se encontraba. Había probado todas las formas posibles de vender la casa, sin resultado alguno. Mientras tanto, la propiedad no le producía nada y se veía agobiado por los impuestos. Finalmente, probó con la oración «como último recurso», pero eso tampoco funcionó.

—Seguía empantanado con la casa. Ahora llega usted y expone esa idea de la fe profunda como un sistema de procedimiento práctico. Permítame decírselo claramente: no dudo de lo que usted dice y sé que está usted sinceramente convencido de que es cierto, pero sí me gustaría saber cómo aplicar esos preceptos de sentido común a mi problema práctico.

—Está bien —repliqué—. Echemos un vistazo a lo que ha estado haciendo hasta ahora. Organicemos este problema. Tal como lo expone, tengo la sensación de que está muy preocupado por el tema. Lo primero que hay que hacer es corregir eso, pues el pensamiento sano y práctico nunca procede de un sistema de pensamiento preocupado que se siente agobiado. En segundo lugar, me transmite la idea de que desea rematar esta venta. No diría nada si quisiera usted obtener, además, un buen beneficio, pero la avidez suele ser un elemento autoderrotador.

—Me ha pillado en las dos cosas —confesó—. Quizá le haya puesto un precio superior a lo que merecería una consideración más justa.

—También dice que ha recurrido desesperadamente a la oración. Debo decirle que la oración desesperada es mucho menos efectiva que la oración aseverativa en la que afirma confiadamente que ahora mismo hay fuerzas de carácter espiritual que se están poniendo en marcha y que culminarán en una venta satisfactoria de la casa. Relájese mentalmente y conecte su mente con el tiempo nada apresurado en el que suceden las cosas espirituales —le aconsejé.

Finalmente, le pregunté en quién pensaba al imaginar esta esperada transacción. Me contestó sorprendido:

—En mí mismo. ¿En quién si no?

Pasé a explicarle entonces otro principio que me parecía importante. Le pedí que visualizara al tipo de persona para quien la casa fuese ideal.

—Nunca había pensado en eso. En realidad, ahora que lo pienso, es una casa ideal para una pareja joven con tres hijos —me dijo.

—Bien, ¿qué le parece entonces si formamos una imagen mental de una familia de esas características, que esté buscando precisamente esa clase de casa y los «vemos» encontrando la suya? Luego, cuando acudan a ver la casa, puesto que usted ya sabe que está destinada a ellos, elabore condiciones que les ayuden a comprarla y mediante las que pueda recuperar su propia inversión —le propuse.

Me dirigió una mirada extrañada.

—¿Sabe una cosa? —me dijo—. Eso tiene sentido. Realmente lo tiene. Me pondré a trabajar en eso.

Con asombro, pero también con entusiasmo, me llamó por teléfono unas pocas semanas más tarde.

—Llegaron…, justo la familia que visualizamos. Y son gente maravillosa. Hicimos un trato que es justo para ambas partes. Y,

¡vaya!, me ha convencido usted con ese principio práctico y científico de la fe profunda —exclamó.

—Me alegro de que las cosas hayan salido tan bien —le dije, igualmente complacido y luego añadí—: Siga adelante.

¿Y por qué no? Es un hecho, y un hecho cierto, que la fe profunda vence todas las dificultades. Así que, ¿por qué dejarse derrotar por las dificultades cuando la derrota no es en modo alguno necesaria, sobre todo porque tiene a su disposición la fórmula espiritual para convertir la derrota en éxito?

El poder del condicionamiento mental

La mente humana es un instrumento verdaderamente extraordinario, y los pensamientos que la activan pueden determinar lo que le sucede a una persona y cómo maneja los problemas a los que tiene que enfrentarse diariamente. Verdaderamente, somos aquello que pensamos durante un prolongado período de tiempo. En estos precisos momentos es usted lo que haya sido su pauta de pensamiento dominante durante, digamos, los últimos diez años. Si usted y yo quisiéramos saber qué seremos dentro de diez años a partir de ahora, la respuesta puede encontrarse en lo que usted y yo pensemos durante la próxima década. El principio positivo es un proceso científico de pensamiento, diseñado para mejorar las cosas, para hacerlas siempre mejores.

Los pensamientos de temor pueden destruir la capacidad creativa y, lo que tiene un efecto todavía más siniestro, pueden hacer que sucedan precisamente aquellas cosas que se temen. Una de las afirmaciones más impresionantes de este libro de la verdad llamado la Biblia es la siguiente y terrible frase: «Porque el temor que me espantaba me ha venido, y me ha acontecido lo que yo temía» (Job, 3, 25). Al temer persistentemente algún problema, enfermedad, accidente o fracaso y al mantener ese temor vital y activo a lo largo del tiempo, se estimulan aquellas fuerzas e incluso quizá se crean, capaces de llevar a efecto aquellas mismas cosas que se temieron durante tanto tiempo.

Del mismo modo, aquellas cosas en las que se ha creído durante mucho tiempo, cosas como buenos resultados, salud, logro y éxito, también pueden sucedernos. Mientras que el temor y el negativismo destruyen, la fe y el positivismo son capaces de crear y desarrollar. Tiene por tanto una extraordinaria importancia el practicar persistente, tenaz y asiduamente las actitudes de una fe dinámica. Hay poder en ellas y en muchas formas.

Equipo de béisbol convertido en campeones

Uno de los viejos periodistas deportivos más amenos fue un hombre llamado Hugh Fullerton, quien escribió una historia en un periódico, cuyo nombre no recuerdo, hace ya algunos años. Aunque he olvidado el nombre del periódico, recuerdo muy bien la historia. Se trataba del director de un equipo de Texas, llamado Josh O'Reilly. El equipo del señor O'Reilly no estaba obteniendo buenos resultados, a pesar de contar con siete bateadores de un nivel de 0,300. Parecía como si todos los demás equipos de la liga pudieran derrotar regularmente a sus hombres que definitivamente poseían calidad de campeones. Pero el equipo se hallaba sumido en una profunda y prolongada depresión de la que no salía ni con críticas, ni con amenazas o halagos.

Sucedió entonces que un evangelista, llamado reverendo Schlater, organizaba reuniones en las cercanías. El reverendo tenía fama de ser un curandero espiritual y la gente depositaba mucha fe en él, casi como alguien capaz de obrar milagros.

Un día, incapaz de seguir soportando el horrendo rendimiento de su equipo, Josh O'Reilly pidió a cada jugador sus dos bates favoritos. Los guardó en una carretilla y se marchó con ellos. Más tarde, justo poco antes de iniciarse el partido de la tarde, el director regresó con los bates y explicó que se los había llevado

234

al reverendo Schlater para que los bendijera. Los jugadores se quedaron atónitos. Contemplaron ahora sus bates con un respeto reverencial. Y se transformaron en hombres diferentes. Esa tarde, nada pudo detenerlos y consiguieron veintiuna carreras. Durante el resto del verano se abrieron paso hasta la liga de campeones. Se dijo que, durante años, los jugadores de béisbol pagaban grandes sumas de dinero por un bate Schlater.

No sin el debido respeto hacia el reverendo Schlater, tenemos que creer que en aquellas armas de madera llamadas bates de béisbol no se había producido ningún cambio. Pero una magia extraña había actuado en las mentes de aquellos hombres que sostenían los bates. Se había producido un reacondicionamiento de sus mentes, gracias al cual ya no admitían seguir en el marasmo derrotista en que estaban y, en lugar de eso, se convirtieron en invencibles y victoriosos.

La persona media que acepta mansamente y tolera las suposiciones negativas que le conducen hacia la derrota, puede cambiar radicalmente esa situación, transformándose en una persona de verdadera fe, profunda y poderosa, en la clase de fe capaz de vencer todas las dificultades. El reacondicionamiento de la mente, lo bastante intenso como para cambiar actitudes, permitirá a cualquier persona volverse poderosamente inspirada y, lo que es más importante, mantener en funcionamiento ese principio positivo, por muy dura que pueda ser una situación.

Siga siempre el principio de «conseguir récords»

La gente que siente una verdadera fe profunda, es aquella que posee el impulso interior profundo por hacer más consigo misma y, luego, más todavía. Son individuos dotados de una motivación extra que nunca se sienten satisfechos con su rendimiento actual.

Se sienten inevitablemente impulsados por una necesidad interna e incesante de elevarse a nuevas alturas, de alcanzar niveles superiores, de romper viejos récords y de establecer nuevos niveles de logro. La fe profunda, el principio positivo y el instinto de ascender forman una misma cosa.

Escribo este capítulo mientras estoy sentado en un balcón del Hotel Mont Cervin, en Zermatt, Suiza, propiedad de mi buen amigo Theodore E. Seiler. Es una tarde bendecida por el sol y desde el balcón observo, nítido y claro, el grandioso Matterhorn, con su bufanda de nubes blancas casi siempre presentes, recortadas contra el cielo azul. Quizá no haya en el mundo otra montaña de tan austera belleza como este enorme dedo de piedra que se eleva solitario y altivo desde las enormes montañas de la cadena alpina, de la que forma parte. El Matterhorn ha sido descrito como algo más que una montaña; es una presencia, una presencia siempre fascinante, que parece meditar con tristeza.

Los hombres que se sienten atraídos por la llamada de las cumbres siempre han querido escalar el Matterhorn. En los primeros tiempos temían invadir el hogar de los malos espíritus, que supuestamente habitaban en medio de sus peñascos y salientes, dispuestos a arrojar hielo y piedras sobre cualquier intruso. Al margen de estas antiguas supersticiones, se hicieron esfuerzos para encontrar una vía hasta la cumbre pero, durante largos años, ningún escalador logró llegar hasta el misterioso pico.

Entonces, Peter Taugwalder, el famoso guía montañero de Zermatt, dio a conocer su convicción de que la vasta e inescrutable montaña se podía escalar desde el lado de Zermatt. Así, el escalador británico Edward Whymper, que entonces tenía veinticinco años, acompañado por lord Francis Douglas, emprendieron el viaje hacia Zermatt, que entonces era una aldea montañosa aislada. Allí, encontraron al reverendo Charles Hudson, quizá el más conocido de todos los montañeros de su época, que diez años antes, el 1 de agosto de 1855, había sido el primero en escalar el poderoso Monte Rosa.

Organizaron una expedición de siete hombres para emprender un asalto al hasta entonces inexpugnable Matterhorn. El imperioso Whymper se puso al frente, y el grupo incluía, además, a lord Douglas; el reverendo señor Hudson; el guía Michel Croz, de Chamonix; Robert Hadow, un estudiante de diecinueve años y escalador bastante inexperto, y los dos mejores guías de Zermatt, el propio Peter Taugwalder y su hijo. Juntos, tomaron la valerosa y audaz decisión de intentar escalar la montaña. Whymper describe la emocionante epopeya en *Caminatas por los Alpes*. Pero aquello no tuvo nada de caminata, pues aunque llegaron a la cumbre (convirtiéndose así en los primeros hombres que alcanzaron aquella elusiva altura), a la 1.40 de la tarde del 14 de julio de 1865, su entusiasmo les duró poco. En el descenso, Hadow, cansado por la escalada, resbaló, derribó a Croz y arrastró a Hudson y a Douglas hacia abajo. La débil cuerda de cáñamo que conectaba a los dos grupos se rompió. A pesar de los esfuerzos sobrehumanos de Whymper y de los dos Taugwalder, los cuatro hombres cayeron al vacío de la terrible pared norte, desde unos mil trescientos metros de altura y hallaron la muerte. Desde hace más de cien años, sus esqueletos reposan en alguna parte, en la vastedad de la montaña. Ahora, aquella patética cuerda rota puede verse en el Museo Alpino, en Zermatt.

Hoy, al estudiar el Matterhorn, quedo impresionado por un curioso hecho sobre los primeros hombres en lograr algo o la consecución de récords. En cuanto una persona se convierte en la primera en lograr un objetivo perseguido desde tiempo atrás y rompe un récord, enseguida aparece otra que realiza la misma hazaña o incluso la lleva más lejos. En el caso de la primera escalada al Matterhorn por Whymper y sus compañeros, apenas tres días después otro famoso montañero, J. A. Carrel y su equipo llegaron a la cumbre por el peligroso lado italiano desde Breuil. La gloria de ser los primeros escaladores no fue, pues, muy duradera, lo que me hace pensar en unas palabras muy reflexivas adscritas a Goethe: «La hazaña lo es todo, la gloria no es nada».

Desde que aquellos hombres heroicos mostraron el camino a seguir, muchos han escalado el gran Matterhorn. Una vez que se demostró que podía hacerse, otros también lo hicieron, persuadidos por el ejemplo de los pioneros de poseer la convicción de que también eran capaces de escalar, de lograr algo, de superarse. Así que es, en efecto, la hazaña lo importante, no la gloria.

La gente aún quiere escalarlo

Los tiempos cambian, pero ¿cambia tanto la gente? El impulso motivador para llegar a la cumbre sigue en el ánimo de la gente. Cien años después de la primera ascensión del Matterhorn mi esposa y yo estábamos sentados en la terraza junto al Schwarzsee, observando la pequeña cabaña situada en lo alto del flanco de la montaña, desde la que se inician las ascensiones al romper el alba. Un hombre joven, equipado para escalar se acercó y se sentó cerca de nosotros. Al reconocernos, empezó a hablar un tanto tímidamente de sí mismo. Presentó una imagen bastante sombría de sí mismo, como un fracasado incapaz de conseguir nada. «Quiero hacer cosas, conseguir algo. Quiero alcanzar un éxito en la vida, pero cada vez que lo intento salgo derrotado», dijo con abatimiento. Nos dijo que estaba en Suiza desde principios de la primavera, dedicándose primero a ascender colinas, luego pequeñas montañas, después más altas y ahora se disponía a intentar la escalada a la más grande de todas, el Matterhorn.

El joven parecía poco dispuesto a partir, a pesar de que ya caía la tarde y tenía previsto reunirse con su guía en la cabaña, a la puesta del sol, para estar preparados para el inicio del ascenso al amanecer. «Realmente, creo que puedo hacerlo —musitó—. Tengo que hacerlo. Tengo que escalarlo, porque si puedo hacer esta ascensión, sé que también podré hacer otras cosas.» Se levantó, nos estrechó las manos y nos saludó con un gesto de la mano cuando le deseamos buena suerte y que la bendición de Dios le acompañara. Se alejó quizá unos cien metros y luego, de repente, se volvió y regresó junto a nosotros. Entonces, con cierto azoramiento, preguntó:

—¿Querrán hacerme un favor?

—Desde luego, sólo tiene que decirlo.

—Está bien, recen por mí, ¿quieren? Si logro algo de esa fe positiva sobre la que usted escribe, sé que podré hacer cosas.

—Y tras decir esto, se marchó por el largo sendero que ascendía la montaña. Nos quedamos mirándolo hasta que desapareció al otro lado de una loma. Escaló el Matterhorn y, desde entonces, ha escalado también otra clase de montañas.

La gente todavía quiere escalar y lograr récords, y lo hace con regularidad. Por todas partes se observan los resultados de la fe profunda que hace posible los logros. Por todas partes encontramos a esos individuos inspirados, entusiastas y altamente motivados que poseen el indomable espíritu de mantener en funcionamiento el principio positivo.

El fenómeno de los primeros en lograr algo o en superar un récord, como una demostración de fe real y extra que supera las dificultades, ocupa no poco espacio en los periódicos. Por ejemplo, ahí está la historia de John Walker, el corredor neozelandés de la milla, que la corrió en tres minutos y 49,4 segundos, arrancándole 1,6 segundos al récord anterior de 3,51, establecido por Filbert Bayi, de Tanzania. Walker fue el primer corredor que corrió la milla en menos de tres minutos 51 segundos.

Todo esto me hace pensar en la época en que los periodistas deportivos eran de la unánime opinión de que nadie podría correr la milla en cuatro minutos justos y que eso nunca se conseguiría. Pues bien, «nunca» es mucho tiempo y sería estúpido creer que alguien no pueda hacer «nunca» algo. Los corredores de la milla siguieron con la vista fija en esa marca «imposible» de los cuatro minutos.

Gunder Haegg y Arne Andersson, los famosos corredores suecos estuvieron cerca de conseguirlo, pero el que dejó su huella en la historia fue el británico Roger Bannister, quien consiguió esa proclamada «imposible» hazaña en 1954, en Oxford, en un tiempo récord de 3 59' 4''.

Ante la objeción de que la escalada de alta montaña y la carrera de la milla no tienen ningún efecto sobre el individuo medio, habría que decir que el principio de la escalada y de la superación de récords anteriores se aplica a toda clase de actividades. Cada uno de nosotros poseemos en nuestra naturaleza el impulso inherente de ser más de lo que somos, de hacer más de lo que hacemos, de conseguir niveles más altos y resultados más grandes. Las personas, como los lectores de este libro, aspiran constantemente a alcanzar metas más y más altas en los objetivos que se proponen. El principio de la fe profunda es de una poderosa ayuda para mantener en funcionamiento la motivación, incluso en presencia de los reveses.

Frank Wangeman, amigo desde hace mucho tiempo, vicepresidente y director general del Hotel Waldorf-Astoria, en la ciudad de Nueva York, al comentar sobre los reveses, hizo una observación sabia y pertinente: «La madurez de la experiencia demuestra que ningún revés es definitivo», declaró. Con una fe profunda, uno puede seguir siempre adelante, independientemente de la resistencia, hasta que finalmente se hayan superado todas las dificultades. Y luego, una vez despertada la anticipación de más victorias, se está preparado para asumir una nueva oleada de reveses y para superar nuevos récords, continuando de esta valerosa manera a través de la vida, de acuerdo con el principio positivo.

Quizá una de las cualidades principales y más deseables de todas sea la habilidad para perseverar tenazmente contra las condiciones adversas. En una reseña del libro *Si no se arriesga nada, nada se gana*, de sir Edmund Hillary, el famoso escalador del Everest, el crítico, John Rupp presenta a Hillary como «un hombre formidable». «Cuando él y los miembros de su equipo intentaban avanzar río arriba, por entre impresionantes rápidos, Hillary dice: "Teníamos la sensación de que en cualquier momento podíamos llegar a aguas más fáciles y nos enfrascamos tanto en la lucha que nos olvidamos de los peligros".» ¡Qué pensamiento tan estimulante! Al enfrascarse en la lucha, Hillary pudo superar sus temores. Así pues, el principal secreto consiste en permanecer ahí y seguir siempre adelante.

Casey Stengel, el gran y ya fallecido director de béisbol, lo comprendió muy bien. Alguien dijo de él: «La derrota no impresionaba a Casey, pues siempre estaba bien relacionado con la esperanza. En medio de la derrota, siempre estaba buscando la victoria». Algo que, naturalmente, explica por qué su media de victorias era tan elevada.

Reprogramó su pensamiento

En el título de este capítulo hemos hecho una afirmación muy completa al decir que la fe profunda supera todas las dificultades. La persona que abrigue alguna duda, puede modificar la frase para reconocer que se pueden superar algunas y quizá muchas dificultades, pero que superarlas todas despierta una cierta incredulidad.

Pero, tras haber observado el extraordinario poder de la fe profunda, he llegado desde hace tiempo a la conclusión de que el poder de la fe, sentida en lo más profundo, es infinitamente más grande de lo que cree la persona media. Según mi experiencia, tanto personal como a través de la observación de otros que vivieron una fe completamente comprometida en Dios, es definitivamente posible vivir con toda clase de dificultades, adaptarse a ellas o superarlas, sin calificación.

Tenía programado hablar en una reunión pública de empresarios en una ciudad del este y, tras mi llegada a la sala de convenciones, entré por la puerta de camerinos y me senté al fondo, entre bastidores, a la espera de que se iniciara el programa. Poco después, se me acercó un hombre robusto y bien constituido, de estatura superior a la media, que se presentó como el moderador de la reunión. Era una persona animada, evidentemente llena de vigor y entusiasmo y quedé impresionado por su espíritu y su actitud positivas.

Me dijo que había sido piloto de helicópteros en la guerra del sudeste asiático. Lo derribaron y quedó tan gravemente herido que se esperaba su muerte. Debido a que sospechaban la existencia de daños cerebrales, los médicos emitieron el veredicto provisional de que, en el caso de que viviera, «sería un vegetal». Lo sometieron a una operación cerebral y, como demostración de ello, se apartó el cabello para indicar la presencia de una placa en lo alto de la cabeza. Trasladado a un hospital militar en Estados Unidos, era incapaz de mover las piernas o los brazos. Pero el habla no se había visto afectada, como tampoco su capacidad para pensar.

Un día le dijo a su esposa: «Quiero que me traigas un libro que leí una vez de Norman Vincent Peale y que me lo leas». Día tras día, su esposa le leía los poderosos principios creativos y recreativos de la fe y del pensamiento positivo, hasta que el hombre desesperadamente herido desarrolló tal intensidad de fe en el poder curativo de Dios, así como en su propio poder de recreación, que también alcanzó la convicción de que podía curarse, a pesar del descorazonador pronóstico.

Le dijo a su esposa que, a partir de ese momento, iba a reprogramar su mente. Trabajaría con el poder de la mente para hacerse cargo del control sobre su cuerpo roto, mediante una fe profunda en Dios y en sí mismo. En consecuencia, pasó a realizar una intensiva y persistente rutina de convicción y fe, además de afirmación espiritual, infundiendo así su mente con una poderosa fuerza directriz. La curación no se produjo de una manera milagrosa y tampoco fue nada fácil, pero llegó, como lo evidenciaba la presencia de esta persona físicamente fuerte y mentalmente alerta que me contaba su propia historia. Es un ejemplo de lo que un ser humano suficientemente motivado puede hacer consigo mismo cuando su fe es fuerte y lo bastante profunda en su contenido. Más tarde, mientras observaba a este hombre tan notable moderar la reunión con buen sentido del humor y excelente ánimo, que marcaban el tono positivo de su naturaleza entusiasta, reafirmé una vez más mi propia y segura convicción del hecho grande y glorioso de que la fe profunda supera todas las dificultades. Así pues, mantenga en funcionamiento el principio positivo, siempre adelante.

Finalmente, recapitulemos brevemente las ideas y principios presentados en este capítulo:

1. Busque hasta encontrar la certidumbre de la presencia. Luego, ya no tendrá más miedo, como le sucedió a Jerry Adams.
2. Sepa, como un hecho cierto, que nunca está a solas. Alguien muy grande está siempre con usted.
3. Crea que es usted más grande que sus propias dificultades, porque así es, en efecto.
4. Desarrolle, a través del estudio y de la práctica, intensidad de convicción, fe profunda, en contraste con la variedad de la fe nominal.
5. Conviértase en un experto en negar la adversidad.
6. Organice sus dificultades y problemas. Entonces habrá encontrado la mitad de la solución y el resto lo encontrará con mayor seguridad y facilidad.
7. Aprenda la relación entre la fe profunda y el sentido común.
8. Practique hasta convertirse en un experto en el poder del condicionamiento mental.
9. Mantenga siempre en funcionamiento el principio de «batir récords».
10. Conserve el vital instinto de «ascensión» que tiene incorporado.

11. Reprograme su pensamiento y practique en profundidad el principio positivo. Es entonces cuando pueden empezar a suceder milagros.

Duodécima forma
de mantener en funcionamiento
el principio positivo

MANTÉNGASE FUERTE
CON EL PRINCIPIO
DEL ENTUSIASMO

La noche era amargamente fría, unos treinta grados bajo cero. Unos dieciocho mil marines estadounidenses estacionados en Corea se enfrentaban a casi cien mil soldados comunistas. Ambas partes esperaban que la batalla se iniciase a la mañana siguiente. Ahora, a medianoche, un corpulento marine estaba de pie junto a un tanque, cuyos costados de metal estaban tan fríos que los dedos se pegaban. Azulado por el frío, cubierto de barro seco y congelado, con diminutos carámbanos colgándole de la pesada barba, el marine comía unas judías heladas, que extraía de una lata con una navaja.

Un corresponsal de guerra observaba al corpulento marine mientras tomaba aquella cena tan poco apetitosa, apoyado contra el tanque, en un clima despiadado y teniéndose que enfrentar a un futuro incierto. Evidentemente, el periodista se sintió impulsado a dar rienda suelta a sus pensamientos filosóficos, pues de repente formuló al marine una pregunta profunda: «Si yo fuera Dios y pudiera concederle cualquier cosa, ¿qué me pediría?».

El soldado continuó comiendo sus judías frías y reflexionó antes de contestar, pero cuando habló, lo que dijo estuvo a la altura del contenido filosófico de la pregunta. Dijo, simplemente: «Pediría un mañana».

Este hombre, en una situación sombría y crítica, preparado para hacer lo que le exigieran las circunstancias, sólo tenía un deseo y ese deseo era que continuase la vida, que hubiese un mañana, con un hogar, una familia, un futuro.

Puesto que el deseo de vida vital es básico en la conciencia de cada persona, es natural responder a la motivación, la inspiración, el entusiasmo, los estímulos dinámicos, todos los cuales dan realidad y significado a la experiencia de vivir.

Después de haber escrito una serie de libros y de haber pronunciado muchas conferencias sobre cuestiones motivacionales, poseo alguna experiencia acerca de cómo juzgar la respuesta humana ante el poder del pensamiento motivacional. La gente, en general, desea sentirse inspirada y responde con entusiasmo cuando renuncia a actitudes poco metódicas y negativas. Liberados de este modo, la mayoría de hombres y mujeres buscan ávidamente una cualidad vital de pensamiento y de acción positivos, como el principio del entusiasmo. Como consecuencia de ello, muchos se sienten genuinamente inspirados y entusiastas, y gracias a ello pasan a un nivel de vida más alto, superior a lo que habían experimentado hasta entonces.

Mantener en funcionamiento el principio positivo exige habilidad

Pero no resulta nada fácil mantener un alto nivel de entusiasmo e inspiración de forma constante, durante un prolongado período de tiempo. Eso exige una continua reinspiración, una renovada motivación, junto con educación en las habilidades para controlar y dirigir los procesos mentales. Las actitudes motivacionales se hallan sujetas diariamente a un terrible bombardeo de ideas deprimentes, sombrías y negativas. Parece que existe, al menos en efecto si bien probablemente no de una forma consciente o planificada, lo que equivaldría a un esfuerzo por socavar las actitudes positivas y esperanzadas sobre el país, el futuro y, de hecho, prácticamente sobre todo. Hace unos años, había en la zona de Nueva York un comentarista de noticias de radio que más de una noche iniciaba su boletín de noticias con las sombrías palabras: «Esta noche tenemos malas noticias, amigos». Aunque los comentaristas actuales no utilizan ya esta clase de comentarios, en cierta medida son proveedores profesionales de malas noticias, socavadores profesionales del pensamiento positivo.

Pues claro que hay malas noticias y, de hecho, muchas, pero eso es algo que se ha subrayado tan constantemente en los últimos años, que cualquier oyente o lector casual termina por suponer que no hay ninguna buena noticia; que el país, el mundo y hasta la vida no son más que un gigantesco fiasco. Uno se pregunta por qué, junto con las malas noticias, no podrían añadirse algunos comentarios creativos, como por ejemplo: «Esta noche tenemos malas noticias, amigos, pero ¿y qué? Tenemos todo lo que se necesita para mejorar las cosas». Eso podría llegar incluso hasta el punto de cambiar las malas noticias por buenas.

En realidad, no trato de ser crítico. Mi propósito es constructivo y me limito a plantear la pregunta de por qué no podemos estar igualmente preocupados por las soluciones positivas como lo estamos por las negativas. Como periodista que fui en mis tiempos, soy consciente de que las noticias significan un cierto alejamiento respecto del estado normal de las cosas. Según el viejo dicho: «Cuando un perro muerde a un muchacho, eso no es una noticia, porque sucede con relativa frecuencia. La noticia se produce cuando un muchacho muerde a un perro» (John B. Boger, editor del *Sun*, de Nueva York, 1873-1890). Si llegara alguna vez el momento en que fuese noticia informar de personas decentes, cumplidoras de la ley, nos encontraríamos realmente sumidos en un gran desbarajuste. Lo bueno sigue siendo la norma y el alejamiento de lo bueno sigue siendo noticia.

Pero el individuo que desea pasar a un nivel superior de motivación y entusiasmo, tiene que mantener la habilidad para pensar de forma discriminada, es decir, la habilidad para afrontar creativamente lo negativo, al mismo tiempo que rechaza la suposición de que tiene que convertirse en un pensador negativo para estar «a la moda».

Al hallarse el entusiasmo y las actitudes positivas bajo el constante bombardeo lanzado desde las fuentes negativas y depresivas, el individuo que desea estar a la moda difícilmente podrá mantener su entusiasmo. Este hecho, añadido a la cantidad habitual de dificultades, adversidad, dureza, enfermedad, pena y problemas, termina por cobrarse un extraordinario peaje a costa del propio vigor inspiracional. Precisamente para contrarrestar ese agotamiento de la inspiración es por lo que se ha escrito este libro, *El principio positivo*. El propósito del libro ha sido sugerir formas y medios, procedimientos funcionales para mantener la inspiración, la motivación y el entusiasmo incluso bajo el ataque contra esta pauta positiva de pensamiento y acción por parte de lo adverso, lo difícil y lo negativo.

Mantenga la concentración de espíritu

Para seguir adelante se necesita lanzar un vigoroso contraataque hacia la erosión de las actitudes inspiradoras; y en nuestra opinión, eso consiste en concentración de espíritu. La palabra «inspiración» significa una infusión renovable de nueva, fresca y poderosa vitalidad de espíritu. Puesto que el espíritu sometido a golpes constantes tiende a agotarse, tenemos que estar tan organizados mentalmente que el espíritu se vuelva a elevar de forma automática, en lugar de dejarse abatir. El factor creativo que interviene en este proceso es una recapacitación constante de la pauta del pensamiento, poniendo para ello un énfasis inquebrantable en el principio del entusiasmo.

Recuerdo a una vieja dama a la que mi esposa y yo encontramos recientemente en un sendero de montaña bastante escarpado en Rifflealp, cerca de Gornergrat, en Suiza. Estos senderos son recorridos por los aficionados al excursionismo de alta montaña, que tienen una gran camaradería entre ellos y que, al estar en la parte alemana de Suiza, suelen saludarse diciendo: «*Gruss Gott*», lo que viene a significar «Saludos, en el nombre de Dios». Esta mujer de edad avanzada caminaba encorvada y con ayuda de un recio bastón y lo hacía con una especie de tenaz determinación. Iba acompañada por un hombre que, evidentemente, era su guía. Al cruzarnos, levantó la mirada hacia nosotros, con unos ojos brillantes bajo un sombrero de estilo anticuado. En lugar del saludo habitual antes mencionado, nos dijo: «*Bonjour, madame, bonjour, monsieur*».

«*Bonjour, madame*», le contestamos, con lo que ella se lanzó a un rápido parloteo en francés hasta que le dije: «*Ah, madame, non parle français*». Ante mis palabras, probó en italiano y luego en alemán, y aunque soy capaz de entenderme trabajosamente en una conversación sencilla en este último idioma, ella se dio cuenta de que no nos comunicábamos muy bien.

—Parecen ustedes estadounidenses, así que quizá sepan inglés —dijo, echándose a reír alegremente.

—En efecto, señora. Hablamos un poco de inglés, al estilo estadounidense —respondí.

—Oh, me gusta ese estilo. ¡Es tan pintoresco! —añadió.

Nos informó a continuación de que tenía ochenta y nueve años.

—Es usted una mujer maravillosa —le comenté con admiración—. Habla cuatro idiomas con fluidez, tiene una mente aguda, no lleva gafas y escala montañas a la edad de ochenta y nueve años. ¿Cómo se mantiene tan fuerte?

—Oh —contestó ella—, lo que pasa es que me entusiasma todo. El mundo es un lugar tan maravilloso, la gente es siempre tan interesante. De hecho, me despierto cada mañana con tanto entusiasmo como cuando era una muchacha.

—Bueno, si en aquel entonces fue usted tan entusiasta como lo es ahora, tuvo que haber sido una bola de fuego en su juventud —le dije.

—Pero es que todavía soy joven, *monsieur*. Oh, bueno, este cuerpo anda un poco doblado por la espalda, pero soy bastante fuerte y estoy sana. La diferencia está en el espíritu. Me siento entusiasmada porque mi espíritu vive en un permanente estado de entusiasmo —afirmó.

—¿Quiere decir que mantiene en funcionamiento el principio del entusiasmo? —le pregunté.

—*Oui, oui, monsieur* —replicó con una brillante sonrisa—, precisamente de eso se trata. Mantengo siempre en funcionamiento..., ¿cómo lo ha llamado?, el principio del entusiasmo. Eso está bien, realmente bien..., el principio del entusiasmo.

Y tras decir esto, se alejó, sendero arriba, ascendiendo resuelta, con el bastón destacándose recortado contra un fondo de poderosas montañas. Nos quedamos mirándola, maravillados de lo magnífica que puede ser toda persona cuando el espíritu se mantiene fuerte e incluso invulnerable. Una persona así siempre puede seguir adelante, sin que importen los asaltos de los depresivos, ni las adversidades, fortaleciéndose con el precioso secreto de la concentración del espíritu, el principio del entusiasmo.

Practique el sentirse entusiasmado

La adquisición de habilidad en las actitudes mentales exige práctica, como sucede en todos los aspectos de la perfección. Difícilmente se puede esperar entusiasmo a menos que se practique. Y un método viable de practicarlo consiste en pensar deliberadamente en términos de lo interesante que es la vida, el trabajo que hace, lo fascinantes que son las oportunidades que se le presentan. Conocí una vez a una brillante actriz de cine, una mujer llamada Hattie McDaniel. Era un personaje raro y radiante. Me dijo que había adquirido la costumbre de salir cada mañana, sin que importaran las condiciones meteorológicas, con sol o con lluvia, para exclamar en voz alta: «¡Hola a todos! ¡Buenos días! Sois tan maravillosos. Me siento tan magníficamente entusiasmada de estar viva. ¡Gracias, querido Dios, muchas gracias!». Hattie McDaniel practicaba el principio del entusiasmo, y por eso se convirtió en una persona entusiasta e inolvidable.

Me encuentro por todas partes con personas interesantes que practican el principio del entusiasmo. Una mañana desayunaba con un hombre en un hotel de Los Ángeles. La cafetería tenía una hermosa decoración de color canario. Nuestra camarera llevaba un vestido de tonalidad similar. Pero fue el entusiasmo de la muchacha lo que nos cautivó. «Buenos días, caballeros. ¿Preparados para tomar un delicioso desayuno que les anime en este maravilloso día? Todo lo que tenemos es bueno. Permítanme que les traiga algo bueno.» En realidad, ni siquiera nos preguntó qué queríamos; nos quedamos tan impresionados que estábamos convencidos de que el desayuno que nos trajo era perfecto.

Al abandonar el restaurante, ella se despidió

—Que piensen y tengan un buen día —nos dijo.

—¿De dónde ha sacado ese magnífico pensamiento? —le pregunté.

—Pues..., de usted —contestó con una brillante sonrisa—, de una de sus tarjetas de bolsillo: «Piense un buen día, planee un buen día, rece un buen día».

—Pues, desde luego, ha mejorado usted lo que yo escribí —le aseguré.

—Oh, eso es porque he descubierto que si practico el estar entusiasmada, así es como me siento —observó ella.

La práctica del entusiasmo puede sacar a cualquiera de las mazmorras del pensamiento abatido. Por ejemplo, recibí una llamada telefónica de un joyero de una ciudad del sur que se sentía muy deprimido y desanimado. Me dijo que era lector de mis libros y que, aunque a veces creía haber captado plenamente el principio positivo, no lograba mantenerlo. ¿Cómo podía mantenerlo cuando su trabajo era algo tan aburrido como vender joyas, un negocio que había heredado de su padre?

Expresé mi asombro por el hecho de que considerase la joyería como una ocupación aburrida, señalándole el romanticismo que había inherente en los diamantes y otras piedras preciosas y diciéndole que la joyería está relacionada con el instinto de la belleza y que es símbolo de amor y afecto. Le comenté, incluso, que cualquier artículo destinado al bienestar de la gente, incluidos el pan, el azúcar o las verduras, no se podía calificar como aburrido, pues formaba parte de la esencia de la vida. Y las joyas, relacionadas como están con la expresión de pensamientos demasiado profundos para expresarlos con palabras, deberían tenerlo perpetuamente entusiasmado.

«Pero es que las condiciones económicas de nuestra zona no son muy buenas —se quejó— y, en estas circunstancias, la gente no compra artículos de lujo.»

Cuestioné incluso la justificación lógica para calificar su mercancía de lujosa, que únicamente se puede comercializar en tiempos de abundancia. Le dije que la belleza es una necesidad del espíritu humano, especialmente cuando habla de romanticismo y de afecto perdurable. Y eso todavía es más importante precisamente cuando los tiempos son difíciles.

Le pedí que me leyera muestras de sus anuncios locales. Uno de ellos decía: «Compre en la joyería de X's, los joyeros más antiguos y de mejor calidad del condado». Otro decía: «Las joyas más exquisitas en X's, casa fundada en 1893».

—Bueno —le dije—, no soy experto en redacción de publicidad, pero creo que sólo está afirmando lo evidente, que lleva en el negocio desde hace mucho tiempo y que su mercancía es de calidad. Eso es cierto, pero insuficiente para motivar al comprador. Al comprador hay que llegarle emocionalmente para estimular en él la acción deseable.

—Está bien —asintió—, ¿qué me sugiere?

Sin tomarme muy en serio su petición, le dije:

—Bueno, a ver qué le parece esto: «Ponga un destello en su dedo, como el destello que hay en sus ojos». Eso sería para los jóvenes y enamorados. Otro podría decir: «Un anillo de bodas de X's seguirá siendo tan hermoso cuando haya hebras de plata entre el oro». Y a ver qué le parece este otro para el aniversario de una mujer entrada en años: «Aumente la belleza de sus fatigadas manos, con el encanto de un anillo de la famosa joyería X's».

—¡Vaya! Si algún día quiere venir por aquí, le doy trabajo. Casi me ha hecho desear comprar mis propios artículos —afirmó.

—Sólo quiero infundirle algo de entusiasmo acerca de la maravillosa oportunidad que tiene de poner luz en los ojos de la gente y sonrisas en sus rostros gracias a sus hermosos artículos. Le diré una cosa. Cada mañana, al despertar, diga en voz alta: «¡Qué interesante es esto de ser joyero! Voy a aportar durante todo el día ese toque extra de alegría para los jóvenes y para los viejos». Practique el entusiasmo y, a medida que lo haga, la inspiración volverá a fluir hacia su mente. Luego, manténgala en funcionamiento —le animé.

Éste es el procedimiento que realmente mantiene las cosas en funcionamiento. Piense con entusiasmo, hable con entusiasmo, actúe con entusiasmo y no tendrá más remedio que convertirse en una persona entusiasta. La vida cobrará un nuevo interés, un significado más profundo y más grande.

Puede pensar, hablar y actuar de forma anodina, con monotonía o en la infelicidad. Pero, por el mismo proceso, puede aumentar la inspiración, el entusiasmo y un caudal de profunda alegría.

Lo cierto es que tendemos a convertirnos precisamente en aquello que practicamos, tanto si son actitudes sombrías como entusiastas. Y, puesto que estas últimas son mucho más deseables, lo más sabio consiste en mantener en funcionamiento la práctica diaria del principio del entusiasmo.

El supervendedor de Sorrento

Tengo una gran admiración y orgullo por la carrera profesional de un joven positivo y lleno de energía, John Milano, a quien conocí hace casi veinte años en Sorrento, Italia. Mientras la señora Peale y yo visitábamos esa hermosa ciudad, entramos en una tienda donde nos saludó un joven atractivo, agradable y, debo confesar, muy persuasivo, que hablaba un inglés excelente.

Procedió a mostrarle sus mercancías a la señora Peale y, como reconozco a un buen vendedor en cuanto veo trabajar a uno, me di cuenta de la inminente amenaza que eso suponía para mi talonario de cheques. Y, en efecto, le vendió a mis esposa un pedido bastante grande. Mientras observaba la actuación del joven, admiré la fuerza y el encanto de su personalidad y advertí enseguida la extraordinaria habilidad que evidentemente poseía.

Le pregunté a John cuáles eran sus aspiraciones y objetivos, y me contestó que deseaba emigrar a Estados Unidos para convertirse en un hombre de negocios y trabajar para aprovechar las oportunidades del sistema de la libre empresa. Estaba lleno de entusiasmo cuando perfiló claramente sus objetivos. Pero luego añadió que resultaba difícil llegar a Estados Unidos con poco dinero y sin contar con nadie que le ayudara.

Sintiéndome más interesado por este individuo dinámico, le perfilé los principios de la visualización y le expliqué que un objetivo específico, sostenido con tenacidad en la mente, se desarrollaría en la conciencia hasta convertirse en realidad. Le sugerí que estudiara y practicara el poder del pensamiento positivo, afirmando y reafirmando que lograría la ambición concreta de convertirse en un hombre de negocios estadounidense. Luego, sintiéndome entusiasmado yo mismo, añadí que, cuando llegara a Nueva York, me buscara y le ayudaría a conseguir un trabajo. Todo esto sucedió algo así como caído del cielo, pero mi entusiasmo era ilimitado.

Como no podía ser de otro modo, al cabo de pocos meses John apareció en mi oficina de Nueva York para conseguir el trabajo prometido. No faltaba mucho para la Navidad y escribí a los presidentes de media docena de destacadas tiendas de ropa de caballero, algo similar a lo siguiente, indicando en cada carta los nombres de los diversos ejecutivos a los que enviaba la misma misiva:

Estimado señor:

En Sorrento, Italia, encontré a uno de los mejores vendedores natos que haya conocido y créame que sé algo de supervendedores. Ahora este hombre está aquí, en Nueva York, dispuesto a trabajar para la empresa que tenga la buena fortuna de contratarlo. La primera que se decida a hacerlo, será la que se lo lleve.

Sinceramente.

La respuesta fue inmediata y John fue asignado al departamento de sombreros de caballero de una elegante tienda de la Quinta Avenida. Terminó la temporada de Navidad y las tiendas despidieron a los empleados extra..., a todos menos a John, cuya habilidad fue reconocida. Transcurrieron los años y sólo recientemente, recibí una carta de John Milano, ahora presidente de, posiblemente, la más grande empresa fabricante de sombreros del país. Y cuando me visto, ¿de quién creen que es el sombrero que me pongo? Es un hermoso sombrero del que me siento muy orgulloso, un regalo de mi viejo amigo, el supervendedor de Sorrento, que ahora ya es un exitoso hombre de negocios estadounidense.

A la vista de tal historia humana, ¿quién puede afirmar que Estados Unidos haya dejado de ser el país de las oportunidades? Lo es y siempre lo será para el pensamiento positivo, el motivado y el entusiasta John Milanos. Ésta es la clase de hombres que viven de acuerdo con el principio positivo y que saben cómo mantenerlo en funcionamiento. Y, al hacerlo así, mantienen en funcionamiento el país.

Procure interesarse intensamente

Las personas interesadas son personas entusiastas. A ellas no se les agotan las ansias de vivir. Conservan la diversión del trabajo y la responsabilidad, y siempre sienten la fascinación de la implicación, lo que las mantiene a su vez en funcionamiento. A otros se les agota el espíritu y se vuelven del tipo de persona que dice: «Ya he pasado por eso», algo que nunca le sucede a la persona intensamente interesada.

Durante un viaje de conferencias, me encontré con el senador Everett Dirksen en uno de los largos pasillos del aeropuerto O'Hare, en Chicago. Nos habíamos visto antes, y en una ocasión hablé junto a él ante una convención de asociaciones comerciales; pero eso había sucedido varios años antes y no estaba muy seguro de que me recordara. Así me empecé por presentarme.

—Mi nombres es...

—Un momento —me dijo, tomando mi mano entre las suyas—. Norman Vincent Peale. ¿Recuerda aquella noche en que intervinimos juntos en la convención? Y esto fue lo que dijo en su discurso.

Ante el mayor de mis asombros, repitió mis observaciones casi palabra por palabra. En realidad, las intensificó considerablemente, gracias a su notable don para la oratoria.

—Con todas sus actividades, ¿cómo puede recordar tan exactamente lo que ocurrió hace varios años y repetir de esta forma una charla de su compañero de conferencia? —le pregunté.

—Ello se debe a que me sentí interesado, Norman —contestó—. Siempre me siento interesado. Cada experiencia es algo muy vívido para mí y queda indeleblemente grabado en mi mente, precisamente porque me siento interesado.

Luego continuó hablando con su inimitable estilo sobre la fascinación, el entusiasmo de hablar en público sobre temas tan importantes para el bienestar humano. El senador ya ha muerto, pero nunca olvidaré aquellos momentos en los que le escuché hablar en aquel ajetreado aeropuerto, mientras él vertía el ansia y el incontenible entusiasmo de su mente fácil. Everett Dirksen se cuenta, seguramente, entre los pocos grandes oradores que hay en la historia de Estados Unidos. Fue un orador entusiasta y dinámico y su secreto era el ávido y profundo interés que sentía por la gente y por sus cosas.

Una vez, en la vieja estación de ferrocarril de Cleveland, a primeras horas de una mañana, me encontré con el congresista Walter Judd, amigo desde hacía tiempo, y desayunamos juntos en la cafetería de la estación. Me habló de la cantidad de discursos que estaba pronunciando esa semana por todo el país; cuando le comenté que debía de sentirse cansado y le pregunté si un programa así no lo agotaba, me contestó enérgicamente: «En absoluto, en absoluto. Mire, creo en todo lo que digo y me siento intensamente interesado, así que ¿cómo me voy a agotar?». Allí estaba un hombre grande y perpetuamente interesado. Estos dos hombres practicaron el principio del entusiasmo y sabían cómo mantenerlo en pleno funcionamiento.

Cambio entusiasta de estilo de vida

Hace unos años, una mujer joven muy atractiva y elegante acordó una cita para verme en mi despacho, en la iglesia colegiata Marble. Se llamaba Mary Brinig y, por lo visto, perseguía dos cosas. Una de ellas era explicar cómo su vida había cambiado espiritualmente. Habló de una forma sincera, encantadora y de lo más afectada. Explicó que ella y su marido, Harold, un representante de una fábrica de papel, habían encontrado una nueva y entusiasta pauta de vida que les había aportado extraordinaria alegría y significado, y que sentían la poderosa compulsión de compartir con otras gentes que quizá todavía seguían un camino descendente hacia callejones sin salida.

El otro propósito que tenía Mari Brinig para visitarme era ofrecerme sus servicios para establecer relaciones espirituales creativas con personas que no fuesen lo bastante afortunadas como para encontrar respuestas a los problemas de la vida moderna. Pronto quedé impresionado ante el extravertido y profundo interés de Harold y Mary por la gente más joven, que tanto abunda en la ciudad de Nueva York y que, por una razón u otra, no habían descubierto el secreto de una vida satisfactoria y constructiva. No tardé en darme cuenta de que ambos poseían una rara habilidad para conocer a esas personas y establecer una relación comunicativa con ellas. Tras haber encontrado sus propias respuestas, comprometiendo sus vidas con Dios, la forma que tenían de transmitir esta experiencia a los individuos más diversos e inesperados los caracterizaba como dos de las personas más efectivas que he conocido o de los que haya oído hablar.

El secreto de esta pareja es una combinación de profundo compromiso, de amor por la gente y de intenso interés por ayudar a los demás. Aportaban un estilo de vida entusiasta a algunas de las personas más desesperadamente derrotadas. Siempre animados, siempre cariñosos, siempre realistas e inteligentes, atrajeron a lo largo de los años hacia ellos y, a través de ellos, hacia Dios, a cientos de personas que también encontraron una vida nueva y animosa.

Finalmente, Harold y Mary abandonaron Nueva York para instalarse a vivir en un pequeño pueblecito de New Hampshire. Allí encontraron los mismos problemas que afectaban a la gente moderna que habían encontrado en Nueva York. Recientemente, Ruth y yo los visitamos y nos sentamos entre un grupo de personas modernas y atractivas, que también habían encontrado ese efervescente entusiasmo que es, de entre todas las fuerzas motivacionales, el que más poder posee para mantener una vida fuerte. Desde la profundidad de su propia realidad espiritual, los Brinig se convirtieron en practicantes del principio del entusiasmo. Y la calidad extravertida de su interés por la gente les ayudó a encontrar verdadera felicidad y los mantuvo perpetuamente cargados de entusiasmo y juventud.

Las personas entusiasmadas e interesadas se encuentran en todos los tipos de actividad. Esas personas nunca tienen un trabajo aburrido, porque ellas mismas no son aburridas. A largo plazo, la vida es, inevitablemente, lo que uno es. Si se es prosaico y apático, su trabajo y hasta su vida revelarán esas mismas características. Pero cuando se experimenta un despertar espiritual y se reavivan la mente y el espíritu, entonces ese viejo y aburrido trabajo aparece investido de entusiasmo e incluso, casi se podría decir que de gloria.

Se desató el cielo

Cuando viajo por carretera y veo muchos camiones aparcados en un restaurante, allí me detengo a comer, pues estos hombres saben muy bien dónde se sirve la mejor comida. Una noche, estaba sentado en el mostrador junto a un camionero y no tardamos en entablar una animada conversación; no lo pude evitar, ya que este hombre era todo diversión y risas. Y, cuando me presenté, resultó que este tipo enorme y jovial parecía conocerme.

«Durante muchos años he visto tanto asfalto como pueda haber visto cualquiera. Día tras día, noche tras noche, siempre era lo mismo, recorrer kilómetros y kilómetros de asfalto o de hormigón. La monotonía del viaje, la ausencia del hogar, los piojosos moteles, el siempre ir de un lado a otro llegaron a hartarme. Qué vida tan aburrida y sin interés. Lo detestaba.

»Entonces —siguió diciendo—, nuestro jefe se suscribió a su revista, *Guideposts*, para todos sus empleados. Y me acostumbré a llevarla conmigo, para leerla en los viajes. Esas historias de cómo la gente encontraba la felicidad y una vida animada a través de la cercanía a Dios, empezaron a calarme poco a poco. Yo nunca había rezado mucho, excepto cuando tenía algún problema. En realidad, me avergüenza decir que Dios era para mí sólo un nombre, poco más que una palabra empleada para jurar.

»Pero una noche, rodaba por la autopista de Ohio y, sin ninguna razón aparente, empecé a hablar con Dios como si Él estuviera sentado a mi lado, en la cabina. Le abrí mi corazón y se lo conté todo. Y tuve la sensación de que Él estaba allí, escuchándome. De hecho, estaba allí.

»Entonces, de repente, se desató el cielo..., me sentí más feliz que en toda mi vida. Empecé a llorar y luego a cantar. Canté a grito pelado himnos que había aprendido hacía mucho tiempo, en la escuela dominical, pero que creía haber olvidado. No sé qué me pudo ocurrir, pero lo cierto es que, de repente, me encontré convertido en un hombre completamente diferente. Y desde entonces he sido feliz, y quiero decir feliz de verdad. Ahora me encanta este trabajo, pues Dios viaja conmigo cada kilómetro que recorro, cada noche, cada día, a lo largo de todo el camino.»

¡Hablando de sentirse entusiasmado! Este hombre me animó de una forma magnífica y eso es algo que ha quedado conmigo desde ese día. Fue la personificación viva del principio del entusiasmo. Yo me quedé allí, mirando admirado mientras su enorme camión regresaba a la carretera y se perdía en la noche. Y seguía repitiendo aquella frase suya tan vibrante: «Se desató el cielo». Mientras yo mismo regresaba a la carretera para conducir en la dirección opuesta, recordé unas deliciosas estrofas de mi buen amigo J. Sig Paulson, quien dijo:

A veces, palpito de risa
y me estremezco de júbilo
mientras reflexiono
sobre el delicioso e inevitable
proyecto de ser yo mismo.

Eso es el principio del entusiasmo en acción y también del principio positivo.

La fascinación y la emoción

En el capítulo 4 hablé de la importancia de mantener el entusiasmo en la edad avanzada. Ciertamente, practicar el principio del entusiasmo es igualmente vital, sin que importe la edad que tengamos. Se puede seguir adelante en la vida con vitalidad, siempre y cuando la mente y el espíritu estén vivos y llenos de entusiasmo. No hay ninguna razón lógica por la que la fuerza vital deba inhibirse o permitir que entre en declive, a menos, naturalmente, que se haya producido alguna devastadora incapacidad física. Pero incluso en tales casos, muchas personas han podido mantener operativo el principio positivo gracias a una fuerte dominación de la mente y del espíritu sobre lo físico.

¡Qué patética es la poco saludable preocupación de los estadounidenses por la edad! Al principio de la contratación laboral, quizá a los veinte años, se incluyen en la psicología laboral la jubilación, la pensión y el final del camino. Luego ya es: «Faltan diez años para la jubilación», «sólo faltan cinco años y me dejarán arrinconado en una estantería». Y así van las lamentaciones. A cualquiera que le haya añadido unos pocos años, se le da un consejo que más parece una advertencia: «Deberías disminuir el ritmo. Es mejor ir más lento. Recuerda que ya no eres tan joven». Cuántas veces los amigos bienintencionados nos salen con estos comentarios de precaución, teñidos de negatividad.

Personalmente, este autor nunca ha abrigado ninguna idea de jubilarse o de aminorar el ritmo. Naturalmente, reconstruyo los varios y diferentes tipos de trabajo que han consumido mi tiempo durante años, pero, en cuanto a dejarlo, eso es inconcebible para mí. El trabajo nunca me ha parecido una carga o un sacrificio y, desde luego, nunca ha sido un aburrimiento. Es algo de lo que realmente disfruto y muy estimulante. Tengo toda la intención de continuar sintiéndome interesado, activo, entusiasmado y, como dicen, «conectado». Nada de disminuir, nada de aliviar; antes al contrario, siempre dando todo lo que tengo, cada día.

Cuando un trabajo termina, por la razón que sea, se encuentra otro, aunque sea en un ámbito o en una actividad diferentes. Algunos de los años más felices para muchos han sido los que han dedicado a actividades no relacionadas con su antigua pauta de trabajo. Sólo esto satisfará el deseo creativo y mantendrá la felicidad funcionando a su máximo nivel. ¿Por qué dejarlo? La totalidad de una vida casi parece demasiado corta tal como es.

La casa llena; la mayoría, de gente joven

Hay muchos grandes seres humanos que tienen el mismo punto de vista en cuanto a olvidarse de la edad y que viven continuamente de acuerdo con el principio de la vitalidad positiva. Recientemente, en Londres, Ruth y yo asistimos a una representación de lady Edith Evans, en el teatro Haymarket. Actuaba en *El sueño de una noche de verano*. Las notas del programa indicaban que la carrera de lady Evans se había iniciado en 1912.

El teatro estaba lleno hasta la azotea y, sorprendentemente, entre el público se observaba un alto porcentaje de gente joven. El telón se levantó para dejar al descubierto un escenario vacío. Sobre una pantalla, se proyectaron cortos de películas sobre la larga carrera de lady Evans. Entonces apareció aquella mujer de pelo blanco, que debía de tener más de ochenta años de edad. Observé que sus manos, aunque elegantes, tenían el aspecto de un pergamino. Vestida con una túnica blanca, se adelantó con paso ligero.

Procedió a ofrecer lecturas de fragmentos de obras que iban desde Amy Lowell de Nueva Inglaterra hasta William Shakespeare de Stratford-on-Avon. Y leyó con excelente dicción cada una de las palabras. A veces, se bajaba las gafas hacia el extremo de la nariz, quizá para ver un poco mejor su manuscrito, y se advertía un ligero temblor en su voz.

¡Sola sobre un escenario enorme! Yo mismo, aunque no en lo mismo, he tenido que caminar ante un gran público recorriendo un escenario vacío y, créame, no es nada fácil de hacer. Pero lady Evans mantuvo una pose perfecta y, con una voz encantadora, aunque no fuerte, actuó con maestría. Yo me sentía maravillado. ¿Qué tenía esta mujer que le permitía mantener la atención de tanta gente de una forma tan poderosa? Y los jóvenes gritaban «¡Bravo!» a una mujer con edad suficiente para ser la bisabuela de algunos. Ella mantenía la calma; parecía muy segura de sí misma pues sabía, por años de experiencia, cómo atraer hacia sí misma la atención del público. Su secreto era, al menos en parte, que simplemente se olvidaba de su edad y vivía su vida. No estaba haciendo otra cosa que ser la gran persona que siempre había sido, alguien perpetuamente interesada, continuamente entusiasmada, constantemente emocionada.

En ocasiones, la tendencia de las personas de mayor edad (por no hablar de las más jóvenes) es la de adquirir el hábito de pensar negativamente sobre tantas cosas que la vida pierde su sabor. La vida se vuelve aburrida porque el individuo es aburrido. En cierta ocasión aconsejé a un hombre que se encontraba en esa situación que aplicara una sencilla fórmula diseñada para volver a poner entusiasmo en la vida. Lo primero que debía hacer cada mañana era exclamar tres veces en voz alta: «¿Sabes una cosa? ¡La vida es magnífica!». La primera parte es una constatación de sorpresa y la segunda una afirmación de su calidad. Claro que esta práctica podría ser considerada por algunos como superficial, pero ¿sabe una cosa? ¡Funcionó! Aquel hombre adquirió un nuevo interés y su ánimo se reavivó.

Un amigo, un ejecutivo de seguros, se acercaba al momento de la jubilación debido a su edad. Su espíritu también estaba envejeciendo, pues no podía pensar en nada más. Entonces, tuvo una experiencia vital y asombró a todo el mundo, incluido a sí mismo, por la extraordinaria forma con la que recuperó el notable entusiasmo que lo había caracterizado en años anteriores.

Al jubilarse, se instaló en un pequeño pueblo y se dedicó a toda clase de actividades. Encontró a otros dos compañeros, jubilados como él, uno ingeniero y el otro contable. Los tres eran hábiles con las herramientas y podían hacer con las manos cualquier cosa que se propusieran. En cuanto uno encontraba un trabajo que hacer, los otros dos intervenían para ayudarle a hacerlo. Los tres eran muy activos en la iglesia y en los asuntos de la comunidad. Se metieron los tres en la realización de un proyecto y transformaron una vieja granja que había en la propiedad de la iglesia en un edificio destinado a propósitos educativos y recreativos que utilizaba los antiguos establos como aulas. El antiguo pajar se convirtió en un teatro. Hace poco, cuando mi amigo pasó por mi casa, lo invité a quedarse esa noche. «Gracias —me dijo—. Me encantaría, pero no puedo. Tengo que regresar a casa para terminar un proyecto que vamos a iniciar mañana por la mañana.» Y tras decir eso se marchó, irradiando vigor, felicidad, interés. Según lo que me contó después, «todo es magnífico. Mi única queja es que me quedo sin tiempo». Ciertamente, está manteniendo en pleno funcionamiento el principio del entusiasmo.

Piense en el futuro

El principio positivo nunca piensa en el pasado, sino siempre en el futuro. «Lo mejor está todavía por llegar», es su expresión poética. Un pensador convencido del principio positivo es un hombre de edad avanzada que me escribió para decirme que había leído un libro mío con muy buenos resultados. De hecho, se sentía entusiasmado. Me explicó que había soportado un complejo de inferioridad desde la infancia y que ahora tenía noventa y tres años de edad. Debo decir que ese sería el complejo de inferioridad de más larga duración del que haya tenido noticias jamás. «Leí su libro sobre el pensamiento positivo. Lo estudié, lo creí, lo practiqué y le escribo ahora para darle la buena noticia de que, después de noventa y tres años, me siento finalmente libre de mi complejo de inferioridad.» Pero lo mejor de todo estaba en su postdata: «¡El futuro es magnífico!».

En la actualidad, uno oye expresar por todas partes una frase de desánimo que pronuncian los viejos y los jóvenes por igual: «Ya he pasado por eso». Estas palabras expresan aburrimiento o hastío. También significan: «Soy una persona que ha pasado por todo. Mi futuro ha quedado atrás y nada me espera delante». Pero quien piensa en el futuro nunca «ha pasado por eso». Siempre, ahí delante aguarda el gran entusiasmo, la gran emoción, el maravilloso objetivo.

Recuerdo muy bien el día en que Branch Rickey, el famoso ejecutivo del béisbol, cumplió cincuenta años como líder en una gran liga de béisbol. Rickey, al que muchas autoridades consideran como uno de los mayores hombres producidos por el deporte, fue una persona fuerte, vigorosa y dinámica hasta casi el momento de su muerte, a la edad de ochenta y tres años. Se sentía invariablemente animado y entusiasta. En su quincuagésimo aniversario, se le preguntó: «¿Cuál fue su mejor experiencia en sus cincuenta años de béisbol?».

Rickey hizo descender sus pobladas cejas y gruñó: «No lo sé. ¡No la he vivido todavía!». Incluso entonces tenía planes para la formación de otra gran liga. Branch Rickey nunca fue viejo porque era una persona llena de entusiasmo, que sólo pensaba en el futuro. Invariablemente, mantenía en funcionamiento el principio del pensamiento positivo.

El doctor Harry George Thomas, padre de mi amigo y vecino Lowell Thomas, poseía las mismas cualidades dinámicas tan bien demostradas por su hijo aventurero y mundialmente famoso. A la edad de ochenta y dos años, el doctor Thomas se matriculó como estudiante en una universidad. Le fue tan bien en sus estudios, que se le pidió que diera clases, como miembro del profesorado, y sirvió como tal hasta que las autoridades universitarias descubrieron que el doctor Thomas tenía ochenta y cuatro años de edad y que ya había sobrepasado la edad de la jubilación en diecinueve años. Naturalmente, el doctor Thomas pensaba en el futuro y practicó el poder del principio positivo incluso en lo que algunos consideran como el «retiro». En la actualidad, su hijo Lowell, que ya tiene ochenta y cuatro años, continúa siendo uno de los más viejos presentadores de noticias de Estados Unidos y siempre se embarca en entusiásticas y nuevas aventuras. Por lo visto, los Thomas son personas que piensan en el futuro.

Viva su vida y olvídese de la edad

Este tipo de persona basa su actividad en el principio vital según el cual hay que «vivir la vida y olvidarse de la edad». No se entretiene en pensamientos sobre la edad. De hecho, no piensa en ella, no actúa como si la tuviera, no habla de ella. Por lo que se refiere a su actitud mental, es de edad indefinida. Su equipo mental funciona en el ahora, y siempre es una persona que vive en el «ahora». Se acepta tal como es y sigue participando, haciendo lo que siempre ha hecho o algo diferente, pero en cualquier caso haciendo lo que quiere hacer, sin preocuparse por la fecha indicada en su certificado de nacimiento, sin pensar siquiera en cualquier otro factor negativo.

Frank Bering dirigió, hasta bien entrados los ochenta, tres grandes hoteles en Chicago (el Sherman, el Ambassador East y el Ambassador West). Yo conocía al señor Bering desde la infan-

cia. Él y mi madre habían sido compañeros de clase en Lynchburg, Ohio.

Cuando tenía que quedarme en Chicago, siempre me aloja-
ba con Frank, en el Sherman. Un día pronunciaba allí una conferencia ante una convención de asociaciones comerciales, en el
enorme salón de baile del hotel. Frank estaba encima de todo,
sereno, eficiente, investido de autoridad, como un maestro de
ceremonias completo al cuidado del complejo funcionamiento
de un hotel de 2.200 habitaciones en el que se celebraba, además, una gran convención.

Admirado, le dije:

—Frank, eres sin duda alguna un gran director y ejecutivo.
¿Cuántos años tienes?

—¿Y qué importa eso? —replicó—. ¿No te gusta la habitación? ¿No te parece bien el servicio de este hotel?

—Oh, desde luego, es perfecto. Pero pensar que a tu edad...
Bueno, en cualquier caso sé cuántos años tienes porque estu-
viste en la escuela con mi madre —repuse.

—Pues entonces —dijo—, ¿a qué viene sacar a relucir el tema?
¿Qué tiene eso que ver, mientras hagamos el trabajo tan bien o
mejor incluso que cualquier medio cocido cuarentón? —Luego,
levantó su dedo delante de mi cara—. Mira, te daré un principio
válido para vivir: vive tu vida y olvídate de tu edad.

Este hombre siempre funcionaba de acuerdo con el principio
positivo.

Le ruego que no saque por ello la conclusión de que no soy
plenamente consciente del dolor y la pena de la existencia humana, del mismo modo que sé que las resistencias al entusiasmo y
a las actitudes positivas son muchas y, a menudo, graves. No he
estado tratando íntimamente a tantas personas durante tantos
años como para no saber que la vida no es, desde luego, un camino de rosas. Pero sigo convencido de que mediante el ejercicio del
principio positivo podemos elevarnos por encima de las pruebas
y problemas que tengamos que afrontar, vivirlas y superarlas.

Cuando recientemente murió la esposa de un amigo, él se sintió naturalmente desolado, pero yo quedé impresionado por la profundidad y la calidad de su victoria mental sobre la gran pérdida sufrida y su intensa pena. Me dijo que poco después del fallecimiento de su esposa, «sintió» su presencia de la forma más clara y que oyó que le hablaba en su «oído interno». Le dio las gracias por haber acudido para consolarlo y le dijo, en tono de queja: «Por favor, ven pronto a mi lado», a lo que ella le contestó: «¡Cómo! Si estoy siempre a tu lado». Al preguntarle cómo se sentía ante la realidad de esta experiencia, me contestó, simplemente: «Me anima mucho saber que ella vive. No está muerta, sino viva. ¿No es maravilloso?».

La fe en esta clase de cualidad es posible para aquellos que practican el principio positivo y lo mantienen en funcionamiento.

Sinteticemos ahora las ideas expuestas en este capítulo:

1. Mantenga muy abierta y aguda su capacidad de respuesta a la inspiración, la motivación y el entusiasmo.
2. Mantenga la sensibilidad a un alto nivel, aguda e incisiva.
3. Siga un firme programa de renovación y revitalización de sus actitudes positivas. No permita nunca que sus reacciones sean aburridas o insípidas. Manténgalas nuevas, frescas y vitales.
4. Desarrolle fuertes escudos mentales para protegerse del bombardeo de los negativos.
5. Mantenga una constante concentración de espíritu, mediante un contraataque hacia la erosión de la inspiración.
6. Procure sentirse intensamente interesado. Airee diariamente su interés y manténgalo vitalizado.
7. Obtenga la experiencia espiritual que cambia las cosas, el tipo de profundidad que le hace sentirse vivo cada día.
8. Viva su vida y olvídese de su edad.
9. Manténgase en contacto con el poder recreativo espiritual y conservará siempre en funcionamiento el principio positivo.

ÍNDICE